三浦一族の研究

高橋秀樹【著】

吉川弘文館

目次

終章　まとめと展望

序章　中世前期三浦一族研究の現状と本書の課題

一　近年の研究史の概要

三浦一族研究会による一九九七年の研究誌『三浦一族研究』発刊と、一九九九年に始まった横須賀市史編纂事業による『新横須賀市史　資料編　古代・中世Ⅰ』（二〇〇四年。以下、『新市史Ⅰ』と略す）、『新横須賀市史　資料編　古代・中世Ⅱ』（二〇〇七年）、『新横須賀市史　資料編　古代・中世補遺』（二〇一一年）の刊行、研究誌『市史研究　横須賀』の発刊は、三浦一族に関する研究を飛躍的に変えた。それまでも、一九五七年・八八年の二度にわたって刊行された『横須賀市史』、一九八一年刊の『神奈川県史　通史編一』でも三浦一族について叙述されていた。また、一九八〇年には郷土史家らの執筆になる『三浦大介義明とその一族』（三浦大介義明公八百年祭実行委員会）が刊行され、奥富敬之『相模三浦一族』（新人物往来社、一九九三年）、石丸熙『海のもののふ三浦一族』（新人物往来社、一九九九年）などの一般向け概説書も出版されてはいた。しかし、横須賀市史編纂事業による約三千三百点の史料収集と、それに基づく、新しい世代の研究者を中心とする最近の研究は、郷土の三浦氏から日本列島を縦横に駆けめぐる三浦氏へ、相模武士団としての三浦一族研究から日本中世史研究としての三浦一族研究へと、研究そのものを大きく変貌させた。その研究水準は、今や「三浦氏の研究は現在御家人研究中の最高水準にある」（海津一朗「西岡虎之助コレクションの全体像についての覚書―西岡民衆史学研究事始―」『和歌山地方史研究』六〇、二〇一一年）との評価を得るまでになっている。

三浦一族の歴史をコンパクトにまとめた好著である上杉孝良『三浦一族―その興亡の歴史―』（三浦市観光協会、一九九六年）は、新しい研究成果を取り入れて、『改訂 三浦一族―その興亡の歴史―』（横須賀市、二〇〇七年）として再刊され、二〇〇七年には三浦一族に関するエピソード集的な鈴木かほる『相模三浦一族とその周辺史』（新人物往来社）が、二〇〇八年には三浦氏関係研究論文十二本を再録する峰岸純夫編『三浦氏の研究』（名著出版）が出版された。また、湯山学も地域誌の連載を『相模武士② 三浦党』（戎光祥出版、二〇一一年）にまとめている。そして、十五年にわたる市史編纂事業は、『新横須賀市史 通史編 自然・原始・古代・中世』（二〇一二年。以下、『新市史通史』と略す）に結実した。その後も、中世前期の政治や社会に関する通史的な叙述の中に三浦一族を位置づけようとする高橋秀樹『三浦一族の中世』（吉川弘文館、二〇一五年）が刊行されている。

まずは、一九九七年以降の研究がそれまでの研究と大きく違っている点や、現状において論点となっているいくつかの点を取り上げておきたい。なお、前掲『三浦氏の研究』には、真鍋淳哉編「三浦氏関係文献目録」と収録論文の解説を中心とした峰岸純夫「三浦氏研究の成果と課題」が収められており、中世後期については真鍋「三浦一族研究の現状と課題 中世後期」（『三浦一族研究』一五、二〇一一年）もあるので、それらも参照されたい。

1 院政期

まずは、三浦氏の出自をめぐる問題がある。かつては系図研究家太田亮によって桓武平氏冒姓説（『姓氏家系大辞典』角川書店、一九六三年）が唱えられたこともあったが、続群書類従本「三浦系図」に基づく桓武平氏良文流説が定説的な位置にある。出自が諸説あることに疑問をもつ研究者もいたが、それでも結局は桓武平氏出自説を認めた上で、良文流・良兼流・良茂流の三説のうちのどれかという正解選びになっていた。それに対して根本的な疑問を呈したのが高橋秀樹「三浦氏系図にみる「家」の創造神話」(『中世武家系図の史料論　上巻』高志書院、二〇〇七年)である。成立が中世にさかのぼる十四種の三浦氏系図の分析から、系譜が明確なのは鎌倉時代の三浦氏が曩祖と位置づけていた為継以降であり、為継の父が「三浦平大夫」または「三浦権大夫」を称する、国衙支配の一端を担うような地方有力者であったことはほぼ確実であるが、その一つ前の世代で系譜を貴種と結びつける操作が行われていることを明らかにし、系譜を伝説の「つはもの」村岡五郎、さらには桓武天皇につなげるのは、「家」創造の神話にすぎないと断じた。『新市史通史』において、近藤好和は、高橋の説と、『水左記』に登場する「権大夫為季」を三浦氏の祖と想定する五味文彦の説(「相模国と三浦氏」『三浦一族研究』二、一九九八年)を前提として、この「権大夫為季」を『尊卑分脈』に見える藤原為季に比定して、藤原氏出自説を提起した。

三浦氏と三浦半島との繋がりについては、為通が源頼義から三浦郡あるいは三浦荘を宛がわれたとする系図や地誌・縁起類の伝承が無批判に受け入れられていた。それに対して、まず、五味文彦「相模国と三浦氏」は、「三浦荘」という荘園は実在せず、「三浦庄司」の称は三浦の地名と摂関家領「三崎荘」の「庄司」の称号が結びついたものであるという説を提示した。五味説は野口実(「三浦氏と京都」『三浦一族研究』一〇、二〇〇六年)や高橋に受け入れられ、さらに高橋「三浦氏系図にみる「家」の創造神話」や同「中世社会と三浦一族」(『三浦一族研究』一二、二〇〇八年)は、三崎荘が半島先端部に限定されるものではなく、三浦氏の館やゆかりの寺院が所在する矢部地区や摂関藤原氏の氏神春日社が勧請されている東京湾側を含むものだった可能性を指摘し、三崎荘は十一世紀に開発領主三浦為継が、小一条院判官代源頼義を仲介として小一条院敦明親王の娘儇子内親王に寄進し、冷泉宮領の荘園として成立したこと、義継の時代に三浦氏のもつ権益が「庄司職」の形をとったことを論じている。その後、高橋は、『新市史通史』の指摘を踏まえて寄進の仲介者を頼義の子義家とし、矢部地区については鎌倉時代においても「矢部郷」と史料に見えることから、ここは国衙領で、三浦半島は国衙領と摂関家領三崎荘が散在していたのではないかとこれまでの自説を修正している（『三浦一族の中世』）。

白河院の寵童出身で、検非違使として京都で活動した平為俊（為継の兄弟または甥）の存在は竹内理三『日本の歴史6　武士の登場』（中央公論社、一九六五年）によっても知られていたが、野口実「東国武士と中央権力」（『中世東国武士団の研究』高科書店、一九九四年、初出は一九八二年）や五味文彦前掲論文が三浦氏との関係で着目し、真鍋淳哉「院政・鎌倉期の三浦一族」（『三浦一族研究』七、二〇〇三年）や『新市史Ⅰ』の史料解説も、駿河守にまで昇った為俊とその養子公俊に関する史料を丹念に追い、彼らが河内源氏や伊勢平氏のような「京武者」化していたことを指摘している。一方、米谷豊之祐「院北面武士追考」（『院政期軍事・警察史拾遺』近代文芸社、一九九三年、初出は一九九〇年）や渡辺真治「駿河守平為俊考」（『湘南史学』一五、二〇〇四年）、『新市史通史』（近藤好和執筆）は、為俊が三浦氏出身であることを否定する。その理由としては、延慶本『平家物語』しか史料がないことと、為俊のような人物がいたら三浦氏嫡流となっていたはずであるという点と、和田義盛の上総国司任官懇望のさいに為俊の駿河守任官が先蹤とされていない点をあげている。

三浦氏と相模国衙との関係について、三浦義村が「祖父義明、天治以来相模国の雑事に相交じわる」と語ったこと（『吾妻鏡』承元三年十二月十五日条）が知られているが、従来検討されてこなかった「天治以来」の意味について、高橋秀樹「三浦介の成立と伝説化」（『三浦一族研究』七、二〇〇三年）は相模国司藤原盛重が為俊と幼少からの同僚であったことに注目し、その機縁によって三浦氏が相模国衙に関与するようになったと述べ、その後、三浦氏が南関東の国衙を結ぶような親族ネットワークを形成していたことを「相模武士河村・三浦氏と地域社会」（『列島の鎌倉時代』高志書院、二〇一一年）で論じている。『新市史通史』（高橋執筆）が守護であったことよりも、国衙との繋がりを重視していることを受けて、大澤泉「相模国の知行体制と地域秩序の形成」（『三浦一族研究』一九、二〇一五年）が相模国衙に関する研究を深化させている。

院政期における三浦氏と源氏との関係に関わる論点として、義明らが源義朝の指示で大庭御厨に乱入した事件については、五味文彦「大庭御厨と「義朝濫行」の背景」（『院政期社会の研究』山川出版社、一九八四年、初出は一九七八年）をはじめ、これまでにあげた研究や鎌倉佐保「十二世紀の相模武士団と源義朝」（『兵たちの時代Ⅰ　兵たちの登場』高志書院、二〇一〇年）などが論じているし、義明の外孫とされる源義平が源義賢を討った大蔵合戦についても、峰岸純夫「悪源太義平と大蔵合戦」（『三浦古文化』四三、一九八八年）や木村茂光「大蔵合戦と秩父一族」（『初期鎌倉政権の政治史』同成社、二〇一一年、初出は一九九三年）をはじめ、高橋修編『実像の中世武士団』（高志書院、二〇一〇年）所収の諸論考や『歴史評論』七二七（二〇一〇年）の「特集　地域を探る・一二世紀の北武蔵」所収論考など、近年、畠山氏ら秩父一族の再検討が行われる中で注目されている。

2　治承・寿永内乱期

以仁王の挙兵から奥州合戦に至る内乱期の三浦一族研究にとって、もっとも大きな意義をもったのは、和田義盛が発給した元暦二年（一一八五）七月十五日付け鎌倉殿侍別当下文の出現だろう。山口隼正「佐々木文書」（『九州史学』一二五、二〇〇〇年）で学界には紹介されていたが、『新市史Ⅰ』に収められて検討が加えられたことで広く知られることになった。肥前国の御家人に門司関への集合を命じた文書の意味するところについては、九州で大将軍を務めていた源範頼の解任を受けて、範頼の帰洛に関係するとみる『新市史Ⅰ』や真鍋淳哉「院政・鎌倉期の三浦一族」（『三浦一族研究』一〇、二〇〇六年）に対して、藤本頼人「九州における三浦一族の展開」（『三浦一族研究』一四、二〇一〇年）は、範頼解任が九州に通達される前に発給されており、和田義盛が千葉常胤とともに範頼のもとで戦後処理を主導したことを示す文書と捉えている。侍所との関係を中心に和田義盛の人物像を捉えようとする滑川敦子「和田義盛と梶原景時」（『中世の人物　京・鎌倉の時代編　第二巻　治承～文治の内乱と鎌倉幕府の成立』清文堂出版、二〇一四年）も発表されているが、この和田義盛発給文書への言及はない。

衣笠合戦については、これまで『吾妻鏡』の記述をもとに叙述されてきたが、近年では延慶本『平家物語』の記述の方が事実を伝えているのではないかと考えられている（高橋秀樹「三浦介の成立と伝説化」、野口実「三浦氏と京都」）。また、延慶本の石橋山合戦から頼朝の安房落ちまでの叙述が、三浦氏の視点で書かれていることに注目し、『平家物語』が三浦や土肥の「家の軍記」を取り入れているという説も出されている（砂川博「平家物語における伝承とその受容」『平家物語の形成と琵琶法師』おうふう、二〇〇一年、初出は一九九三年。佐伯真一「平家物語に描かれた三浦一族」『三浦一族研究』一一、二〇〇七年）。ただし、『吾妻鏡』の記述がすべて虚構というわけではなく、これも戦後ほどなくして三浦氏によって作成された合戦の記録を原史料とし、事実と異なるであろう義明の最期と遺言が挿入されたと高橋はみている（「歴史叙述と時刻」『中世の軍記と歴史叙述』竹林舎、二〇一一年）。

高橋「三浦介の成立と伝説化」は、この義明最期の虚飾や頼朝による義明の顕彰を義明の伝説化とみて、石橋山合戦で戦死した佐那田義忠に対する特別な計らいとともに、頼朝が石橋山での敗戦を二人の忠義のエピソードに置き換えて幕府の創造神話化させたと考え、三浦氏にとっても義明が一族意識や一族結合のイデオロギー装置になっていたとみた。これを受けて、田辺旬「鎌倉幕府の戦死者顕彰」（『歴史評論』七一四、二〇〇九年）は、佐那田義忠がとくに顕彰されたのは、先陣を務めて戦死したからこそ意味をもったとし、証菩提寺における義忠の追善は岡崎氏没落後も幕府によって政治的な意図のもとに続けられていくことを明らかにした。

衣笠合戦の舞台となった衣笠城については、中澤克昭「中世城郭史試論」（『中世の武力と城郭』吉川弘文館、一九九九年、初出は一九九三年）が祖霊信仰の聖地ゆえにここを選んで籠城したと述べ、斎藤慎一『中世武士の城』（吉川弘文館、二〇〇六年）、伊藤正義「武家の都・鎌倉を護る龍神」（『文化財学雑誌』四・五、二〇〇八・二〇〇九年）が城郭としての衣笠城の景観を検討している。

なお、三浦一族について論じることを主としているものではないが、須藤聡「下野藤姓足利一族と清和源氏」（『実像の中世武士団』高志書院、二〇一〇年）が足利俊綱追討について論じる中で和田義茂に着目している。

3　鎌倉時代前期

この時期の三浦一族研究に大きな画期をもたらしたのは、野口実「執権体制下の三浦氏」（『中世東国武士団の研究』、初出は一九八三年）であった。『吾妻鏡』のみならず、『明月記』『玉蘂』や『文机談』などの公家方史料を用いて、三浦義村が大きな力をもっていたことを明らかにした点に意義があった。また野口は慈光寺本『承久記』に基づいた義村の再評価を行い（「慈光寺本『承久記』の資料的評価に関する一考察」『京都女子大学宗教・文化研究所研究紀要』一八、二〇〇五年）、最近では三浦氏を「権門」と捉える見解を打ち出している（「承久の乱における三浦義村」『明月記研究』一〇、二〇〇五年）。『新市史Ⅰ』では公家日記のほぼ一点ごとに解説を施してその内容や位置付けを示し、高橋秀樹・真鍋淳哉「三浦一族を読み直す」（『市史研究　横須賀』四、二〇〇五年）でも、さらなる読み込みを行っており、その成果は野口のその後の研究にもフィードバックされている。こうした野口の視点を継承する高橋は「三浦義村と中世国家」（『三浦一族研究』一六、二〇一二年）で、同じく真鍋は「三浦義村」（『中世の人物　京・鎌倉の時代編　第三巻　公武権力の変容と仏教界』清文堂出版、二〇一四年）や「三浦氏と京都政界」（『中世人の軌跡を歩く』高志書院、二〇一四年）で、それぞれ三浦義村の人物像を描いている。

承久の乱後、京都における戦後処理に三浦氏が中心的な役割を果たしたことを示す史料として、杉橋隆夫「承久の兵乱と上賀茂社」（『上賀茂のもり・やしろ・まつり』思文閣出版、二〇〇六年）が『賀茂旧記』を取り上げ、高橋「鎌倉幕府と馬」（『市史研究　横須賀』創刊号、二〇〇二年）が「御厩司次第」を見出し、高橋「中世社会と三浦一族」（『三浦一族研究』一三、二〇〇九年）がさらなる考察を進めた。また、慈光寺本『承久記』を用いて三浦胤義の子どもの処遇について再検討した上杉孝良「『承久記』私考」（『三浦一族研究』三、一九九九年）があり、胤義の検非違使就任時期の問題について真鍋淳哉「院政・鎌倉期の三浦一族」（『三浦一族研究』七）や『新市史Ⅰ』が日記の紙背文書から検討している。なお、石丸熙「鎌倉武士と京都」（『文化史の諸相』吉川弘文館、二〇〇三年）は義澄・義村と和田義盛とで京都とを結ぶ人脈が違っていたと指摘している。

承久の乱に先立つ幕府内の政争と義村の役割については、野口実が「鎌倉武士と報復」（『古代文化』五四―六、二〇〇二年）、「鎌倉武士の心性」（『中世都市鎌倉の実像と境界』高志書院、二〇〇四年）で畠山重忠謀叛事件を取り上げている。承久の乱後の事件では、永井晋「伊賀氏事件の歴史的意義」（『金沢北条氏の研究』八木書店、二〇〇六年、初出は一九九七年）が義村の存在を大きく評価している。上杉和彦は義村が守護を務めた土佐国の地域社会を論じる中で、三浦一族が流れ着いたという伝承を紹介している（「中世土佐地域史論の諸前提」『鎌倉幕府統治構造の研究』校倉書房、二〇一五年、初出は一九九九年）。

三浦一族が主役となる和田合戦については、多くの研究が言及しているものの、正面から論じている研究は、岡田清一「執権制の成立と建保合戦」（『鎌倉幕府と東国』続群書類従完成会、二〇〇六年、初出は一九八九年）や松島周一「和田合戦の展開と鎌倉幕府の権力状況」（『日本歴史』五一五、一九九一年）以降、独自の視点から取り上げる鈴木国弘「鎌倉前期・中央政変の動向と地域社会の展開」（『日本中世の私戦世界と親族』吉川弘文館、二〇〇三年）がある程度であった。最近になって、源実朝に関心をもつ坂井孝一が「源実朝にとっての和田合戦」（『創価大学人間学論集』四、二〇一一年）を発表し、二〇一三年には和田合戦八百年を記念するシンポジウムが行われ、伊藤一美の基調講演「和田合戦から「和田鎌倉内乱」へ」、坂井・高橋典幸・高橋秀樹による討議の記録が『三浦一族研究』一八（二〇一四年）に収められている。和田合戦研究の基礎となる『明月記』や『吾妻鏡』の史料的検討が明月記研究会編「『明月記』（建暦三年五月）を読む」（『明月記研究』九、二〇〇四年）や高橋秀樹「『吾妻鏡』と和田合戦」（『郷土 神奈川』四四、二〇〇六年）によって行われており、和田氏に与同した横山氏についての研究も、古澤直人「和田合戦と横山時兼」（『法政大学多摩論集』二三、二〇〇七年）、川合康「横山氏系図と源氏将軍伝承」（『中世武家系図の史料論　上巻』）、鎌倉佐保「多摩郡の武士と所領形成」（『多摩のあゆみ』一四三、二〇一一年）などにより進みつつある。

　また、和田義盛や子息朝夷義秀が中世・近世を通じて伝承化され、芸能や文芸・美術作品に取り上げられていくことについては、藤澤毅「草双紙の中の和田合戦と朝比奈」（『国文学研究資料館紀要』二二、一九九六年）、徳竹由明「朝夷名三郎義秀高麗渡海伝承と「朝夷名社」信仰の変容」（『国語国文』七七―一、二〇〇八年）、盛本昌広「朝比奈義秀と大力」（『三浦一族研究』一五、二〇一一年）、坂井孝一「和田義盛と和田一族」（『文化現象としての源平盛衰記』笠間書院、二〇一五年）、高橋秀樹「都城市立美術館寄託『和田合戦図屏風』について」（『三浦一族研究』一九、二〇一五年）ほか、多くの研究がある。

　宝治合戦については、三浦勝男「宝治合戦と三浦一族」（『三浦一族研究』四、二〇〇〇年）があり、同誌所収のシンポジウム記録では興味深い論点がさまざまに提示されている。パネラーの一人だった永井晋は、北条氏・三浦氏両雄の決戦とする従来の捉え方に対して、その本質は北条氏外戚の交替、幕府首脳の世代交代を背景とした三浦氏と安達氏との対立であると明確に打ち出しており（『鎌倉幕府の転換点』日本放送出版協会、二〇〇〇年）、高橋『三浦一族の中世』も同様の見方に立つ。最近、細川重男「宝治合戦と幻の軍記物」（『三浦一族研究』一九、二〇一五年）は『吾妻鏡』の原史料となった軍記物の存在を想定している。宝治合戦で重要な役割を果たす三浦光村については、真鍋淳哉「三浦光村に関する基礎的考察」（『市史研究　横須賀』八、二〇〇九年）がこれまでの通説と異なる光村像を提示している。

鎌倉前期の佐原氏については、『静岡県史　通史編　中世』（一九九七年）やその執筆者でもある筧雅博の『日本の歴史10　蒙古襲来と徳政令』（講談社、二〇〇一年）が取り上げた遠江国笠原荘に関する佐原義連寄進状写という注目すべき史料があり、真鍋「院政・鎌倉期の三浦一族」（『三浦一族研究』七）や『新市史Ⅰ』でさらなる検討が行われている。紀伊国南部荘地頭としての活動は海津一朗「鎌倉地頭三浦氏時代の紀伊国南部荘における検注について」（『紀州経済史文化史研究所紀要』二一、二〇〇一年）や同編『中世再現　一二四〇年の荘園景観』（和歌山中世荘園調査会、二〇〇二年）、海津「鎌倉御家人三浦氏の西国支配と紀伊南部荘」（『三浦一族研究』一五、二〇一一年）、坂本亮太「地頭請所の在地事情」（『鎌倉遺文研究』三四、二〇一四年）がその一端を明らかにしている。また、悪遠江守と称された佐原盛連に関する興味深い記事が『明月記』にあり、『新市史Ⅰ』が解説を加えている。

4　鎌倉時代後期

宝治合戦で三浦義明・義澄・義村・泰村と続いた三浦介の家が滅びると、佐原氏が三浦介を継承する。その佐原氏については、湯山学「三浦横須賀氏に関する考察」（『三浦一族研究』創刊号、一九九七年）が時連系佐原氏の事績を丹念に追い、安池尋幸「鎌倉時代後期の御家人佐原氏庶流をめぐって」（『横須賀市博物館研究報告　人文科学』四二、一九九七年）は諸史料から「三浦系図」「横須賀系図」の史料批判を行う。鈴木かほる「鎌倉後期の三浦佐原氏の動向」（『三浦一族研究』四、二〇〇〇年）、同「宝治の乱後の三浦氏」（『三浦一族研究』五、二〇〇一年）、同「宝治の乱後、三浦郡佐原・葦名郷を継承したのは誰か」（『三浦一族研究』六、二〇〇二年）、山田邦明「鎌倉幕府と佐原一門」（『三浦一族研究』九、二〇〇五年）も、繰り返しその動向を追っている。その中で、三浦介を継承した盛時が惣領ではなく、光盛が佐原・葦名郷を継承して「葦名」の苗字を名乗ったとの、鈴木の指摘は重要だろう。安池が注目した真野宗明申状を再検討した伊藤一美「佐原氏庶流真野左衛門尉平宗明「申状」案の成立とその背景」（『三浦一族研究』六、二〇〇二年）もある。また、佐原氏の女性が京都に家地を所有していたことに真鍋淳哉「院政・鎌倉期の三浦一族」（『三浦一族研究』一〇）が注目している。

鎌倉時代の越後国奥山荘と地頭和田氏については、『中条町史　通史編』（二〇〇四年）や高橋秀樹「越後和田氏の動向と中世家族の諸問題」（『三浦一族研究』創刊号、一九九七年）、その居館跡などの考古学的な研究成果については、水澤幸一『奥山荘城館遺跡』（同成社、二〇〇六年）がある。

会津の葦名氏については、『会津若松市史2』（二〇〇五年）、高橋充「会津の新宮熊野と新宮氏」（『列島の鎌倉時代』高志書院、二〇一一年）などの研究がある。また、のちに三浦一族を称する平子氏については、阿部正道「相模国三浦氏と周防国」（『神奈川県立博物館研究報告』一〇、一九八二年）、関係史料集を附載する充実した図録『鎌倉御家人平子氏の西遷・北遷』（横浜市歴史博物館、二〇〇三年）があり、槇道雄『日本中世武士の時代』（新人物往来社、二〇〇八年）が越後平子氏の動向を叙述している。このほか、村井章介「西国の三浦氏」（『三浦一族研究』九、二〇〇五年）をはじめとして、これまでの三浦一族研究の中であまり重視されてこなかった西国への関心が大きな成果を生みつつある。九州については藤本頼人「九州における三浦一族の展開」（『三浦一族研究』一四、二〇一〇年）が大きな成果を生んだ。

こうした近年の研究史の流れを受けて、本書では十章にわたって、中世前期の三浦一族の歴史に関するいくつかの問題を考察していく。そこに通底している視点は、鎌倉幕府や東国武家社会という枠の中ではなく、朝廷・幕府を含む中世国家や中世社会の中で、三浦一族とその動向を捉えようとする視点である。相模国の中での三浦一族を考えるさいにも、鎌倉幕府のもとでの守護としてではなく、国衙との繫がりを重視しているのもその一つの表れであるし、武家社会も包み込んでいる天皇を頂点とした身分体系や官職の昇進コースと速度に示される家格、祖先に対する意識など、中世前期の社会規範を前提としているのもその一つである。また、方法論としては、「常識」にとらわれず、新しく見出された信頼できる史料に着目し、系図類や『吾妻鏡』、公家日記をはじめとする従前の史料についても、史料批判を加え、原史料・情報源まで掘り下げて検討し、字句を厳密に解釈した上で立論していく手法を主としてとっていく。本書は『三浦一族の研究』と題してはいるものの、個別武士団研究や地域史の枠組みでは著していない。三浦一族に題材を取った中世社会論・中世国家論・中世史料論の研究書という意識をもって著したつもりでいる。

二　本書の課題

各章における個別の課題は以下のとおりである。

第一章「三浦氏系図にみる「家」の創造神話」では、これまでほとんど疑われることがなかった三浦氏の桓武平氏出自説を検討する。従来、史料批判を経ることなく利用されてきた三浦氏の系図を、中世に成立した系図と、近世成立の系図とに峻別した上で史料批判を加え、諸系図間で錯綜する系譜関係をはじめとする十二世紀前半以前についての記述を「家」の創造神話として捉え、創造神話を生み出した意識や伝承の背景を探る。初出後に提起された藤原氏出自説についても批判的に検討したい。

第二章「三浦介の成立と伝説化」では、これまでいくつかの説が出されている「三浦介」という称号の成立事情と内実について考察する。善本である吉川本『吾妻鏡』を用いることで、これまで北条本『吾妻鏡』に基づいて行われてきた史料解釈を正したい。また、混同されることが多かった「相模介」との関係を、相模介の補任状況やその官職の性格を貴族の日記や故実書から明らかにする。『吾妻鏡』に三浦義明が天治年間（一一二四～二六）以来相模国の雑事に携わったとあるが、これまでなぜ天治年間なのかという問題は検討されてこなかった。この問題については、平為俊を介した相模守藤原盛重と三浦氏との関係から考えてみたい。さらに、「三浦大介」の意味や、義明の死が源頼朝に対する忠義のエピソードとして幕府の創造神話となり、義明の存在や三浦介の称号が、一族のシンボル、武門の英雄として中世～近世の社会に根付いていくことを論じる。

第三章「鎌倉殿侍別当和田義盛と和田合戦」では、まず、これまで疑われることがなかった『吾妻鏡』を典拠とする和田義盛の治承四年（一一八〇）侍所別当補任の当非を新出文書と『吾妻鏡』の編纂方法から検討する。ついで『吾妻鏡』の和田合戦関係記事に史料批判を加えて、和田合戦の実像と『吾妻鏡』が創り出したストーリーの違いを明らかにする。そして、『吾妻鏡』に横山時広の妹とも度会康高の子とも記される和田義盛の妻の出自を検討し、『吾妻鏡』がなぜこのような表現をしているのか、諸本比較および原史料や編纂方法を踏まえた上で考えたい。

第四章「佐原義連とその一族」では、従来、『吾妻鏡』や『平家物語』の記述から説明されるのみだった佐原義連やその子息たちについて、文書史料や貴族の日記から考察したい。義連が地頭だった遠江国笠原荘の関係文書について原本調査に基づいて検討し、笠原荘を領した意味を考えたい。家連の紀伊国南部荘については、近年の研究の中で検注が領家方によるものか地頭方によるものか論争があるので、その点も明らかにしておきたい。盛連については、これまで不十分だった『明月記』の記事の解釈を改め、従前の説を正したいと考えている。また、宝治合戦後の佐原氏の位置付けを、相模国衙との関係、費用負担や幕府内の身分秩序、受領任国から捉え直したい。

第五章「三浦氏と馬」では、史料に明確に現れる三浦氏と馬との関わりについて論じる。東国における馬の生産から、鎌倉や京都での供給に至る過程における三浦氏の役割を考察し、近年発見された西園寺家文書の「御厩司次第」から承久の乱後三浦氏が、京都における武力を象徴する院の御厩の実務を一時期担っていたことを明らかにし、その意義を検討したい。これによって、明確な史料が存在しないのにもかかわらず、膨らんでしまっている「海のもののふ」「水軍」という三浦氏のイメージは再考を迫られるだろう。

第六章「三浦一族と上総国」では、九条家本『中右記』、自筆本『民経記』の紙背文書として偶然に残った三浦一族関係文書について、文書群の性格も踏まえて検討する。地頭と国衙との関係、さらに幕府や中央国家との関係を示す文書であり、この時代の社会や地方支配のシステムの中で、文書に記されている三浦一族の活動を位置づけることが必要となる。九条家本『中右記』紙背文書については、文書群全体の性格付けについても、これまでの説を批判的に検討することにしたい。

第七章「三浦義村と中世国家」では、三浦義村が果たした役割を従来のように鎌倉幕府の政治過程の中に位置づけるのではなく、朝廷や中央寺社を含む中世国家という枠組みの中で捉え直す。三浦義村について考えるときに不可欠な二十二点の史料を史料批判をしつつ丹念に読み解くことで、従来の「保身の術にたけた策謀の士」のごときイメージを排し、承久の乱前後の中世国家再建の立役者としての義村像を描くことになるだろう。

第八章「宝治合戦記事の史料論」では、『吾妻鏡』宝治元年（一二四七）六月五日条を中心に記事の構成を分析して、原史料が明らかな部分と文章が創作されている部分を区別し、『吾妻鏡』が創り出そうとしている事件のストーリーを明らかにする。そのフィルターを外すことによって、事件の実像がみえてくると考える。

第九章「相模武士河村氏・三浦氏と地域社会」では、東相模の豪族級領主三浦氏と西相模の中小規模領主河村氏が婚姻関係を通じて形成した親族ネットワークを比較して、範囲や機能の違いを明らかにし、地域社会の中で親族関係が果たした役割とその変化、あるいはネットワークの限界などについて考察する。

第十章「越後和田氏の動向と中世家族の諸問題」では、和田宗実と義茂の子孫で、のちには越後国奥山荘を中心に活動する和田氏の鎌倉時代初期から南北朝期の動向を追いながら、婿養子の問題、婚姻関係をめぐる問題、後家をめぐる問題、改名・苗字をめぐる問題など、中世の家族について考える上でも重要な論点について、和田氏を素材として考えていきたい。

以上の考察によって、一九九〇年代初めまでの研究成果に基づく三浦一族のイメージとはまったく異なる、新しい三浦一族のイメージを作り上げることになるだろう。そして、終章では、本書の成果をまとめるとともに、中世後期・近世の芸能や文学・絵画における三浦一族の芸能化の問題など、今後の研究課題を展望したい。

なお、本書で取り上げた史料の多くは、『新横須賀市史　資料編　古代・中世Ⅰ』（横須賀市、二〇〇四年）、『新横須賀市史　資料編　古代・中世Ⅱ』（横須賀市、二〇〇七年）、『新横須賀市史　資料編　古代・中世補遺』（横須賀市、二〇一一年）の三冊に採録されている。とくに文書類や系図については、その資料番号を「『新市史Ⅰ』〇〇号」「『新市史Ⅱ』系図編〇」「『新市史補遺』〇〇〇〇号」のように示した。また、『吾妻鏡』の引用にさいしては、広く用いられている『新訂増補　国史大系』に拠らず、とくに断らないかぎり、吉川本を底本として、北条本などの諸本で校合した校訂本文を用いた。

第一章　三浦氏系図にみる「家」の創造神話

はじめに

三浦氏および三浦一族の系譜を記した系図は比較的多い。『続群書類従』所収の「三浦系図」・「和田系図」などの諸家系図や『尊卑分脈』所収のもの、『寛永諸家系図伝』『寛政重修諸家譜』『系図纂要』の該当部分が一般的に用いられているほか、未翻刻のものでも『大日本史』編纂の過程で水戸藩がつくった『佐野本系図』『浅羽本系図』所収の系図、『大日本史料』にも一部採用されている伊達氏所蔵「葦名系図」などが知られ、郷土史研究のなかでは江戸時代後期につくられた地誌『三浦古尋録』の冒頭に掲げられた「三浦家系図」も用いられている。それらの系図には異同も多く、さまざまな事績や伝承が虚実ない交ぜに書かれ、とりわけ三浦義明の祖父為継よりも前の部分については諸説錯綜している現状がある。(1)

南北朝期に洞院公定が編纂し、もっとも信頼できる系図として定評のある系図集『尊卑分脈』の中にあって、桓武平氏系図は簡略で精度が低く、三浦氏部分にも人物・記事の重複や錯綜がみられ、しかも著しく他の三浦氏系図と違いがある。こうした系図の精度の問題ばかりではない。そもそも、三浦氏に限らず、多くの東国武士にとって、系図が作成された時代から史実や記憶としてたどれるのは十一世紀末ないし十二世紀以後であって、それ以前は、いわば

「家」の「創造神話」に属する時代であったことが系図間の錯綜の根本的な理由である。そうなると、系図の記載の中に歴史的事実を求めるのには自ずと限界がある。むしろ、そこから「創造神話」を生み出した系図作成者の意識を読み取ったり、系図に記された伝承の背景を他の史料や状況証拠から探っていくことこそが、われわれにできることだろう。(2)

近年、鎌倉時代、あるいは南北朝時代に成立したとみられる系図が紹介され、その中には三浦氏に関する記載をもつものもいくつか含まれている。そこで、まずは中世に成立したとみられる系図を取り上げて紹介し、その中から「家」や系譜に対する意識を考察し、近世成立の系図との比較から、その意識の変化、伝承の付加や広がり、あるいは変質などをみていきたい。

一　中世三浦氏系図の基礎的考察

まずは、数ある三浦氏関係系図のうち、中世に書かれたもの、もしくは原形が中世に成立したと考えられるものを紹介し、本章に関わる部分を引用しておこう。ただし、三浦義明・義澄・義村と続く三浦介の家系への接続が図られている系図のみに限定し、杉本太郎義宗から書き始めている『諸家系図纂』所収和田系図など三浦一族諸家の系図は除外した。

1　「家」系図

三浦氏の子孫あるいは子孫を称する人々が自身や祖先を三浦氏の系譜の中に位置づけ、「家」の系譜をたどって作成した系図である。したがって、同祖的な「家」意識を共有していない人々、自身の「家」の系譜のなかに位置づけられていない人については記載されていない。

①真野宗明申状所引「真野系図」

神奈川県立金沢文庫保管、称名寺文書の嘉暦元年（一三二六）七月二十四日付けの真野宗明申状案(3)に引用される系図。後欠で断片的ながら、三浦氏の「家」系図としては最古のもので、作成者・作成時期が明確な点でも重要である。『新市史Ⅰ』一四七一号、『鎌倉遺文』二九五三六号。

三浦介 義明 ― 佐原十郎左衛門尉 義連 ― 太郎左衛門尉 景連 ― 真野五郎左衛門尉 胤連 ―

②中条家本「三浦和田氏系図」

山形大学所蔵。越後国奥山荘のいわゆる三浦和田氏の系図。三浦義明に始まり、十四世紀半ばの人物まで記しているので、成立はそのころであろう。三浦介の系統は義村まで記述する。破損箇所も多く、『中条町史　資料編第一巻考古・古代・中世』（以下、『町史資料』と略す）参考資料三の翻刻には未判読や誤読もある。『新市史Ⅱ』系図編六。現状の破損磨滅文字の多くを復元できる近世初期成立の系図の存在が最近わかった。

三浦□介 義□ ― 椙本太郎 義宗 ― 和田左衛門尉 義盛
　　　　　　　　　　　　　　 ― 和田次郎 □茂 ―（以下略）
　　　　　　　　　　　　　　　　（朱）「寿永元年□〔由井浜カ〕□〔堂前カ〕落馬而死去」

和田三郎
宗実――(以下略)
(朱)「越後国奥山庄
相模南深沢郷」

矢部次郎
義□

三浦介
平六　駿河守
義村

平九郎大夫判官
胤義――(以下略)

③黒川家本「三浦和田一族惣系図」

新潟県立歴史博物館所蔵『越後文書宝翰集』のうち。黒川家に伝来した三浦和田文書中の一点。桓武天皇から起筆し、三浦氏・和田氏へとつなげる。佐原系三浦氏の系統は南北朝期の高通世代まで、三浦和田氏は政義や時実までを一筆で記し、政義の政資への改名記事や以後の系譜は異筆で書き継ぐ。政義の名は応安五年（一三七二）まで諸史料[4]に見え、永和元年（一三七五）の譲状[5]には政資と署名しているので、それ以前の成立と考えられる。『町史資料』参考資料二、『新市史Ⅱ』系図編七。

桓武天皇《くわんむてんわう》――□部卿
葛原親王《かつらわらのしんわう》

高□《たかむね》――(以下略)

高見王《たかみ》――上総介
高望《たかもち》――常陸大掾
国香《くにか》――鎮守府□□
貞盛《さたもり》

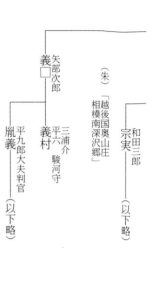

将軍
良将《よしまさ》――滝口
将門《まさかど》　相馬小次郎

村岡小五郎
良文《よしふん》――陸奥介
忠頼《たゝより》――（以下略）

村岡小五郎
忠道《たゝみち》――平大夫
為通《ためみち》――三浦《みうら》平太郎
為次《ためつき》――平六庄司《へいろくしょうじ》
義次《よしつき》――三浦大介《おほすけ》
義明《よしあきら》――（以下略）

甲斐権守
景名《かけな》――（以下略）

④『諸家系図纂』「三浦系図」

国立公文書館に昌平坂学問所旧蔵本などがある。水戸藩による修史事業の中で、元禄五年（一六九二）に丸山可澄が編纂し、その後増補された『諸家系図纂』十一に収められている。原本は彰考館に所蔵されていたが、焼失した。忠通から書き始め、三浦介の系統は義同・義意親子までを記すが、葦名系は盛貞までを墨書し、それ以後を朱で補筆している。原形は南北朝期に成立し、その後、三浦介の系統を書き継いだものをさらに再編集した可能性が高い。葦名氏部分の朱書は宇都宮家蔵「葦名系図」で補った旨が記されているから、他の朱書も同様の補筆であろう。『続群書類従　第六輯上』所収の「三浦系図」はこれを底本としている。『新市史Ⅱ』系図編八。

忠通　鎮守府将軍、号村岡五郎「小五郎イ」、駿河守、
(朱)「頼光四天王之其一也」

為通　平大夫、長門守、此時
始号三浦、一男、

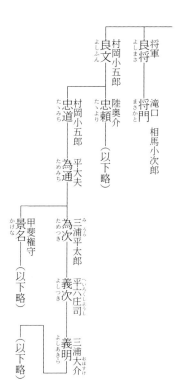

章名 甲斐太守、一説無此人、
（以下略）

為継 平太郎

義継 庄司介、女子一人大友四郎経家妻、
（朱）「六郎」

大介
義明 治承四年八月廿七日頼朝与力、於三浦衣笠城自害、七十九歳（朱）「惣領幕門（略）庶子幕門（略）両方ノ脇ノ筋太ク中ヲ細ク立門ニ付ルナリ」

（以下略）

為俊 駿河守

公俊 六郎庄司、駿河守、使左衛門尉、実伊勢守藤原公清三男、秀郷七代孫、

（兄弟略）

2 氏系図

「家」の範囲にとどまらず、氏名《うじな》を共有している人々の広がりに強い関心を払いつつ、その中に自家と自身の系譜を位置づけようとして作成された系図である。たとえば、三浦氏のみならず、千葉氏・北条氏・秩父系諸氏などの記載を含めて、その系譜的関連を示している。

⑤中条家本「平氏諸流系図」

山形大学所蔵。いわゆる三浦和田氏の中条家に伝わった系図。「桓武平氏諸流系図」と呼ばれることが多いが、桓武平氏のみならず、仁明平氏も収める。他の系図に見られない詳細さをもっていることで知られる。(6) 北条氏、貞盛系で始まるが、すべてが系線でつながれているのではなく、十四種の系図の集成という形をとっているから、氏系図であるとともに、個々の「家」系図の集合体であるとも言える。北条氏は時頼世代までしか記していないことから、十三世紀後半の成立と見られる。三浦氏の部分は良文に始まり、佐原光盛・盛時・光時（時連）兄弟までを記し、彼ら

の康元元年（一二五六）の出家についても注記している。『町史資料』参考資料一。『新市史Ⅱ』系図編一にも抄録する。

三浦介 良文―号村岡小五郎 忠道―┬忠輔
　　　　　　　　　　　　　　　├号三浦平大夫 為道―┬号三浦平太 為次―号六郎庄司 義次―三浦介 義明―（以下略）
　　　　　　　　　　　　　　　│　　　　　　　　　　├住安房安西 為、
　　　　　　　　　　　　　　　│　　　　　　　　　　└駿河守 為俊
　　　　　　　　　　　　　　　└甲斐権守 景名

⑥山門家本「桓武平氏系図」

鹿児島県歴史資料センター黎明館所蔵。千葉氏の支流を称する薩摩国山門院の山門氏に伝わった系図。まず清盛流、北条氏、千葉氏、秩父流、三浦・鎌倉流の順で記す。北条氏は時宗世代、三浦氏は三浦介（佐原）盛時までが記載されていることから、その原型は十三世紀後半に成立したとみられる。忠道には「頼光朝臣四天王随一也、後貞道、又者忠光」の注記があり、為俊を為道の孫、為重の子として記している。義明の子義連の記述に重複が見られる。『鹿児島県史料　旧記雑録拾遺家わけ六』所収。『新市史Ⅱ』系図編二にも抄録する。

柏原帝 桓武天王―一品式部卿 葛原親王―無官無位 高見王―始賜平姓 上四位 上総介 高望―┬鎮守府将軍 良望―（以下略）
　　　　　　　　　　　　　　　　　　　　　　　　　　　　　　　　　　　　　　└鎮守府将軍 良将―良文養父 相馬小次郎 将門

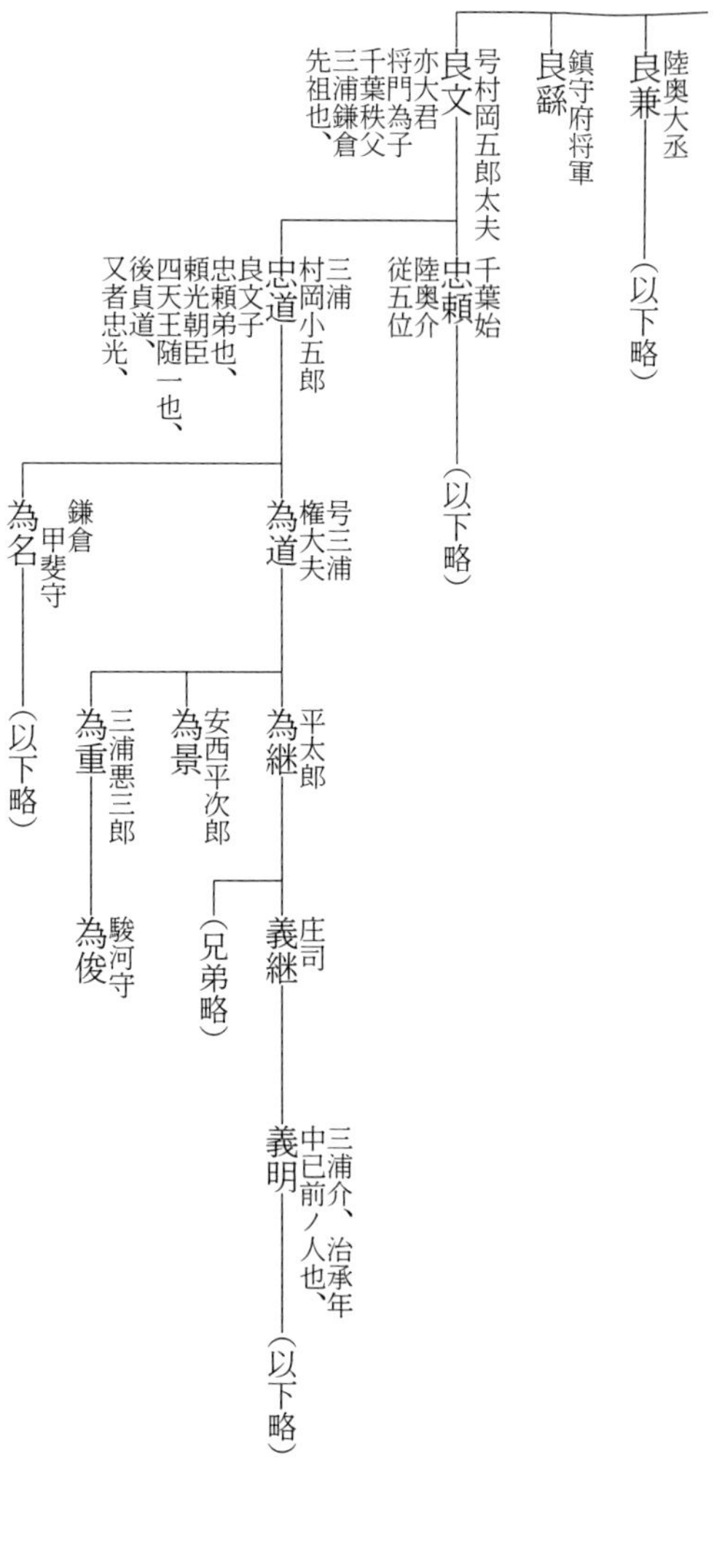

⑦入来院家本「桓武平氏系図」

個人蔵。秩父流渋谷氏の子孫である薩摩国入来院の入来院家に伝わった系図。清盛流、北条氏、千葉氏、秩父流、三浦・鎌倉流の順で記す。注記などから十四世紀初めに成立したとみられる。三浦氏については三浦介（佐原）頼盛・頼連まで記す。山門家本より多少人物を加えているが、忠道の注記、為俊の位置付けなどからみて、ほぼ同系統の原史料によったとみられる。山口隼正「入来院家所蔵平氏系図について」（『長崎大学教育学部社会科学論叢』六〇・六一、二〇〇二年）所収。

桓武天皇―葛原親王（一品式部卿）―高見王―高望（上総介　始賜平姓）

- 良望（鎮守府将軍　従五位下）―（以下略）
- 二　良将（従五位　鎮守守将軍）―将門（貞盛秀郷奉宣旨、天慶三年二月廿四日誅畢、）
- 三　良兼（下総介）―（以下略）
- 四　良繇（鎮守府将軍）
- 五　良文（従五位下　号村岡五郎大夫　又云大君、）
  - 忠頼（従五下　上総介）―（以下略）
  - 忠道（従五下　駿河守　本号村岡小五郎、頼光朝臣四天王也、其一也、後人号貞通、又云忠光、）
    - 為道（従五下　号三浦権大夫、又云為名云、）
      - 為継（景正一双　平太郎）
        - 義継（庄司）―義明（三浦介　従五位下）―（以下略）
        - （兄弟略）
      - 為景（安西平二郎）
      - 為重（三浦悪三郎）―為俊（従五下　駿河守　使自左衛門輔検非違使）
    - 為名（鎌倉　従五下　甲斐権守）―（以下略）

⑧『諸家系図纂』「桓武平氏系図」

『諸家系図纂』については④に既述。この系図は主として清盛流、北条氏を載せ、良文流は略述するのみで、三浦氏についても義継までしか記されていない。良文—忠頼—忠道—為道—為直—為継—義継としており、系譜上に忠頼・為直を入れている点に特徴がある。『続群書類従　第六輯上』所収のものはこれを底本としており、『群書解題』は系図の成立を南北朝初期としている。『新市史Ⅱ』系図編三にも抄録する。

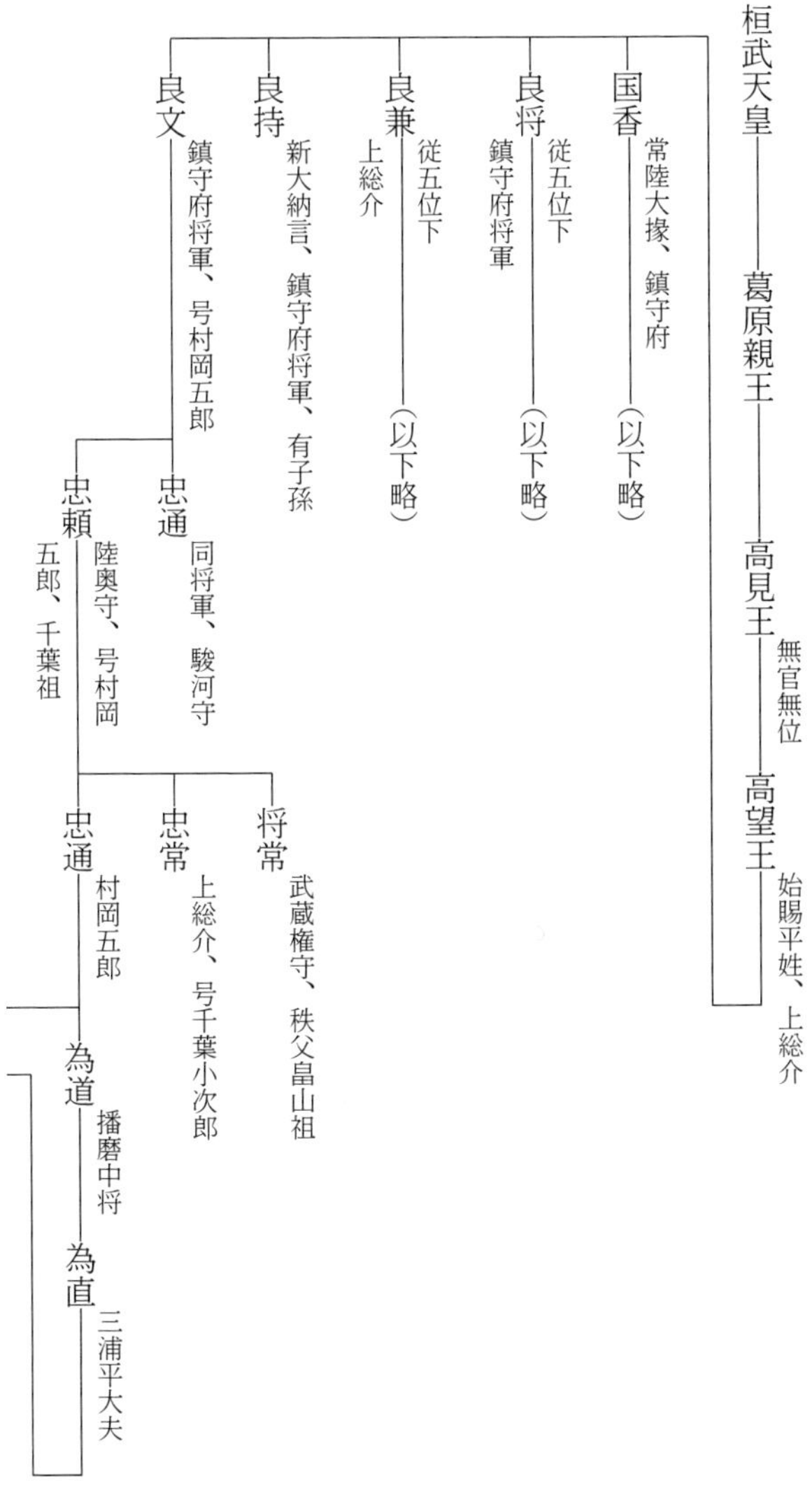

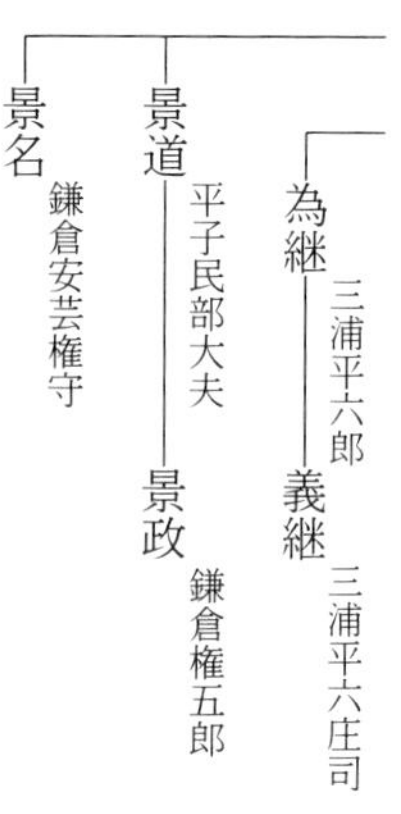

⑨延慶本『平家物語』所収「坂東平氏系図」

大東急記念文庫所蔵。もっとも古態を残す『平家物語』と評価されている延慶本『平家物語』の巻第一本の冒頭に貞盛流の「平氏系図」、清和「源氏系図」とともに置かれている。延慶本『平家物語』は延慶二〜三年（一三〇九〜一〇）に根来寺で写された旨の本奥書を有し、さらに応永二十六〜二十七年（一四一九〜二〇）に書写したという奥書をもつ。系図は良文から始まり、千葉系、秩父系、三浦・鎌倉系を載せる。三浦氏は和田常盛・三浦泰村までを掲載する。なかでは秩父系がもっとも詳細で、河越氏については十三世紀後半の宗重・重信・重広兄弟までを載せているから、その周辺で作成された系図が原史料となっていると考えられる。勉誠出版ほか刊。

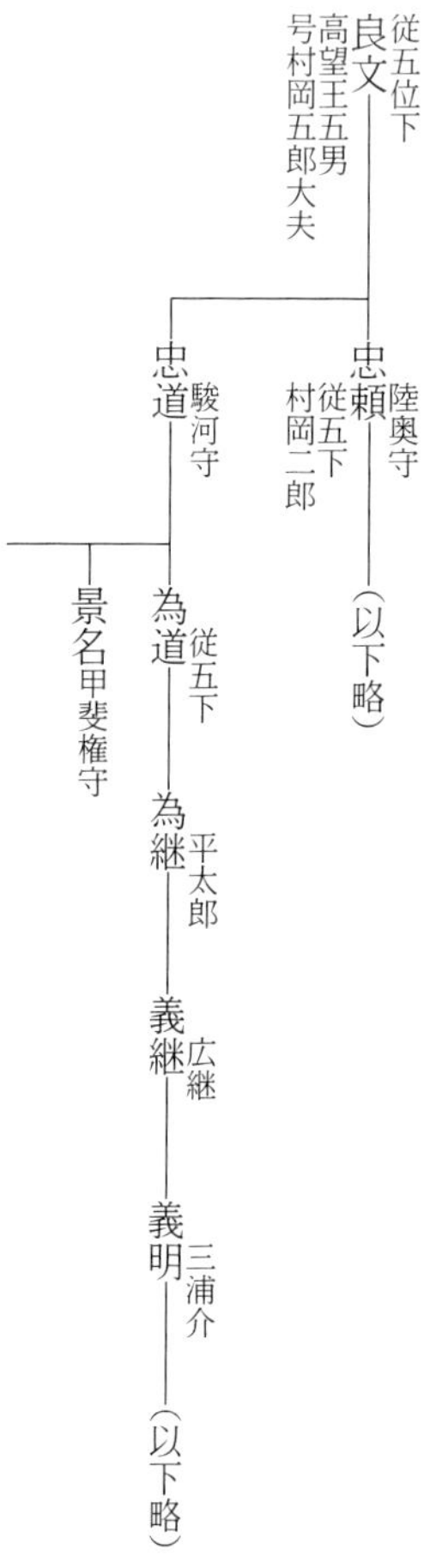

景村 従五下――（以下略）
景道 従五下――（以下略）

⑩妙本寺本「平家系図」

千葉県妙本寺所蔵。巻子本一巻。一具となっている「源氏系図」一巻とともに、「右系図者、駿河国富士山本門寺日殿所持之間、令借用、於久遠寺書写畢、太輔阿闍梨日恩（花押）　天正七年己卯、六月六日」の奥書および、「本云、房州御屋形里見義尭之御本ニ而写畢」の本奥書を有する。まずはa桓武天皇に始まる貞盛流を中心とした系図、次にb清盛子孫の系図、c高見王に始まる北条氏・常陸大掾氏・正度流などの系図、d高望に始まる城氏などの系図、e高望に始まる坂東平氏の系図、f光孝平氏の系図、g国香に始まる北条氏の系図、h高棟流平氏の系図の八点からなる。三浦氏については、aが義継まで、eが三浦介（佐原）時明までの系譜を載せる。最下限は千葉氏の場合も貞胤で、およそ十四世紀半ばごろの人物まで記載されている。『千葉県の歴史　資料編 中世3』所収。『新市史Ⅱ』系図編四にも抄録する。

桓武天皇――一品式部卿葛原■親王――高見王 無官無位、失王
――高望王 始賜平姓――常陸大掾国香 為征夷将軍――（以下略）

権大納言良将（征夷大将軍）――（以下略）
権大納言良兼（鎮守府将軍）――（以下略）
新大納言良□（鎮守府将軍）――（以下略）
村岡五郎良文（鎮守府将軍）――忠頼（小次郎将軍）
　忠常（千葉介先祖、号日本ノ将軍ト）
　将常（武蔵権守、秩父・畠山）
　忠道
　　為通（播磨中将）――為直（三浦平大夫）――為継（三浦平太郎）――義継（同平六庄司）
　　景名（鎌倉安芸権守）
　　景通（平子民部大夫）――景政（権五郎）

高望――良望
　良将（鎮守府将軍　常陸大丞、従五下）――（以下略）

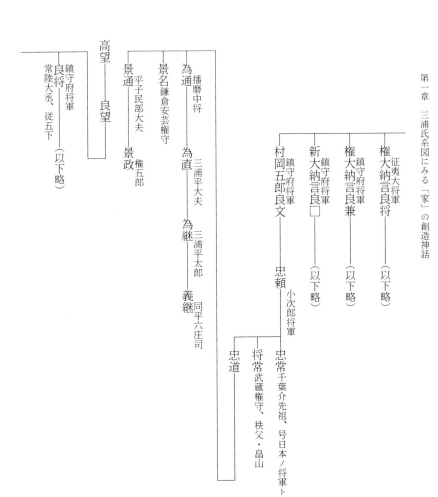

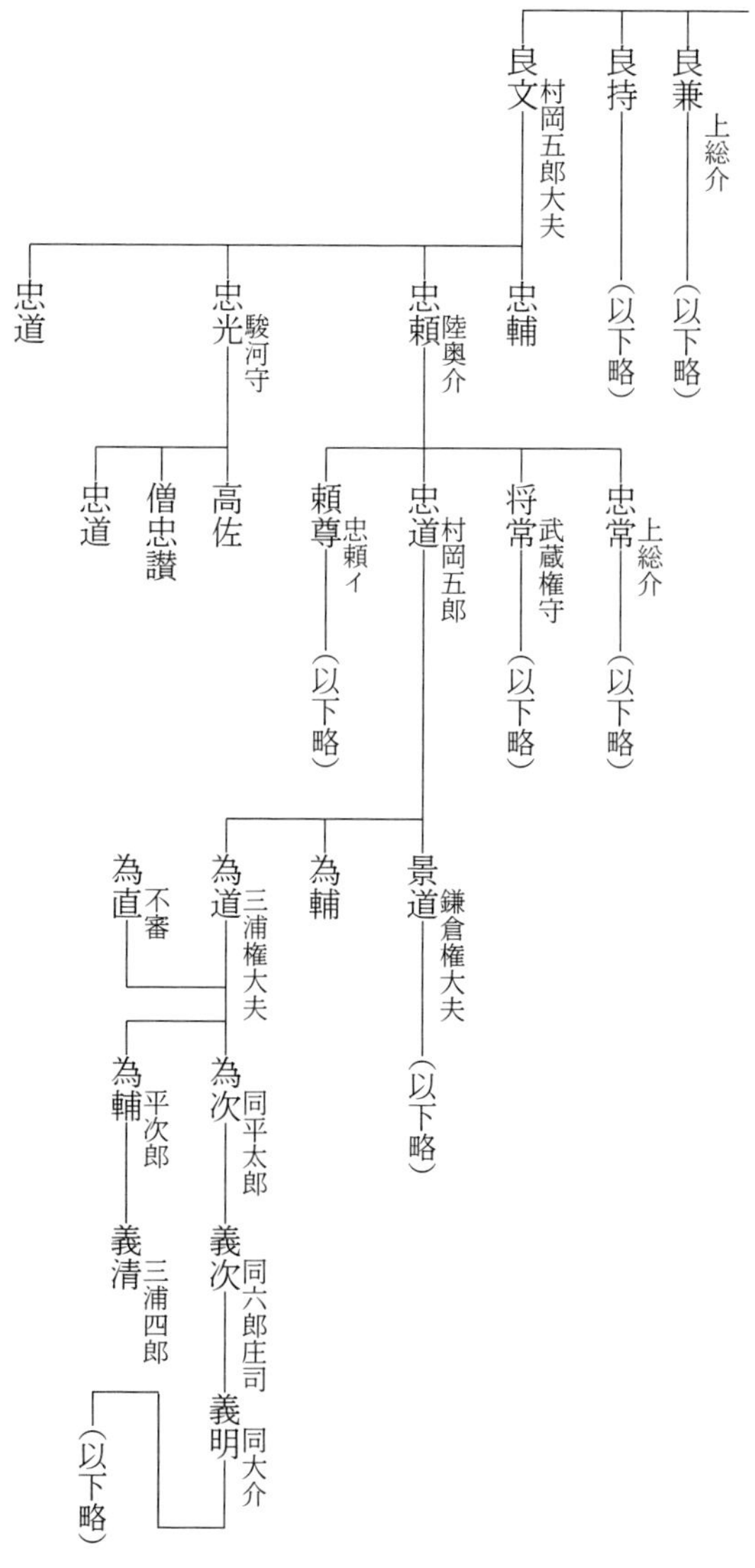

⑪『尊卑分脈』所収「桓武平氏系図」

尊経閣文庫ほか所蔵。洞院公定とその子孫が編纂した系図集。十四世紀後半の成立とされる。藤原氏や室町将軍家を含む清和源氏は充実しているが、その他の氏族については簡略で、誤りも多い。三浦氏は良文流に良文の子として義澄が書かれ、その子孫として三浦大介義明―義村・胤義を載せるとともに、同じく良文の子に忠道、その子に孝輔と三浦平太郎為通、孝輔の子に三浦平太郎為継を載せる。その一方で、良茂―良正―三浦太郎公義―同二郎為次―同庄司義次—同介義明以下の系譜を十三世紀半ばの人物まで載せている。佐原氏は盛時ら三浦介の系統の記載がなく、葦名系のみ頼連までを記す。『新訂増補　国史大系』所収。『新市史Ⅱ』系図編五にも抄録する。

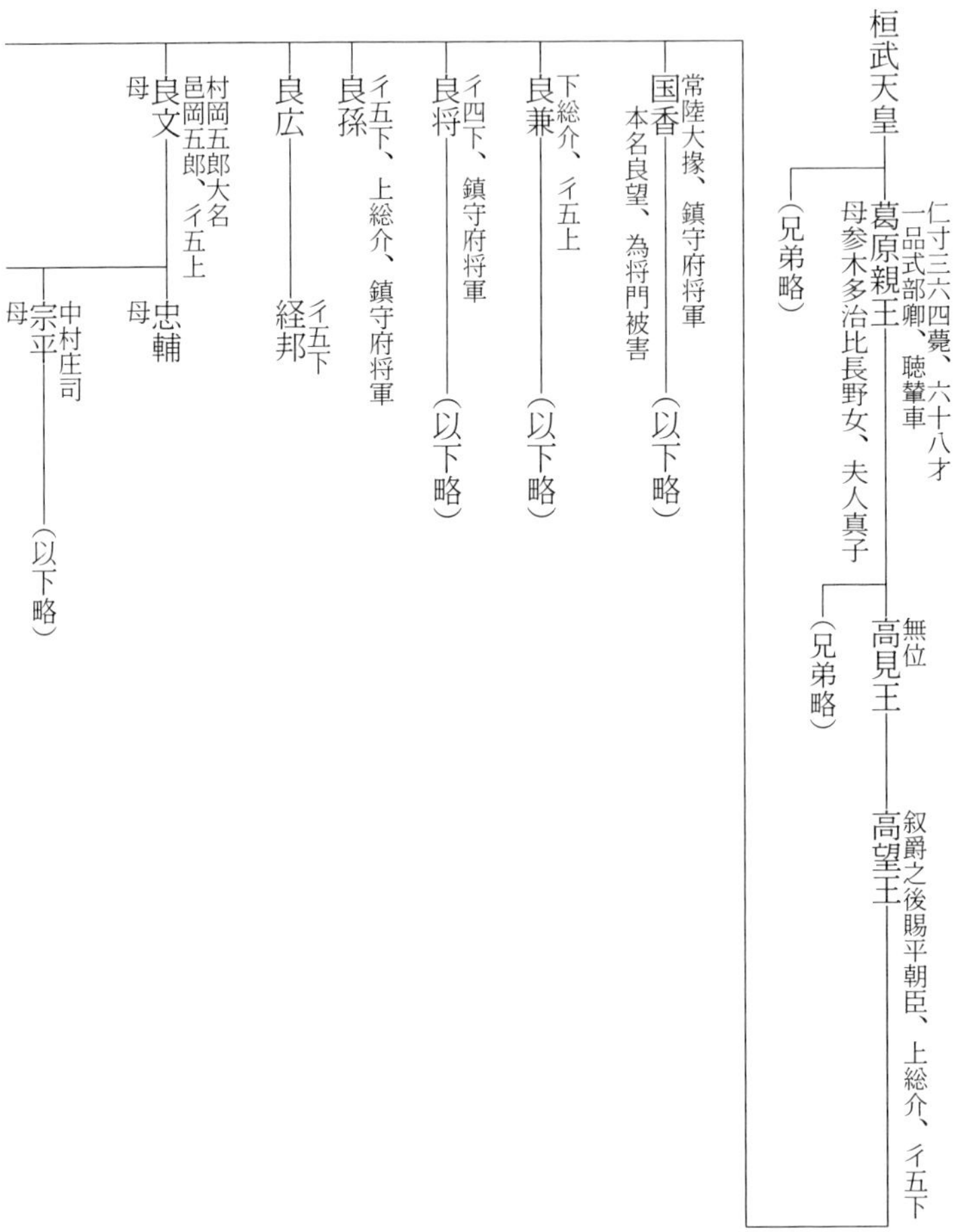

- 良持（下総介）
- 良茂（常陸少掾）
  - 良正（下野介）
    - 公雅（使　イ五上）
      - 致秋（使　イ五下、出羽守）
    - 公義（三浦太郎）
      - 為次（同二郎）
        - 義次（同庄司）
          - 義明（同介）
            - （以下略）
    - 致成（或本公雅子云々、瀧口太郎、イ五下）
      - （以下略）
    - 致頼（イ五下）
      - （以下略）

- 忠頼（村岡次郎）
  - （以下略）
- 母 義澄
  - 母 義明（三浦大介）
    - 母 義村
    - 母 胤義
- 母 忠光
  - 恒高
- 母 忠道
  - 孝輔
    - 為継（三浦平太郎）
  - 為通（三浦平太郎）
  - 恵算（上座、寺）

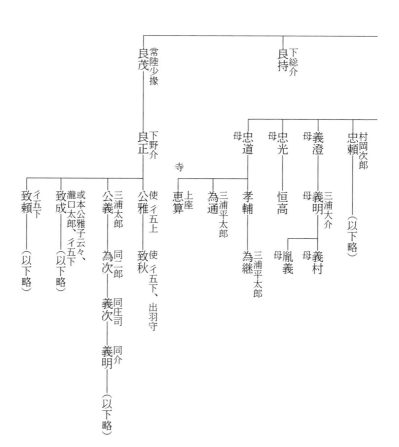

⑫東京大学史料編纂所本『古系図集』所収「桓武平氏系図」

東京大学史料編纂所所蔵。「神代系図」の外題をもつが、内実は源氏（嵯峨・仁明・文徳・清和・陽成・光孝・宇多・醍醐・村上・花山・三条・小一条院・後三条・順徳・後嵯峨・曩祖不分明源氏）、平氏（桓武・仁明・光孝・文徳）、橘氏、高階氏、菅原氏、良岑氏、在原氏、紀氏、大江氏、舞人（多氏・狛氏）、楽人（豊原氏・戸部氏・大神氏）の諸氏系図集成である。そのうちの「桓武平氏系図」は、まず高棟王流の系図、高見王流の清盛系・北条氏、良持流、良文流、良茂流、万多親王系、仲野親王系の順で記す。各系図の成立年代にはばらつきがあり、「清和源氏系図」は十五世紀半ばの足利義勝（光源院）まで記されているが、「桓武平氏系図」の場合、良文流の千葉氏は貞胤、良文流の佐原氏（葦名系）は頼盛までと、いずれも十四世紀前半の人物までとなっている。三浦氏関係の部分については、『尊卑分脈』の記載に酷似しており、同一の原系図に基づくものとみられる。未翻刻。

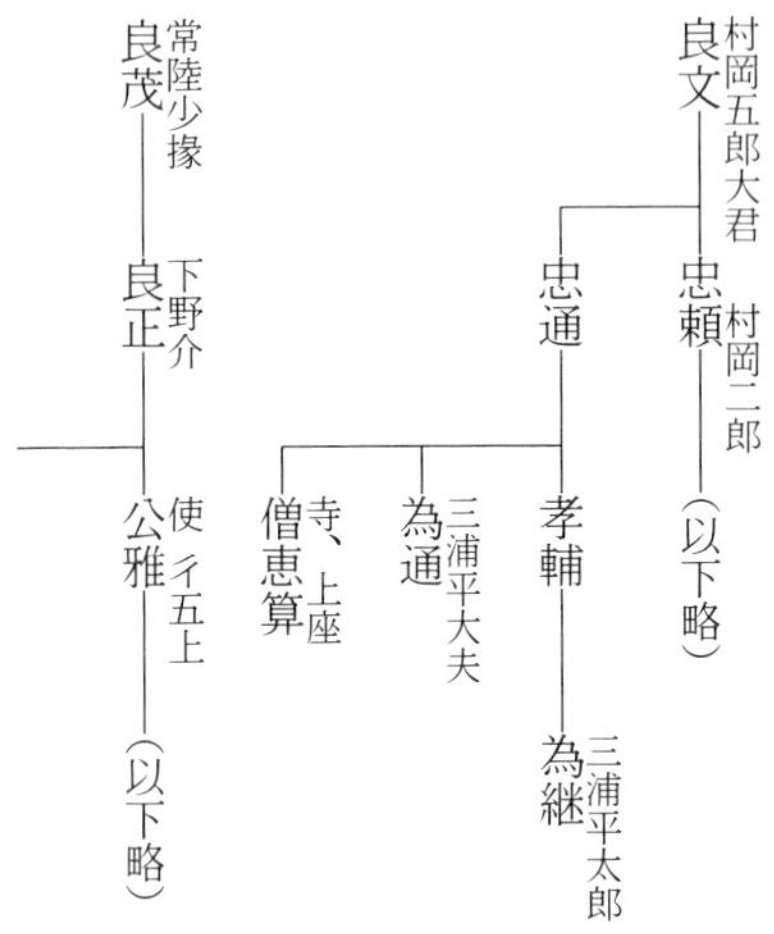

三浦太郎 公義——御浦二郎 為次——御浦庄司 義次——御浦介 義明——（以下略）
瀧口太郎、イ五下 致成——（以下略）
イ五下 致頼——（以下略）

⑬『源平闘諍録』文章系図

国立公文書館所蔵。『源平闘諍録』は『平家物語』の一異本で、建武四年（一三三七）以前の成立とされる。千葉氏の周辺でつくられたとみられ、東国に関する詳しい記述をもっていることで知られる。その巻第一上には平良文の子とその子孫の系譜が文章で記される。忠光を三浦の祖とし、良文の四男忠道を鎌倉流の祖として別立てしている点に特徴がある。和泉書院・講談社学術文庫刊。文章系図を図示すると次のようになる。

桓武天皇——一品式部卿 葛原親王——無官無位 高見王——上総介、始賜平朝臣姓 高望王
　常陸大掾 国香
　鎮守府将軍 良望——将門
　上総介 良兼——忠輔

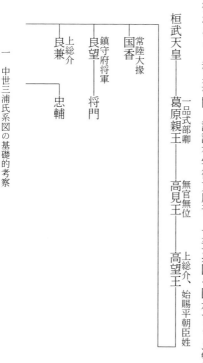

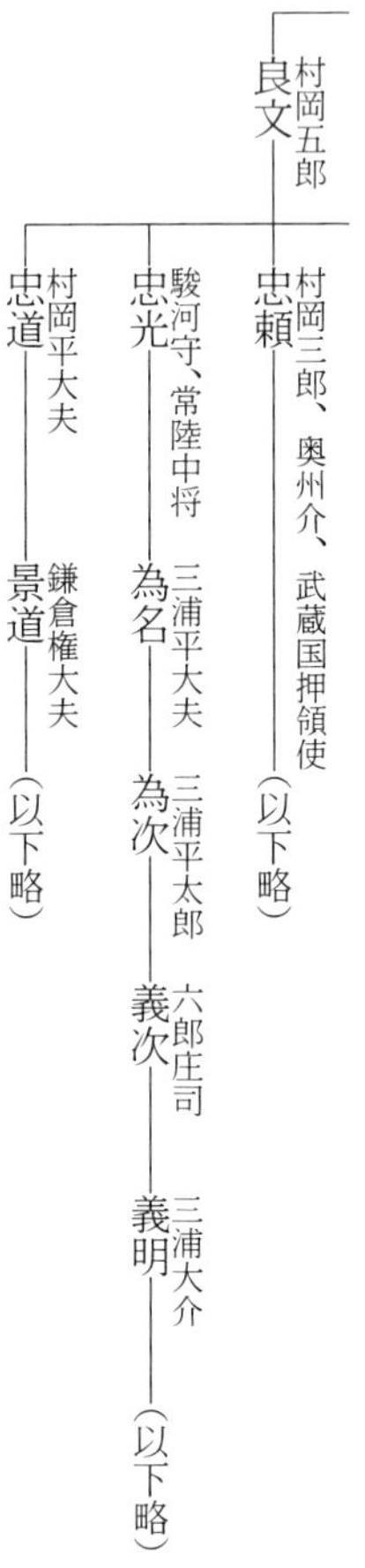

⑭『千学集抜萃』文章系図

国立公文書館所蔵。『千学集抜萃』は金剛授寺尊光院（現在の千葉神社の別当寺）の縁起や千葉氏の事績などを記す『千学集』から記事を抜粋したもの。『千学集』の成立は十五世紀半ばとされている。その文章系図は、千葉氏のみならず、鎌倉・三浦流、中村流、秩父流に及ぶ。『源平闘諍録』の文章系図部分、あるいはそれに近い系譜史料に基づいて記述されたとみられるが、良文の子の人数の異同や、『源平闘諍録』にはない「良文の七騎」の記述もある。ただし、三浦氏関係部分は『源平闘諍録』と異同がないので、図示は省略した。千葉市立郷土博物館『妙見信仰調査報告書（二）』所収。

二　「家」の象徴としての三浦介義明

宝治元年（一二四七）六月、安達泰盛らに追いつめられ、そして襲われた三浦泰村・光村らの一族以下五百余人は、防戦の後、源頼朝の法華堂に入り、そこで自害して果てた。そのさい、法華堂には香花を供えるために承仕法師がいたが、一族が堂内に入ってくると、彼は逃れて天井裏に上り、泰村・光村たちの会話の一部始終を聞いていた。『吾妻鏡』宝治元年六月八日条はその申詞記（尋問調書）の概要を漢文でまとめた記録に基づいて書かれており(7)、多少の文飾は加わっているものの、そこには三浦一族のかなり生の声に近い内容が載せられている。

> 其詞云、思二数代之功一、縦雖レ為二累葉一、可レ被レ宥二罪条一、何況義明以来、為二四代家督一、又為二北条殿外叔一、輔二佐内外事一之処、就二一往讒一、忘二多年昵一、忽被レ与二誅戮之恥一、恨与レ悲計会者也、後日定有下被二思合一事上歟、但故駿河前司殿、自他門之間多申二行死罪一、彼子孫亡訖、罪科之所レ果歟、今已赴二冥途一之身、強非レ可レ奉レ恨二北条殿一云々、

この泰村の「何ぞ況んや義明以来、四代の家督として、また北条殿の外叔として、内外の事を輔佐す」という言葉からは、これまで築き上げてきた北条氏との親密な関係とともに、三浦義明に始まる四代、すなわち義明・義澄・義村・泰村と継承されてきた「家」という意識を泰村が強くもっていたことを知ることができる。

では、三浦氏の諸系図は義明をどう記し、どう位置づけているのだろうか。

前節で取り上げた①真野宗明申状は、真野宗明の父宗連の先妻から女子平氏に譲られ、平氏の弟で猶子になっていた宗明が伝領した丹後国の所領をめぐる裁判の中で提出されたものである。義明や義連から伝わった所領が論点になっているわけではないのにもかかわらず、宗明が自分や姉の系譜的な位置付けを示すのに際して、義明から系図を書き始めていることは注目されよう。

もう一点、義明から書き始めている系図がある。三浦一族和田氏の一流で、越後国奥山荘の地頭となった、いわゆる三浦和田氏（中条家）が残したもので、十四世紀なかばを記載の下限とする南北朝期成立とみられる系図②である。傷みが激しく、従来は前欠とされてきた。しかし、原本を見ると、料紙の上端・右端からの間隔からみて、義明から書き始めていると考えられ、しかも、義明の上には系図の冒頭に記されることが多い三つの朱点が書き込まれている

から、前欠とする必要はない。

義明から始まる系図の存在は、十四世紀の三浦氏子孫にとって義明という存在がいかに大きかったかを物語っている。同じく十四世紀成立の⑤中条家本「平氏諸流系図」では、忠道・為道・為次・義次には「号三浦平大夫」など、すべて「号〇〇」と表記しているのに対して、義明には「三浦介」とのみ記し、それ以降の人々の注記は「和田三郎」「三浦介」など「号」をともなわない表記となっている。ここにも義明以後とそれ以前との間の微妙な意識の違いを読み取ることができるだろう。また、千葉氏の子孫を称する薩摩国山門院の山門氏には鎌倉後期に成立し、その後書き継がれた⑥「桓武平氏系図」が伝わっているが、この系図の義明のところに「治承年中已前ノ人也」という注記があり、他氏から見ても存在感が強かったことが窺われる。

源頼朝挙兵時の石橋山での敗戦が義明と佐那田余一義忠の忠義のエピソードに置き換えられて、頼朝自身の手で幕府の「創造神話」化されていったのと同時に、義明そのものも伝説化されていき[8]、近世になると、それが系図にも反映されていく。寛永二十年（一六四三）からほどないころに成立した「中条家由緒書」[9]は「乍㆑恐綴㆓愚書㆒留㆓後記㆒子細者、三浦大介義明、治承四年八月廿七日、頼朝与力之上、三浦笠（ママ）城ノ城ニ於テ逝去、後代々ニ依㆑為㆓忠節ノ侍㆒、綸旨・院宣・令旨・御教書・奉書、私者譲状于㆑今所㆓所持㆒也、雖㆑然、義明十三代之孫前土佐守房資入道秀叟、享徳三年ニ（後略）」と書き始めている。源頼朝に与力して衣笠城で討ち死したことが自家の「忠節」の始まりで、代々「忠節の侍」であることによって諸権力から綸旨・院宣等で存在を認められてきたというのである。

多くの中世系図には「三浦介」「三浦大介」とのみ注記されるが、『諸家系図纂』の「三浦系図」には「治承四年八月廿七日頼朝与力、於㆓三浦衣笠城㆒自害、七十九歳」の注記が施されている。これは『浅羽本系図』の注記とまったく同文である。『尊卑分脈』で「治承四年八月廿七日於㆓三浦衣笠城㆒討死、仕㆓頼朝㆒」の注記をもつのは尊経閣文庫所蔵の一本のみであるから、「三浦系図」の場合も後世の追記とみた方がよさそうである。

さらに『寛政重修諸家譜』や『系図纂要』では、頼朝が義明の霊を祀り、それがのちに「御霊大明神」と崇められたことに言及し、中条家の『中条氏家譜略記』[10]に至っては那須野の狐退治にまで話が及ぶ。系図のみならず、『三浦古尋録』[11]所引の満昌寺縁起も両方の話を載せている。満昌寺（横須賀市大矢部）の木造三浦義明坐像（重要文化財）は、境内鎮守の御霊明神社に主神として祀られてきたとされるもので、鎌倉末期の制作といわれている。[12]鎌倉期に行われた義明の神話化がさらに進んで、宝治合戦による一族滅亡後の鎌倉末期には、鎌倉権五郎景正[13]同様の武神「御霊大明神」として神格化し、南北朝期に成立したといわれる玉藻前伝説や那須野の殺生石伝説[14]も流布していく中で、それらが近世系図に反映されたのであろう。

三　三浦氏の「家」の創造神話

義明を起点とする鎌倉期・南北朝期の系図があり、そうした系譜認識が存在する一方で、それ以前の祖先に対する意識も存在していた。

『吾妻鏡』建保元年（一二一三）五月二日条には、和田義盛の挙兵に際して、三浦義村・胤義兄弟が語ったこととして、「次三浦平六兵衛尉義村・同弟九郎右衛門尉胤義等、始者与二義盛一成二一諾一、可レ警二固北門一之由、乍レ書二同心起請文一、後者令レ改二変之一、兄弟各相議云、曩祖三浦平太郎為継奉レ属二八幡殿一、征二奥州武衡・家衡一以降、飽所レ啄二其恩禄一也、今就二内親之報一、忽奉レ射二累代主君一者、定不レ可レ遁二天譴一者歟、早翻二先非一、可レ告二申彼内儀之趣一」とあり、彼らが源義家に従って後三年合戦で活躍した三浦為継を曩祖と位置づけていたことがわかる。また、延慶本『平家物語』第四にも「彼義澄ハ東八ケ国第一ノ弓取三浦平太郎為継トテ柏原天皇ノ御末ニテ候」とあって、桓武天皇の末裔である三浦平太郎為継が先祖として意識されている。為継は『奥州後三年記』に「同国のつはもの三浦の平太郎為次といふものあり、これも聞えたかき者なり」として、鎌倉権五郎景正の目から矢を引き抜く逸話が記される人物である。祖先の武功を自身の誇りとし、また一族の紐帯の一つとしていた鎌倉前期の武士にとって、坂東一の弓取りとの評判をとり、後三年合戦で活躍したことが知られる為継は重要な祖先であった。

祖先であれば誰でも「曩祖」と位置づけられたわけではない。源頼朝にとっては頼義（『吾妻鏡』治承四年九月十一日・元暦元年十一月二十三日・建久元年九月十八日・同四年三月二十五日条）、小山朝政にとっては藤原秀郷（同養和元年閏二月二十三日・元久二年八月七日条）と同豊沢（同承元三年十二月十五日条）、下河辺行平や後藤基綱にとっては藤原秀郷（同文治五年七月八日・寛喜元年三月二十六日条）というように、自己の「家」の創始者、画期にふさわしい事績を有する祖先だけが「曩祖」と位置づけられていた。

十四世紀に三浦氏の子孫の手で作成された③黒川家本「三浦和田一族惣系図」が、忠道を「村岡小五郎」、為通を「平大夫」と注記するのに対し、為次に「三浦平太郎」と注記し、初めて「三浦」の表記を用いているのは、為継を「三浦」の家にとっての画期と見なしているからであろう。

しかし、他の系図を見ると、⑦入来院家本「桓武平氏系図」が『奥州後三年記』の先の説話を踏まえた「景正一双」の注記を施しているのは注目されるが、それ以外は、為継を画期とするような記述はなく、為継の扱いが比較的軽い。

では、なぜ義澄や義村が有していた為継に対する意識が多くの系図に反映されていないのか。それを探るためには、諸系図が「家」の始まり、源氏との繋がり、祖先の武功をどのように意識し、記述しているかをみる必要があろう。

中世の「家」系図では、①②が三浦義明から起筆し、桓武天皇から書き始める③黒川家本「三浦和田一族惣系図」は為次に「三浦」の表記を初めて用いていることを述べたが、残る④『諸家系図纂』の「三浦系図」は為通に「此時始号二三浦一」と注記する一方で、その父忠通を系図の冒頭に置いている。⑥山門家本「桓武平氏系図」も、為道に「号二三浦権大夫一」と注記するが、系図上部に書かれた忠道の右肩の「村岡小五郎」の注記の右に「三浦」と表記している。これらから、中世には忠通（忠道）に「家」が始まるという見方も存在していたことがわかる。

④『諸家系図纂』の「三浦系図」は、忠通に「鎮守府将軍、号二村岡五郎一、駿河守」と注記し、朱書で「頼光四天王之其一也」という追記を行っている。この朱書自体はのちに宇都宮家本「葦名系図」などで補ったものと考えられるが、⑥山門家本「桓武平氏系図」や⑦入来院家本「桓武平氏系図」にも、それぞれ「頼光朝臣四天王随一也、後貞道、又者忠光」、「頼光朝臣四天王也、其一也、後人号二貞通一、又云二忠光一」の記述があるから、鎌倉後期にはこの忠通が貞通または忠光とも号した人物で、頼光の四天王の一人であるという伝承が流布していたと考えていいだろう。

『今昔物語集』巻第二十八の第二話「頼光郎等共、紫野見物語」には「摂津ノ守源ノ頼光ノ朝臣ノ郎等ニテ有ケル平ノ貞道、平ノ季武、□ノ公時ト云フ三人ノ兵」が見え、巻第二十九の第十九話「袴垂、於関山虚死殺人語」では「村岡ノ五郎平ノ貞道」と称されている。巻第二十五の第十話「依頼信言平貞道、切人頭語」からは、彼が「要事」によって京都と東国を行き来している人物であったこともわかる。この東国ゆかりの平姓で「村岡ノ五郎」を称した人物の存在を『今昔物語集』と同源の伝承の中に見出したことで、この人物を忠通と同一人と考えて頼光四天王の伝承を系譜の中に取り込んだのであろう。[15] 義明や為継など、源家の棟梁のもとで武功を立ててきた「源家累代の家人」であるというのが鎌倉時代の三浦の「家」の誇りであったから、それまで源義家—為継に始まると考えられていた関係が数世代前の源頼光—貞道（忠通）にさかのぼれたことで、忠通こそが「家」の始まりにふさわしいと考えたのだろう[16]。このようにして忠通に光が当たったことが、数代下った為継の存在価値を薄れさせた原因の一つであった。

⑥山門家本・⑦入来院家本の「桓武平氏系図」は忠通が忠光とも称されたとしていた。ほかに忠光の存在を記している系図には、⑪『尊卑分脈』と、⑬『源平闘諍録』および⑭『千学集抜萃』の文章系図がある。ただし、これらは忠光と別に忠道を記している。著名な武士の名を列記した『二中歴』の「武者」の項には、「陸奥介忠依」とともに「駿河介忠光忠依弟、」の名が見え、『続左丞抄』所収寛和三年（九八七）正月二十四日付け太政官符（『新市史Ⅰ』一七号）には、比叡山に金泥大般若経一部六百巻を奉納運上しようとした平繁盛に対し、陸奥介平忠頼・忠光が武蔵に移住して伴類を引率して妨害したことが記されているから、忠頼の兄弟に忠光という人物がいたことは史実として確認できるが、忠光と忠通が同一人物か否かまではわからない。『尊卑分脈』は三浦氏を忠道の子孫とし、忠光を忠道の兄弟とする説を載せるが、千葉氏周辺で成立した『源平闘諍録』『千学集抜萃』は鎌倉氏の祖先である忠道と三浦氏の祖先である忠光とを兄弟として、「家」創造神話を書き記している。

彼良文有二四人子一、（中略）三男忠光駿河守云権中将、依二将門之乱一、被レ配二流常陸国信太島一、仍云二常陸中将一、赦免之後、乗レ船著二三浦一、嫁二青雲介之娘一、押二領三浦郡・安房国一、三浦之先祖是也、四男忠道村岡平大夫、村岡為二屋敷一、領二知鎌倉・大庭・田村等一、鎌倉先祖是也、（中略）忠光村岡四郎三浦之先祖、其子為名三浦平大夫、其子為次三浦平太郎、十二年合戦時、高兵七人之其一也、其子義次六郎庄司、其子義明三浦大介、為二重忠一被レ討畢、其子義宗椙本太郎、次男義澄別当介、其子義村駿河守、

（『源平闘諍録』巻一之上）

桓武天皇の後胤である軍事貴族平良文の子が配流され、その後、流れ着いた地で、在地有力者の娘と結婚して子が生まれ、子孫が繁栄するというこの物語は、大島由紀夫氏が「貴族階級に属する都からの下向者が、地頭階級に属す

る在地の女性との間に子を儲けるという設定は、(中略)『神道集』のみならず、『日光山縁起』など、在地の縁起伝承に散見する一つの類型である」といわれているような「在地の縁起伝承」の典型であり、「家」の創造神話にふさわしい物語である。他の良文の子息や孫が介・権守・押領使など国衙系の官職を名乗っているのに対して、忠光は「権中将」という都の高官を称している。

千葉氏の祖先である忠頼は奥州介・武蔵国押領使の官職をもつと記されているから、駿河守・権中将とされる忠光よりも低い官職であり、千葉氏がこの三浦の「家」創造神話を作り出したとは考えられない。千葉氏によって手が加わっているとすれば、忠光を将門の乱の与同者、罪人であると貶めている点のみであろう。

このような貴種流離譚として三浦の「家」創造神話は、『源平闘諍録』独自のものではなく、古い形の「家」創造神話として、ある程度流布していたようで、他の系図にもそれを示す痕跡がある。⑧『諸家系図纂』の「桓武平氏系図」、⑩妙本寺本「平家系図」は、忠通の子為道に「播磨中将」の注記を付している。祖先に「上総介」「陸奥守」「鎮守府将軍」など東国の受領・軍事貴族らしい官職を付けるのが一般的なのに、同じ武官でも都で活動する天皇の親衛隊の指揮官の称号は異質な感がある。ところが南北朝期ごろに成立したとされる東国の寺社縁起をみると、『日光山縁起』の「有宇中将」、『神道集』「三島大明神の事」の「伊予中将」、同「児持山大明神の事」の「伊勢国司在間中将基成」、同「伊香保大明神の事」の「高光中将」など、多くの貴種に「中将」の称が用いられていることがわかる。『神道集』の「二所権現の事」には大臣の「源中将尹統」も登場する。中世東国の縁起伝承＝創造神話の世界において、「中将」は貴種に付される一種の記号であり、忠光の有する「権中将」の官職は、家の始まりを貴種流離譚として神話化させるための装置だった。また、常陸に配流された忠光が「常陸中将」と称されたという『源平闘諍録』の言説を考えると、「播磨中将」の「播磨」は光源氏や源高明が流された明石を想起させるものであるから、三浦氏の出自に、東国の枠を越えた、より貴種性をもたせた流離譚が存在していた可能性すらある。

『源平闘諍録』などは忠光を「中将」＝貴種とし、⑧『諸家系図纂』の「桓武平氏系図」や⑩妙本寺本「平家系図」は為道を「中将」＝貴種としている。両者は一見、設定している時代が違うようにみえるが、実在の曩祖として子孫が認識している為継から二世代前の人物と捉えている点ではまったく同じなのである。為継が十一世紀後半の人物であることからすると、貴種流離による「家」の創造は十世紀末から十一世紀初頭の出来事であると認識されていた。

『源平闘諍録』において、他の良文の子孫は、たとえば忠頼が武蔵国の押領使となって上総・下総・武蔵を領したり、忠頼の子忠常が上総国上野郷から下総国千葉荘に移って下総権介と号して両国を領したりと、自力での移住や支配領域の拡大が語られるのに、なぜ三浦氏の先祖のみが「聟（婿）入り」型の貴種流離譚で語られたのだろうか。桓武平氏の各地への移住、開発、土着という筋書きでは説明することができないなんらかの問題があったと考えざるを得ない。三浦半島には縄文・弥生時代の遺跡が多く、相模国では最大級ともいわれる前方後円墳も所在し、日本武尊の渡海神話にも登場する古東海道の要衝で、七世紀末から八世紀初めの古瓦が出土する古代寺院跡があるなど、早くから有力支配者がいた地域だったことは明白である。その既存の支配者と桓武平氏を称する三浦氏とをどう系譜的に接合させるかが問題となったのではなかろうか。「家」創造神話が押領使などの国衙公権に基づく武力の発動による地域の掌握、支配者の交代という話ではなく、婚姻による系譜の統合、転換という平和的なものであることからすると、既存の支配者による桓武平氏の冒姓を隠すための「家」創造神話という可能性が高いだろう(18)。

近世に作られた史料になると、為継の二世代前を「家」の祖とする説は、忠通が叔父相模介良房の遺跡を継いで三浦に住したとの話、すなわち擬制的親子関係の設定による父系的な「家」と職の継承の枠組みで説明されるようになる。第一節で取り上げた三浦氏の中世系図に良房や「相模介」と称する人物を載せるものはなく、管見のかぎりでは

『京都将軍家所領役考応仁武鑑』（栗原信充著、天保十五年〈一八四四〉刊）、『系図纂要』（安政四年〈一八五七〉ごろ成立）という江戸時代末期の文献に見えるのみである。(19)『京都将軍家所領役考応仁武鑑』は、「相模三浦郡浦郷観音堂古記」なる書に「相模介良房任国に在しころ、此堂を建、観音の霊像を安置し、上は天長地久の洪福を祈り、下は子孫繁昌の冥応を願ひ、所領三浦郡五百八十余町の初穂を折て、霊供田に充てられし」という文言があることを述べ、そこから良文の子忠通が叔父相模介良房の養子となって遺跡を相続し、相模介に任じられたと説明している。良房の名は続群書類従本「千葉系図」・「相馬系図」に見えるが、その肩書きは「常陸大掾」となっている。在地領主層に「家」継承を目的とする養子が現れるのは十二世紀前半以降であり、傍系継承に際して擬制的親子関係の設定が強く希求されるようになるのは十四世紀であることからも、(20)これが事実とは考えがたい。三浦氏の成立を父系的な「家」の論理で語るために、良文の兄弟良房の人物像を三浦の地に勢力をもつ相模介として創り上げたのではないだろうか。

四　系図と苗字

③黒川家本「三浦和田一族惣系図」が為継に初めて「三浦」の表記をしていることを述べたが、中世系図について、初めて「三浦」の表記を行っている人物を調べてみると、④『諸家系図纂』の「三浦系図」は為通に「此時始号三浦」」と注記し、⑤中条家本「平氏諸流系図」も為道に「号三浦平大夫」、⑦入来院家本「桓武平氏系図」は「号三浦権大夫」と書いている。⑪『尊卑分脈』と⑫『古系図集』は忠道の子為通に「三浦平太郎」あるいは「三浦平大夫」と記すとともに、別系で為次の父として書かれている公義にも「三浦太郎」の注を付けている。⑥山門家本「桓武平氏系図」は村岡小五郎忠道の右肩に「三浦」と書き入れているが、称号としては為道に「号三浦権大夫」

と記している。⑧『諸家系図纂』の「桓武平氏系図」と⑩妙本寺本「平家系図」の一つは、為道の子として掲げる為直に「三浦平大夫」と注記する。忠光の貴種流離譚で三浦の「家」の創造を語る⑬『源平闘諍録』は忠光の子為名を「三浦平大夫」としている。為通（為道）・公義・為直・為名と人名表記は異なるが、共通点は為継の父に当たる人物で、三浦平大夫もしくは三浦権大夫を称したことにあり、時代的には十一世紀半ばごろが想定されている。

峰岸純夫氏は「この「地名＋大夫」の称は、その地の開発者であると同時に、五位に任官したことを示す「大夫」の称が結びついたもので、地方豪族の称でもある。（中略）これらはいずれも「家」の創始者として系図上に位置づけられている」[21]とする。しかし、在地領主層に嫡継承される「家」が国衙や荘園で体系化された職の継承の中で成立するのは十二世紀前半のことであるから[22]、十一世紀半ばの彼らが後に「家」の創始者と見なされたとしても、現実的に彼らによって「家」が創始されたわけではない。

もう少し注意深く称号をみてみると、為継父の「三浦権大夫（平大夫）」はもちろん、景道の「鎌倉権大夫」、入来院家本「桓武平氏系図」に登場する常将の「千葉大夫」、武基の「秩父大夫」など、いずれも良文の曽孫とされる世代であり、「郡名＋大夫」であることが注目される。「荘園名＋大夫」ではないのである。中央や地方での官歴が明らかでない彼らの叙爵が事実であったかどうかはなかなか確定しがたいが、事実であったとしても、大夫すなわち五位の位階獲得が荘園を通じた権門との繋がりの中で果たされたものではなく、郡規模の範囲で国衙支配の一端を担うような在地の有力者の地位を表象する称号として「郡名＋大夫」の称を用い、場合によっては国司との繋がりを通じて叙爵したのではなかろうか。ただし、その称号はシンボル的なものであって、必ずしも郡域全体を私領として掌握していたことを意味するものではないのだろう。為継の前の世代に、「平」の氏名をもつ桓武平氏の末裔であることを自称し、公的な権威を背景として、すでに三浦郡域の支配者たる地位にあることの主張を表象するのが、「三浦平大

夫」あるいは「三浦権大夫」の称号であった。(23)

そのころ、相模国に「権大夫」を称した人物がいたことは、源俊房の日記『水左記』承暦三年（一〇七九）八月三十日条に「散位宣基来語云、相模国脚力上洛、申云、彼国住人権大夫為季与二押領使景平一、今月十日比合戦、為季已斬二景平首一了云々、因レ茲景平一族発二数千軍兵一、更攻二為季一云々」とあることから確認できる。この「権大夫為季」について、五味文彦氏は系図類には見えないが、「為継の父が為季だった可能性も考えてみるべきだろう」と述べている。(24) 時代的適合性や「権大夫」という称号からすると、この「権大夫為季」は系図により為道とも為直・為名・公義ともされる、為継の父「三浦権大夫」であることは十分考えられる。

『新横須賀市史　通史編　自然・原始・古代・中世』（横須賀市、二〇一二年）の古代部分を執筆した近藤好和氏は、この「権大夫為季」を藤原為季に比定し、三浦氏の本姓が藤原氏であった可能性を指摘する。これは『水左記』の「為季」と三浦氏との関係を想定する五味文彦氏や著者の説と、相模国の武士団や山内首藤氏について論じる中で『水左記』の「為季」を『尊卑分脈』師尹公孫の藤原為季に比定する竹内理三氏・野口実氏の説(25)を合わせて導き出された結論なのだろう。しかし、その説には従えない。

『水左記』に登場する為季を『尊卑分脈』師尹流の権大納言藤原済時の曽孫であると断定することの是非を検討しておく必要があろう。竹内氏はまず「権大夫」が散位の五位を称したものであると考えられるとし、『尊卑分脈』の為季に「散位、住五位下」とあることとの関連を指摘し、父定任（従五位下、肥後守、母源為親女）に「長久月日被二射殺一」の注記があり、祖父に当たる為任（歌人、正四位下、伊予守、母同通任）にも「寛徳二月被二射殺一」の注記があることに注目し、「その父肥後守定任（あるいは祖父為任）以来相模で武士的活動をしていたようで」と述べる。そして『水左記』の記事で記主源俊房に相模国の事件を報告した散位宣基が『尊卑分脈』によると為季の従兄弟であることをあげて、「相模国住人為季は、「尊卑分脈」にみえる藤原師尹系の為季であることはほぼ間違いあるまい」とするのである。

「権大夫」が五位の称である点は、『奥州後三年記』や『源平盛衰記』などで亘理権大夫と称される藤原経清が陸奥守を経歴した五位の人物であったことが『造興福寺記』永承二年（一〇四七）二月二十一日条から明らかであるので、問題なかろう。散位宣基が為任の子済長の男で、相模国の情報に接する人物であることも否定できない。しかし、師尹流の為季や父肥後守定任・祖父伊予守為任と相模国を直接つなげる根拠は何もない。

そもそも藤原忠平の男師尹の家系は、貴族社会においては公達層に属する身分をもつ。公達は、公達・諸大夫・侍から構成される臣下の身分序列の最上層で、摂政・関白に就く家柄と、そこから十世紀以降に分出した家系や、宇多源氏以降の賜姓源氏がこれに当たる。[26]為任の兄弟通任は、叙爵後、侍従、衛門佐を経て近衛次将となり、蔵人頭から参議に任じられる公達の昇進ルートを維持している。殺害されたとされる為任も四位までには至っている。その子孫たちは官歴に恵まれなかったが、家系的には公達層の最下部に位置していたことは変わりない。それに対して、三浦氏に系譜を仮託された平良文は、諸大夫あるいはその下の侍層に属する家系である。当時の家格意識の中で、貴姓である藤原氏で、最下部とはいえ公達層に属する家系の者が、下位身分である諸大夫層や侍層に属することを自ら求めるとは思えない。平安時代の常識からみたら、あり得ることではない。三浦氏の始祖を藤原氏に求め得る可能性はないといっていいだろう。[27]

さて、そのころ三浦半島にも荘園が成立している。建長五年（一二五三）の近衛家所領目録の「請所」の中に「冷泉宮領内」として「相模国三崎庄」が見える。[28]冷泉宮とは小一条院敦明親王の娘儇子内親王（一〇一八～九七）のことで、父小一条院や夫藤原信家から相続した荘園を中心とする所領は、彼女から養女源麗子、さらにその孫の藤原忠実に伝領された。三崎荘の立荘は偎子の生前であろうから、十一世紀のことと考えられる。目録の「三崎庄」の次には同じく相模国の「波多野」が書かれ、これも「冷泉宮領内」となっており、藤原忠実時代の摂関家年中行事とその経費などについて記している『執政所抄』（『続群書類従』二九〇八号）には、十二月二十八日の「冷泉院殿御忌日事」で用いられる素紙経のうち二部を「波多野」が、護摩の経費としての布四段を「二〔三〕崎」が荘役として勤めたことが記されている。『吾妻鏡』文治四年（一一八八）八月二十三日条には波多野本荘北方について「保延三年正月廿日祖父筑後権守遠義与二二男義通一云々、又嘉応元年六月十七日譲二義景一之後、無二牢籠一」という波多野義景の主張が記されているが、その祖に当たるとされる佐伯経範は、『陸奥話記』によれば、相模国の人で、源頼義に厚遇されていたという。頼義は小一条院の判官代を勤め、長元九年（一〇三六）には相模守に任じられていた。

その頼義は承保二年（一〇七五）に死去している。前節に示した『吾妻鏡』建保元年（一二一三）五月二日条の三浦義村・胤義兄弟の発言から考えて、三浦氏と河内源氏との関係の端緒は義家時代の後三年合戦（一〇八三年）であるから、頼義の時代にはさかのぼらない。おそらく頼義の子義家を介して、晩年の偎子内親王に寄進されたのだろう。

為継の子義継は系図に「庄司」「平六庄司」「六郎庄司」と注記され、『天養記』には「三浦庄司平良次」と明記されており、三崎荘の荘官の地位を得ていたことが示されている。[29] ただし、それ以前の為継が三浦半島に所在する三崎荘に権利関係をまったく有していなかったということではなく、それまで有していた権益が職の体系化の中で荘司職という形で保障され、その職名を称したのが義継の代からということなのだろう。

十一世紀半ばの為継父によって名乗られた「三浦」の地名は、為継が「三浦平太」あるいは「三浦平太郎」を名乗り、その子義継が「三浦庄司」、さらに義明が「三浦介」を称するなど、父子で引き継がれることによって、のちにはこれが「家名」して定着したのであるが、三浦氏子孫によって近世に作成された伊達家本「葦名系図」は為通に

「三浦平大夫、従五位下、相模守、始而住二相州三浦一、故為二家号一、天喜元年八月廿五日卒、七十九歳」の注記を施し、中条家の『中条氏家譜略記』は為通を「三浦之祖」として、彼から伝記を書き始めている。やはり近世系図の『寛政重修諸家譜』が「為通かときはしめて三浦を称す」と記し、為通から系図を書き始めて「康平六年、先に伊予守頼義陸奥国の兇徒征伐のとき軍功あるにより、相模国三浦郷を宛行はれ、城を衣笠山に築く、このときはしめて三浦を称す」と注記しているのは、源氏棟梁からの御恩による三浦の地の領有（その象徴としての城）＝「三浦」の称の始まり＝「三浦」の家の始まりという意識によるものと思われる。これらは「家名」と「家」が深く結びついていた近世的な思考の産物である。また、「葦名系図」は直系的につながるほぼすべての人々に死没年月日と年齢を記している。『寛政重修諸家譜』の三浦系図も為直・為継・義継らの没年月日を記すが、両者はまったく一致していない。ともに、先祖を直系的にさかのぼって祀る「家」の祖先祭祀（追善仏事）を行うために仮託された命日である。これも近世的な「家」のあり方が色濃く反映された結果であろう。

おわりに

確実な文献に姿を現す十二世紀前半以前の三浦氏は謎に包まれている。これまでの研究は近世に成立した系図の記述の中に史実を求めようとしてきた。それに対して本章は、系図に書かれていることをそのまま史実として捉えたり、矛盾の中から史実を紡ぎ出すのではなく、三浦氏関係の系図を中世系図と近世系図とに区別した上で、十二世紀前半以前の記述を「家」の創造神話として捉え、伝承が生み出された背景やそこに籠められた系図作成者の意識を探ろうと試みた。

本章で取り上げた系図記述の先には、三浦氏の系譜を桓武平氏高望王の子のうちの誰につなげるかという系図作成上の問題が残されている。中世の氏系図の多くは三浦氏の系譜を良文に接続しているが、『尊卑分脈』や東京大学史料編纂所本『古系図集』のように、良茂につなげる説を載せる系図も存在するし、近世末の『三浦古尋録』に至っては良兼につなげる系図を掲げている。青山幹哉氏は、三浦氏のみならず、坂東の武士の多くが遠祖を「村岡五郎」こと平良文に収斂させたことを指摘し、「「村岡五郎」という伝説的人物（実在した平良文と重なりつつも、仮想あるいは複数の人が合成されて成立した人物か）に関する坂東諸豪族の「記憶」は何であったのか、もう一つの問題となろう」と述べている。[30]青山氏が提示された課題とともに、良文に収斂させない系図が作成されたのは別の「記憶」によるものなのか、あるいは別の意図が働いているのか、その背景には何があるのかということも問題となろう。

註

（1）これらの系図の記載や断片的な軍記史料などを中心に、成立期の三浦氏について論じている代表的な研究には、岩崎義朗「平安時代の三浦氏」（『三浦大介義明とその一族』三浦大介義明公八百年祭実行委員会、一九八〇年）、石井進「相武の武士団」（『鎌倉武士の実像』平凡社、一九八七年）などがあるが、いずれの研究も桓武平氏出自説を前提としている。奥富敬之『相模三浦一族』（新人物往来社、一九九三年）は、系図により諸説あることを、「為通より以前の代は、三浦一族にとって神話的な時期だったと見ることができよう」と捉えながらも、各系図に共通しているという理由で、桓武平氏出身であることを認め、「良文流とするのが、ほぼ妥当するのではないだろうか」と、正解選びに陥ってしまっている。石丸熙氏は『都市鎌倉の武士たち』（新人物往来社、一九九三年）で、為継より前の系図記載違いを矛盾なく解釈しようとして、良茂流桓武平氏である公義がまず三浦の地にやってきて郡司クラスの娘と婚姻関係を結んで土着し、続いて入ってきた良文流桓武平氏の為通が公義の実子為次（為継）を養子として、公義家を吸収したと推測し、その後の『海のもののふ三浦一族』（新人物往来社、一九九九年）では、江戸時代末期の系図集『系図纂要』所収系図の創作に気づきながらも、結局はそれと同じ枠組みで、三浦氏の起こりを論じている。

（2）こうした系図の捉え方は、「〈顕わす系図〉としての氏系図―坂東平氏系図を中心に―」（『伝承文学研究』五四、二〇〇四年）など青山幹哉氏の論考に示唆を受けている。
（3）この文書に関する専論に伊藤一美「佐原氏庶流真野左衛門尉平宗明「申状」案の成立とその背景」（『三浦一族研究』六、二〇〇二年）がある。
（4）新潟県立歴史博物館所蔵三浦和田文書、応安五年七月十日付け中条政義・沙弥秀和連署寄進状（『町史資料』二七〇号、『新市史Ⅱ』一八五三号）。
（5）山形大学所蔵中条家文書、永和元年十月三日付け中条政資譲状（『町史資料』二七四号、『新市史Ⅱ』一八七三号）。
（6）この系図については、野口実「古代末期の武士の家系に関する二つの史料」（『中世東国武士団の研究』高科書店、一九九四年）、井原今朝男「中世善光寺平の災害と開発―開発勢力としての伊勢平氏と越後平氏―」（『国立歴史民俗博物館研究報告』九六、二〇〇二年）、青山前掲論文、白根靖大「中条家文書所収「桓武平氏諸流系図」の基礎的考察」（『東北中世史の研究　下巻』高志書院、二〇〇五年）などの研究がある。
（7）高橋秀樹「いくさの情報と記録」（『義経とその時代』山川出版社、二〇〇五年）。
（8）本書第二章「三浦介の成立と伝説化」。
（9）『町史資料』参考資料一〇。近世中条家の系譜意識については、前嶋敏「米沢藩中条氏における系譜認識と文書管理」（『国立歴史民俗博物館研究報告』一八二、二〇一四年）が論じている。
（10）『町史資料』参考資料一二。
（11）『校訂　三浦古尋録』（校訂三浦古尋録刊行会、一九六七年）。
（12）文化庁文化財保護部「新指定の文化財」（『月刊　文化財』三五一、一九九二年）は鎌倉末ごろの制作とする。『横須賀市史』（横須賀市、一九八八年）は室町時代の制作としていたが、『新横須賀市史　別編　文化遺産』（横須賀市、二〇〇九年）は成立年代を鎌倉時代末期に変更した。現在では鎌倉末期成立説が通説化している。
（13）景正については、『尊卑分脈』にも「御霊大明神是也」の注記が見られる。
（14）美濃部重克『中世伝承文学の諸相』（和泉書院、一九八八年）、野口実「『玉藻前』と上総介・三浦介」（『朱』四四、二〇〇一年）。

(15)『日本古典文学大辞典』(岩波書店、一九八四年、今野達執筆)によれば、『今昔物語集』の流布圏はきわめて限られたもので、その影響下に成った具体的中世文学作品は確認できず、多少の流布の痕跡が確認できるのは近世初期以降で、享保年間の刊行の版本を介して確かな影響を与えるようになったというから、系図に取り入れられた「貞道」の伝承は『今昔物語集』の直接的な影響によるものではない。

(16)『続群書類従　第六輯上』所収の「平群系図」は「法性寺関白以来、世之人改㆓忠字㆒称㆓サダ道㆒」と注記している。なんとか忠通と貞道が同一人であることを説明したい系図作成者の苦心のあとが窺われるが、摂関家の藤原忠通と同名であることを憚って、後世改名されたというのはとうてい事実とは考えがたい。

(17) 大島由紀夫「東国からのメッセージ」(『国文学』四八―一一、二〇〇三年)。

(18) 太田亮『姓氏家系大辞典』(角川書店、一九六三年)は、あるいは古代以来の御浦郡の豪族の後裔で、桓武平氏につなげ、諸説一致しない系図は後世の偽作ではないかとの説を提示している。管見のかぎり、これまでの研究の中で、三浦氏を桓武平氏出身とすることに疑問をもったのは、太田氏のみである。

(19)『京都将軍家所領役考応仁武鑑』の記事については、鈴木かほる「三浦氏の発祥地は三浦郡衣笠なのか」(『三浦一族研究』一〇、二〇〇六年)により存在を知った。

(20) 高橋秀樹『日本中世の家と親族』(吉川弘文館、一九九六年)。

(21) 峰岸純夫「中世社会の「家」と女性」(『日本中世の社会構成・階級と身分』校倉書房、二〇一〇年、初出は一九八四年)。

(22) 高橋前掲書。

(23) それ以前の世代で地名を名乗っている人物には「村岡五郎」と称された良文がいる。その子忠通(忠光)の「村岡五郎」「村岡小五郎」、良頼の「村岡次郎」など、親子兄弟とされる人物がいずれも「村岡」を称している。「村岡」の地の所在については武蔵国大里郡、相模国鎌倉郡など諸説あるが、『源平闘諍録』は「鎌倉の村岡」と明記している点で注目される。『源平闘諍録』で忠光は三浦に移っても「村岡」を号したとしているから、地名の名乗りがその地の支配者たる地位を示す記号になっていないのである。彼らの名乗りについては同時代の史料がないこともあって、父子・兄弟で苗字を共有しているのは事実かどうか疑わしい。良文・忠頼・忠通と三代にわたって「村岡五郎」の注記をする⑧『諸家系図纂』「桓武平氏系図」などはやや機械的に付したかの感がある。そこには伝説化した武士「村岡五郎」のイメージの大きさと、父子継承される後世の「家名」の投影があるのではないかと思われる。なお、地名の名乗りと家名との関係については、高橋前掲書および『中世の家と性』（山川出版社、二〇〇四年）で述べた。

(24) 五味文彦「相模国と三浦氏」（『三浦一族研究』二、一九九八年）。

(25) 竹内理三「相模国早河荘（2）—その武士たち—」（『神奈川県史研究』九、一九七〇年）、野口実『坂東武士団の成立と発展』（弘生書林、一九八二年）。

(26) 玉井力「「院政」支配と貴族官人層」（『平安時代の貴族と天皇』岩波書店、二〇〇〇年）。

(27) こうした系譜の創造は、三浦氏系図のみにみられることではない。中世段階においても、山内首藤氏・波多野氏などの系図で系譜操作が行われているし、島津氏の惟宗姓から源姓への書き換えは著名である。

山内首藤氏の系譜は、保元・平治合戦期の俊通以後は各系図とも共通であり、俊通の父が「刑部丞」を称する人物である点も同じである。ただし、『続群書類従　第六輯下』や『山内首藤家文書』所収の系図はこの人物を「通義」とし、資通の子で、鎌田通清の兄弟として記述している。『尊卑分脈』は「義通」とし、その父に「親清（須藤太、左衛門尉）」を置き、親清を助道の子、鎌田通清の兄弟とする。ここには異同があるものの、そこからさかのぼる資清（助清）—資通（助道）という系譜は再び共通となる。ところが、それ以前となると、『尊卑分脈』は秀郷流藤原氏の公清につなげ、『続群書類従』や『山内首藤家文書』は師尹流藤原氏の通家という人物につなげている。野口実氏は、「史料価値には簡単に甲乙つけ難い」とした上で、世代関係から「『尊卑分脈』に理があるといえる」（前掲書）とするが、しょせんどちらも二百年以上後の人々が系譜を仮託した創造の産物であり、どちらかが正しいという二者択一的なものではなかろう。

注目されるのは、それぞれの系図が系譜をつなげるさいに施している説明である。助清と公清をつなげる『尊卑分脈』は、助清に「猶子」の注記を付し、「守藤字事、或用二守字一、本姓守部氏之故云々」との頭書を加える。また「或主藤、首藤」「依二主馬首一号二首藤一」とも注記している。この系図は、守部氏出身だった助清が、公清の養子であったとして系譜をつなげ、「首藤」=「守藤」の苗字にその名残を残していると説明している。一方、『続群書類従』や『山内首藤家文書』の系図は、資清に「父通家住国之間、所レ生子也、得替之後、上洛之時、於二美濃国一席田郡司大和介守部資信為レ子、譲二所領等一、仍初為二伊予殿郎等一、号二守藤大夫一」と注記し、父通家には「関白道長之孫権大納言長家子ナリトモ云、秀郷将軍五代之孫相模守公光子トナリテ武士トナル、長暦二年四月八日卒」とも記している。大納言藤原済時の曽孫として生まれた資清が美濃国の豪族守部資信に預けられて養子となり、その所領を継承して、源頼義の郎等となったといい、さらに師尹―済時の系譜につなげるのみならず、藤原道長にもつながる伝承があることを記して、そうした貴種が秀郷流藤原氏の養子となって武士化したという説明を施しているのである。これらの記述から読み取れるのは系譜的な「事実」ではなく、守部を姓とする地方豪族が、「猶子」「子となる」という擬制的親子関係を系譜上に設定することで、伝説のつわものである藤原秀郷や貴種である北家藤原氏に系譜をつなげる操作を行っているという「事実」なのである。

波多野氏の場合も、佐伯氏出身の系譜を秀郷流藤原氏に書き換える操作をそれぞれの系図が異なった手法で行っていることを本書第九章「相模武士河村・三浦氏と地域社会」で指摘している。大友氏・武藤氏・中条氏をはじめ、擬制的親子関係や姻戚関係の設定という手段を用いて系譜操作を行っている家の系図は枚挙に遑がない。系図性善説に立ち、どれが整合性が高いか、どちらが正しいかという「史料批判」をしただけで、系図の中から「事実」を拾い上げようとする十一世紀の武士団研究の手法には再検討が必要だろう。多くは十三世紀以後に創り上げられたものであり、整合性が高い＝巧妙、整合性が低い＝粗雑の違いにすぎない。

(28) 近衛家文書。『新市史Ⅰ』一三〇六号、『鎌倉遺文』七六三一号。この文書については義江彰夫「摂関家領相続の研究序説」(『史学雑誌』七六―四、一九六七年)、川端新「摂関家領荘園群の形成と伝領」(『荘園制成立史の研究』思文閣出版、二〇〇〇年)などの研究がある。

(29) 『新市史Ⅰ』四九号、『平安遺文』二五四八号。かつては「三浦庄」の存在を示す確実な史料がないものの、「三浦庄司」の名乗りから「三浦庄」の存在が想定されていた。しかし、五味文彦氏は「工藤庄司景光」が「工藤」の名字と「庄司」を組み合わせたものであるのと同様に、「三浦庄司」も「三浦」の地名に「庄司」の号がついたもので、三崎荘などの「庄司」であることを意味したとされた(五味前掲論文)。現在ではこの見解が認められつつある(本書第二章「三浦介の成立と伝説化」、野口実「三浦氏と京都」『三浦一族研究』一〇、二〇〇六年)。

(30) 青山幹哉前掲論文。

第二章　三浦介の成立と伝説化

はじめに

勅使として関東に下った中原康定が京都に戻り、鎌倉での様子を院に申し上げた。源頼朝は勅勘の身であった自分が鎌倉にいながら征夷大将軍任命の宣旨を直接受け取るのは畏れ多いとして、鶴岡八幡宮で代理の三浦介義澄が受け取ることになった。義澄は関東第一の弓取り三浦為継という桓武平氏の子孫で、義澄が選ばれたのは頼朝のために命を捨てた父大介義明の菩提を弔うためでもあった。赤威の鎧を着た義澄は家の子比企能員・和田宗実と郎従十人を従えて宣旨を受け取った。康定が使の名を尋ねたところ、義澄は「三浦介」とは名乗らず、「三浦荒次郎義澄」と名乗ったという。

これは三浦義澄のエピソードとしてよく知られた話である。ここでは延慶本『平家物語』第四によって大意を記した(1)。鎌倉幕府の歴史書である『吾妻鏡』にも同様の話が記録されているから、鎌倉時代後半には流布していた話だったようである。

この話に登場する「三浦介」や義明の「大介」の称号の内実については、これまでもいくつかの説が出されている。本章では、「三浦介」の称号の成立事情とその内容を考察し、三浦一族や鎌倉幕府ひいては中世社会における「三浦介」の位置付けについても考えてみたい。

一　「三浦介」とはいかなる称号か

まずは「三浦介」を考察するに際して不可欠な三点の『吾妻鏡』の記事を掲げておこう。

①治承四年（一一八〇）十月二十三日条

着二于相模国府一給、始被レ行二勲功賞一、北条殿及信義・義定・常胤・義澄・広常・義盛・実平・盛長・宗遠・義実・親光・定綱・経高・盛綱・高綱・景光・遠景・景義・祐茂・行房・景員入道・実政・家秀・家義以下、或安二堵本領一、或令レ浴二新恩一、亦義澄為二三浦介一、行平如レ元可レ為二下河辺庄司一之由被レ仰云々、

②建久三年（一一九二）七月二十六日条

勅使庁官肥後介中原景良・同康定等参着、所レ持二参征夷大将軍除書一也、両人各着二衣冠一、任レ例列二立于鶴岳廟庭一、以二使者一可レ進二除書一之由申レ之、被レ遣二三浦義澄一、々々相二具比企左衛門尉能員・和田三郎宗実并郎従十人各甲冑、一詣二宮寺一、請二彼状一、景良等問二名字一之処、介除書未レ到之間、三浦次郎之由名謁畢、則帰参、幕下御束帯、予出二御西廊一、義澄捧二持除書一、膝行而進レ之、千万人中、義澄応二此役一、面目絶妙也、亡父義明献二命於将軍一訖、其勲功雖レ剪レ鬢、難レ酬二于没後一、仍被レ抽二賞子葉一云々、

③承元三年（一二〇九）十二月十五日条

近国守護補任御下文等備二進之一、其中千葉介成胤者先祖千葉大夫元永以後為二当庄検非違所一之間、右大将家御時、以二常胤一被レ補二下総国守護職一之由申レ之、三浦兵衛尉義村者祖父義明天治以来依レ相二交相模国雑事一、同御時、検

断事同可レ致二沙汰一之旨義澄承レ之訖之由申レ之、小山左衛門尉朝政申云、不レ帯二本御下文一、曩祖下野少掾豊沢為二当国押領使一、如二検断一之事一向執二行之一、秀郷朝臣天慶三年更賜二官符一之後、十三代数百歳奉行之間、無二片時中絶之例一、但右大将家御時者、建久年中、亡父政光入道、就レ譲二与此職於朝政一、賜二安堵御下文一許也、敢非二新恩之職一、称レ可レ散二御不審一、進二覧彼官符以下状等一云々、其外国々又帯二右大将家御下文一訖、縦雖レ犯二小過一、輙難レ被二改補一之趣、有二其沙汰一、向後殊不レ可レ存二懈緩一之由、面々被二仰含一、広元奉二行之一、

①と③は、吉川本を底本として北条本等の諸本で校合した校訂本文で、②は行論の都合上、一般的に用いられている北条本による本文を示した。

これらの史料に基づく通説的な見解は、「この家は、『吾妻鏡』に「祖父義明が天治以来、相模国雑事を扱った因縁によって、頼朝のときに義澄が同国の検断の事を沙汰すべく命ぜられた」という記事が見られる如く、古くから相模国の在庁官人として、検断権を国内一帯に及ぼしており、また代々三浦介を称したものであった」（安田元久「中世初期における相模国武士団」『日本初期封建制の基礎研究』山川出版社、一九七六年）というもので、佐藤進一氏も「頼朝は創業の際、従来の三浦氏が相模国に有したある種の権限（相交相模国雑事）を認め、且つ検断権を付与して、そのまま三浦氏を相模守護としたわけである」と述べている（『増訂 鎌倉幕府守護制度の研究』東京大学出版会、一九七一年）。

こうした通説的見解を前提に、「三浦介」のような、地名プラス「介」の名称が三浦介のみならず千葉介・岡本介・野呂介・工藤介など広範に存在することから、「三浦介」を含む、治承・寿永内乱期の東国の「介」の成立や役割について考察したのが、峰岸純夫「治承・寿永内乱期の東国における在庁官人の「介」」（『日本中世の社会構成・階級と身分』校倉書房、二〇一〇年、初出は一九八八年）である。その中で、峰岸氏は「三浦介」について次のように述べている。

第一に、三浦介は一二世紀前半に、義明が相模国の「雑事」（検断の職）に参画して以来のもので、義明の没後、それが頼朝によって勲功の賞として安堵されたものである。義明は相模国留守所の在庁官人となり、知行国主や国司によって介の称号を与えられ、検断の職おそらく国検非違使を分掌してこれが後の守護の淵源となったのであろう。この頼朝の安堵はその後の寿永二年宣旨による「東国沙汰権」や相模国が頼朝の知行国になることによって、完全に公的なものとなった。

第二に、にも拘わらず、この三浦介は、朝廷の除目（県召除目）によって補任されたものではないので、晴れがましい儀式（国家的行事）における勅使の前で、自ら称することのできない一国内で流通する称号であることがわかる。ここに在庁官人の介の性格が如実に表現されていると思う。

以上のような学説に対してまったく異なる見解を打ち出したのが、安池尋幸「一一・二世紀における相模の国衙軍制と三浦一族」（『三浦氏の研究』名著出版、二〇〇八年、初出は一九九五年）であった。

安池氏は前掲の史料を次のように解釈する。①治承四年十月二十三日条は、源頼朝が相模の国府における坂東の諸氏への論功行賞のさいに、本領安堵・新恩付与を行ったもので国衙の所職を認めたものとは必ずしも解釈できない。三浦義澄には「三浦介」、下河辺行平には「下河辺庄司」を元のごとく名乗らせているが、各々の名乗りが本領にちなむ呼称であったから確認したのであって、国衙の権限とは直接に関係ない。②建久三年七月二十六日条は、義澄が律令官職としての「介」に補任されていない事実を示すのみである。③承元三年十二月十五日条も、前記二か条の記事では「三浦介」なる呼称に国衙の職掌を認め得ない以上、「相模国雑事」を検断権のごときものと一面的に見なす見解は、まったく否定されるべきである。その上で、平安末期の三浦一族、ことに同義明を在庁官人の一人と見なすことはできないのみならず、子息義澄をもってその権限を伝えしめたとは言えないとし、三浦一族を、十一世紀を通じて国衙軍制の中に位置づけられる地方豪族軍として存在し、十二世紀には種々の契機（源氏歴代の国司就任・坂東への拠点形成・婚姻関係等）から、源氏のもとへ結集する状況にあったが、なおも源義朝段階までは、国衙機構の中で行動する一地方武士団であったと位置づける。そして「三浦介」を宝治合戦後の史料から三浦氏の惣領職を指すものとするのである。また、伊藤邦彦『鎌倉幕府守護の基礎的研究【論考編】』（岩田書院、二〇一〇年）は、③では義明の「相模国雑事」分掌を義村が「直ちに検断権に結び付くもの」と主張していたと解釈しつつも、それが一貫して維持されていなかったことから守護補任そのものにも疑問を投げかけている。

はたしていずれの解釈が正しいのだろうか。ここでは安池説をはじめとする先行研究の検討と、より緻密な史料解釈を通じて、「三浦介」とは何かを考えていこう。

史料①の前半は、頼朝が麾下の武士に対する論功行賞を初めて行い、彼らに本領安堵と新恩給与を行った記事である。その記述に加えて、なぜ、義澄が三浦介になったこと、下河辺行平が元どおり下河辺庄司となったことが特筆されたのかを考える必要があるだろう。まず、考えておかなくてはいけないのは、前半部分に記された「本領安堵」の意味である。

笠松宏至氏によると、頼朝時代の安堵の対象となる原点は「人」にあり、人を本来あるべき安定した状態に復帰させることが安堵の内容で、土地は人を安堵させるための場であり手段にすぎなかった(2)。「本領安堵」は、本領を安堵することではなく、人を本領に安堵することなのである。つまり、「行平如レ元可レ為二下河辺庄司一之由被レ仰」という頼朝の行為は、前半の「本領安堵」と切り離して考えるべきであって、安池氏がいうような「本領にちなむ呼称の確認」などではない(3)。やはり、「下河辺庄司」という「職」に関わるものとみるべきである。頼朝の「行平如レ元可レ為二下河辺庄司一之由被レ仰」という行為は、頼朝がこの段階で下河辺庄司の職の進退権もしくは承認権をもっていたこと、あるいはその職の進退権もしくは承認権の持ち主が頼朝であることの主張を意味する。

　下総国下河辺荘は八条院を本家とする荘園で、源頼政を介して寄進された荘園であると考えられている。(4) 八条院が反平氏勢力の庇護者となっていたこと、頼政が以仁王挙兵の立て役者であったことはよく知られるところである。(5) おそらく頼政は下河辺荘の領家の立場にあり、五月に頼政が敗死して空席となっていた領家の地位を、頼朝が挙兵後二か月の間に実質的に得たのだろう。頼朝は八条院領下河辺荘の領家としての立場で、あるいはその地位を宣言する意も込めて、荘官の再任もしくは承認を行ったのである。そうなると、「義澄為㆓三浦介㆒（中略）之由被㆑仰」という行為も、頼朝がその「職」を進退ないし承認し得る立場についたことの主張と捉える必要がある。この日の行賞が相模国府で行われていることを考えると、頼朝による相模国衙の掌握が、「義澄為㆓三浦介㆒（中略）之由被㆑仰」という行為の前提となっているとみるべきだろう。(6)

　これまでも頼朝は、安房国においては安西景益に在庁官人を率いて参上するように命じ（『吾妻鏡』治承四年九月一日条）、下総国では目代を討った千葉氏と国府で参会している（同十三日・十七日条）。また武蔵国では、参上した江戸重長に「武蔵国諸雑事」の沙汰を命じている（同十月五日条）。南関東の国衙を掌握しながら兵を進めてきた頼朝にとって、大庭景親を破って相模を押さえ、富士川の戦いで平氏の追討軍を破ったのち、相模に戻ってきて、国府で「義澄為㆓三浦介㆒」ことを命じたという行為は、相模国衙掌握を宣言するものであったろう。それを前提に考えると、安池氏のように国衙の権限とは直接に関係がないということはできない。

　さて、この頼朝の行為が任命なのか承認なのかということも検討しておかなくてはいけないだろう。この時期の『吾妻鏡』の記事を見ていくと、頼朝が主体的に任命しているときには、「以㆓専光房㆒暫為㆓別当職㆒」（治承四年十月十二日条）、「以㆓鹿島三郎政幹㆒被㆑定㆓補当社惣追捕使㆒」（養和元年三月十二日条）、「以㆓走湯山住侶禅睿㆒補㆓鶴岡供僧幷大般若経衆㆒」(同年十月六日条)のような「以○○為△△(○○をもって△△となす)」「以○○補△△(○○をもって△△に補す)」の書式、もしくは「信濃国東条庄内狩田郷領主職避㆓賜式部大夫範雅㆒訖」(元暦元年二月三十日条)のような「△△賜○○(△△、○○に賜う)」の書式が使われている。一方、「○○為△△」の形の記事には、元暦元年十一月十二日条の「常陸国住人等為㆓御家人㆒、可㆑存㆓其旨㆒之由被㆓仰下㆒云々」がある。文法的には、「常陸国住人等」が目的語で「御家人」が補語であるとみるよりも、「常陸国住人等」が主語であると考えた方がいいだろうから、「常陸国住人たちは御家人である。そのことを承知しておくようにと命じられた」という意味になる。「義澄為㆓三浦介㆒」「行平如㆑元可㆑為㆓下河辺庄司㆒」も、「義澄を三浦介にする」「行平を元通り下河辺庄司にしなさい」より、「義澄は三浦介である」「行平がこれまで通り下河辺庄司であるのが当然だ」という意味になろう。相模国府での頼朝の行為は、『吾妻鏡』の記述からみるかぎり、承認と考えた方がいい。

史料②は北条本により本文を掲げたが、『吾妻鏡』の諸本間で大きな異同がある。北条本・島津本・毛利本は「景良等問㆓名字㆒之処、介除書未㆑到之間、三浦次郎之由名謁畢」(景良等名字を問うのところ、介の除書いまだ到らざるの間、三浦次郎の由名謁しおわんぬ)としている。北条本を底本とする新訂増補国史大系本もこの本文を採用していることから、これまでの研究では、勅使である中原景良たちが名字を尋ねたところ、介の除書をまだ請け取っていないので、三浦次郎と名乗ったと解釈され、三浦介はいまだ正式な相模介になっていなかったから、勅使の前では「三浦介」と名乗ることができなかったと説明されてきた[7]。

ところが、吉川本はこの部分を「景良等除書未㆑到之間、問㆓名字㆒之処、三浦次郎之由名謁畢」(景良ら除書いまだ到らざるの間、名字を問うのところ、三浦次郎の由名謁しおわんぬ)としており、「介」の文字が出てこないのである。この吉川本の文章は「景良たちは除書が手元に届くのを待っている間に、義澄に名前を尋ねたところ、三浦次郎と名乗った」と解釈できる。前半部分を含めた「勅使庁官肥後介中原景良・同康定等参着、所持参征夷大将軍除書也、両人各着衣冠、任例列立于鶴岳廟庭、以使者可進除書之由申之、被遣三浦義澄、々々相具比企左衛門尉能員・和田三郎宗実幷郎従十人各甲冑、詣宮寺、請取彼状、景良等除書未到之間、問名字之処、三浦次郎之由名謁畢」（吉川本）という記事を見ると、話題となっている「除書」は「征夷大将軍除書」であり、「介除書」の話が入り込む北条本などよりも、吉川本の文章の方が理解しやすい。

延慶本『平家物語』は、勅使と義澄のやりとりを次のように記す。

義澄ハ赤威ノ冑ニ甲ヲバキ候ワズ。弓脇ニハサムデ、右ノ膝ヲツキ、左ノヒザヲ立テ、宣旨ヲ請取マヒラセント仕ル。宣旨ヲ蘿箱ノ蓋ニ康定入マヒラセ候トテ、「抑御使ハ誰人ニテオワシ候ゾ」ト、尋ネ申テ候シカバ、「三浦介」トハ名ノリ候ワデ、「三浦荒次郎義澄」トナノリ候テ、宣旨ヲ請取マイラセテ後、良久候テ、蘿箱蓋ニハ砂金百両入ラレテ返サレ候ヌ。

ここにも「介除書」の話は登場しない。勅使が頼朝の使者に名を尋ねたところ、「三浦介」とは名乗らずに、「三浦荒次郎義澄」と名乗ったと記すのみである。延慶本のこの記事は、鎌倉に下った勅使が京都に戻り、院御所の壺（中庭）で「関東ノ有様」を詳しく申し上げた内容として記されている。「「三浦介」トハ名ノリ候ワデ」とあるから、少なくとも勅使は帰洛までの間に、義澄が「三浦介」を称する人物であったことを認知していた。それなのに「三浦介」と名乗らなかったことに勅使は関心を寄せたという書きぶりになっている。義澄は「三浦介」と名乗ることを憚ったものの、故実に通じた実務官人でもある勅使中原康定は「三浦介」の存在やこれを名乗ることを否定してはいないのである。

北条本・島津本・毛利本の文章だと、「介除書」が到来すれば、義澄が「介」を名乗ることができることになる。

これまでの多くの研究は、この「介」を除書で任命される「相模介」と捉えてきた。これについても検討しておこう。

まずは「除書」についてである。『吾妻鏡』元久二年（一二〇五）二月十二日条に「去月廿九日除書到着、将軍家任二右中将一、令レ兼二加賀介一給、善信持二参此聞書於御所一」とあることや、『沙汰未練書』に「叙書トハ除目ノ時記録也、又聞書トモ云ナリ」と明記されているように、「除書」とは、除目で任命された人を官職ごとに並べて記した除目聞書を指す。そうした除目聞書がもたらされることで、任官の事実を確認するのであって、義澄を相模介に任命するための個別の任命書が発給されるわけではない[8]。

『吾妻鏡』諸本に義澄を「相模介」とする記事は一つしかない。正治二年（一二〇〇）正月二十三日の義澄死没記事で、伏見宮本のみが「相模介平朝臣義澄卒、年七十四、三浦介義明男」と「相模介」を用いている。ただし、この部分、吉川本は「三浦介平朝臣義澄卒、年七十四、三浦介義明男」、北条本・島津本・毛利本は「三浦介平朝臣義澄卒、年七十四、三浦大介義明男」であって、「相模介」を用いていない。伏見宮本は最古の『吾妻鏡』写本ではあるが、この「相模介」は誤りだろう。『平家物語』諸本にも「相模介」とするものはない。

十二世紀の相模介または権介として確認できる人物には、権介平盛基（『本朝世紀』康和五年二月三十日条）、権介中原俊兼（『山槐記除目部類』仁平三年正月二十二日条）、介中原季兼（『兵範記』仁安三年十二月十三日条）、介中原重満（『山槐記除目部類』承安元年十二月九日条）、介和気相元（『吉記』承安四年三月二日条）、権介藤原景宗（『玉葉』承安四年十二月一日条）、権介藤原季長（『大間成文抄』第一臨時給、治承三年の例）などがいる。中原俊兼は外記、和気相元は医師であり、実務系・技能系の六位クラスの官人とみられる人物が多い。三浦義明が「三浦介」と称されている十二世紀後半の時期に、相模介・権介が別に存在しているわけであるから、「三浦介」が「相模介」と異なるものであることは疑いない。さらに、『職原抄』に「介・権介者、弁官・近衛中少将等兼レ之」とあるように、鎌倉時代の諸国の介や権介は、現地で活動するような国司ではなく、在京している弁官や近衛次将が兼ねる官職になっているのである。

次は、三浦介の職務内容の検討に入ろう。③の史料には、三浦義村の「祖父義明、天治以来相模国の雑事に相交わるにより、同御時、検断の事同じく沙汰を致すべきの旨、義澄これを承りおわる」という発言が引かれている。峰岸氏はこの史料から「三浦介は一二世紀前半に、義明が相模国の「雑事」(検断の職)に参画して以来のもので、義明の没後、それが頼朝によって勲功の賞として安堵されたものである。義明は相模国留守所の在庁官人となり、知行国主や国司によって介の称号を与えられ、検断の職おそらく国検非違使を分掌してこれが後の守護の淵源となったのであろう」と述べている。峰岸氏によれば、三浦介の内実は相模国留守所在庁官人＝相模国雑事＝検断の職ということになる。こうした三浦介の権限が検断権を含むものという理解は、安田元久『鎌倉幕府―その政権を担った人々―』(新人物往来社、一九七九年改訂新版)、上杉孝良『改訂 三浦一族―その興亡の歴史―』(横須賀市、二〇〇七年)などにもみえる。

③の史料に立ち返ってみよう。ここから読み取れることは、三浦義明が天治年間以来相模国の雑事に携わったこと、「同御時」に義澄が検断権を付与されたことである。義村の発言の前後で、千葉成胤と小山朝政が「右大将家の御時」といっていることからすれば、「同御時」は頼朝の時代を指している。つまり、義澄は頼朝から検断権を付与されたのであって、本来義明が有していた雑事に検断は含まれていなかった。義村の発言は、相模国への関与と検断権の獲得の二段階で説明しており、義明に検断権の系譜を求めているわけではない。検断権を付与された義澄以前に、義明はすでに「三浦介」と呼ばれているから、検断権は「三浦介」本来の職権に含まれていなかったといえよう。③にある千葉介の場合も、検断権は千葉荘の検非違所職に由来するのであって、「千葉介」そのものに属するものではなかった。「相模国雑事」を検断権とは見なせないという部分では安池氏の指摘は正しい。

では、平安時代末期に相模国の検断権を有していたのは誰かというと、『水左記』承暦三年（一〇七九）八月三十日条に相模国の「押領使景平」の存在が記されている。③で小山朝政が祖先豊沢の下野国押領使に検断権の由緒を求めているように、押領使あるいは追捕使が国衙の検断権を担っていた。「押領使景平」については、通字から、鎌倉系の武士とみる説(9)と中村系の武士とみる説(10)があるが、中条家本「平氏諸流系図」や延慶本『平家物語』附載「坂東平氏系図」など中世に成立した系図が中村宗平・土肥実平兄弟の父常宗に「笠間押領使」「土肥押領使」の肩書きを付していることを考えると、中村系がこの職にあったとみられる。

義明が携わったという国の雑事とは、具体的に何を指すのだろうか。それを探る手がかりとして、まずは『吾妻鏡』から義澄と相模国との関わりをみておこう。

文治二年（一一八六）六月一日、源頼朝は百姓の疲弊を救済するため、三浦義澄・中村宗平に命じて、相模国中の有力百姓に人別一斗の米を配給している。この史料から、義澄と宗平が相模国の勧農権をもっていたと説明されることがあるが(11)、「鼜牙」は稲ではなく精米した米であるから、勧農のためではなく、貧民救済のための行為である。同四年六月十一日、義澄は奥州の藤原泰衡から京進された貢馬・貢金・絹を大磯駅で抑留するべきかどうかを頼朝に問い合わせている。大磯は国衙の所在地であり、その地の交通路支配権が義澄にあったことを示すのだろう。建久五年（一一九四）四月二十二日、頼朝は相模国内の寺社の恒例仏神事をこれまでどおり執行することを義澄に命じている。寺社の興隆や一宮以下に祭祀を無事に行わせることは国衙の重要な役割であった。

相模国ではないが、中世の国衙雑事の内実を示す史料が存在する。半井本『医心方』紙背文書の一通には十二世紀前半の加賀国の雑事が網羅的に示されている(12)。

可㆓注進㆒雑事

神社下符毎年員数事
去年見作田事前司任加作年、
国内田代所事
頓料米事
諸郡勧農事種子下行同国事、田数可取名注文、
歴名帳事
国侍事
国内土産物事
浦々海人事所出物、
京上米運賃事
国内東西南北行程事
国寺事同得分、
田率色々物事加官物、
収納使得分事
御引出物事
田率外徴下物事
先達等事
国領桑事

仏寺同前
分附文書事
庄薗等事領主幷官省符、
農料稲事三万束、稲請取日可出計、
廻日記事
国雑色事
細工所事人数幷作物、染物、
一所目代事各得分幷公物、
納所事得分・公物、
同米綱丁事
国内神社員事同得分、
郷保司佃幷得分事国人・御館人、
検田使得分事
一任一度徴下物事
御節料事
神民等事
女騎事
船所事付勝載所、

一　「三浦介」とはいかなる称号か

国梶取事　　　　津々事付海人、
国内富人事　　　国舎人数事
御館分田事　　　神社仏寺免田事幷得分、
国内船員事　　　前司引出物事遣諸司、
鮭漁河事　　　　綾織事錦綾、
納官封家員事　　国佃事
在家公事勤否事　調所土毛事
検畠事　　　　　国内牧事馬・牛、
国領漆事　　　　国領鷲栖事
胡録事　　　　　郷保等領主事自中古以降、
藍茜等事藍田二十丁、　布上中下事
紅花事両数、　　綿事同、交易物内、
糸事同、同前、　八丈絹事上中下、同前、随状可済、
庁幷郡司申請事　院御庄加納田事
同御庄代可交替事　油事
紬事交易物内、　済物抄帳事
調所印事幷尺、　条事国解事
納官封家事　　　勝載所事得分一所目代内入了、

京上夫事夫領料、夫功、	京宿人事
在家計事	双六別当事
巫女別当事	斗升事
味煎事	勅旨田事
位田事	桑代糸八丈、事
御帷布事	移花事
帳官書生員数事	郡司大名事
□公□事	国中関事
国中悪人勧善事	

ここには、行政事務や、仏神事、田制・税制や農事に関わること、国内生産物の管理、海陸の交通・運輸に関することから芸能に至るまで、裁判や軍事を除く、国衙の人・物・場の管理に関するあらゆる行政事項があげられている。「相模国の雑事に相交わる」という表現からみて、ここにあげられた雑事のすべてを義明が管掌したわけではなかろうが、その一部であっても権限は大きかったと思われる。

もう一つ、他国の例として安芸国葉山介の事例をみておこう。角重始氏の研究[13]によれば、安芸国留守所下文に、目代の下位、惣大判官代・大判官代の上位に署名している「介源朝臣」は、安芸国衙在庁の最有力者で「安芸国大名葉山介」と称された源宗頼（頼宗）だという。彼が発給に携わった留守所下文の内容は、郷司職の補任や国内荘園の倉敷の認可、半不輸の認可に関わるものである。「介」は、在京している国司が派遣した目代のもとで、在庁官人の最有力者として国務（雑事）に携わったといえるだろう。

義明が三浦介を称していたころ、子息義澄は「三浦別当」と呼ばれていた。この呼称は延慶本『平家物語』『源平盛衰記』『曽我物語』などに見られる。「別当」とは古代から中世にかけてさまざまな機関の統轄責任者を指す職名であった。寺院や朝廷の諸機関、家政機関など、とくに「所」と称される機関の長官に用いられることが多かった。国衙にもさまざまな「所」が設けられていたことは先の雑事注文からもわかる。「三浦別当」もこうした国衙の「所」の別当に由来すると考えるのが適当だろう。ほかに延慶本『平家物語』の中で「別当」を称している人物には武蔵国の斎藤別当、常陸国の佐竹別当がいる。いずれも平家知行国下の平家家人で、国衙との関係が窺われる人物である。義澄も父三浦介義明のもとで国衙の「所」の長として国の雑事を分掌したのであろう。

二　「天治以来」の意味

従来、③の史料中の「天治以来」という時期的な問題についてはほとんど言及されてこなかった。むしろ、源義朝の大庭御厨乱入事件を記す『天養記』が義明に対して「三浦介」の呼称を用いていないことから、「天治以来」というのを否定的に捉える向きもあった(14)。しかし、孫義村が具体的に「天治以来」と述べているのには意味があると考えるべきであろう。ここでは「天治以来」の意味するところ、すなわち天治年間（一一二四〜二六）にいかなる動きがあったのかを考えてみたい。

まず、三浦氏側の立場に立つと、この時代に大きな変化は窺えない。義明の没年齢は『吾妻鏡』によれば八十九歳、延慶本『平家物語』によれば七十九歳であるから、寛治六年（一〇九二）あるいは康和四年（一一〇二）の生まれということになる。『吾妻鏡』が義明の最期を誇張していること、弟の岡崎義実が天永三年（一一一二）生まれであること、一男義宗が天治二年（一一二五）生まれであることなどを勘案すると、康和四年生まれの方に理がありそうである。そうすると、天治年間の義明は二十三〜二十五歳で、父義継はなお現存していた。一方、相模国側では、この時期の国司は藤原盛重であった。彼は保安元年（一一二〇）に補任され（『中右記』十二月二十四日条）、大治二年（一一二七）に信濃守に遷るまで（『中右記』十二月二十日条）二期にわたって在任した。

十一世紀末から十二世紀初頭にかけての相模国司は高階経敏・橘以綱という摂関家に近い人脈で任命されてきたが、その後は院に近い人物が相模守に相次いで就任している(15)。三浦氏の本拠地である三崎荘の本家である摂関家との繋がりで、このころ相模国衙と三浦氏との関係が生じたならともかく、天治年間の国司である藤原盛重は白河院に近い人脈であるから、摂関家との関係では天治年間に国の雑事に関わるようになったことを説明できない。そこで国守盛重個人との関係に着目してみよう。

『尊卑分脈』は、盛重を「良門子利基孫」の中に藤原国仲の男として掲げ、「使、従五位下、肥後守、信乃守、相模守、石見守、千寿丸、号㆓近藤右衛門尉㆒」、「周防国住人、童形之時候㆓北面㆒、白河院御寵童、元服之後近習、長門守高階経敏家人也、自㆓幼日㆒東大寺別当敏覚法印為㆓児童㆒召㆓仕之㆒、南都御幸之時白河院被㆑及㆓天眼㆒、即召㆓出之㆒、有㆑寵」と注記している。周防国の住人層出身の彼は、東大寺別当の稚児から白河院の目にとまって寵童となり、院に近習として仕える一方、検非違使としても活動し、その後受領を歴任した。その間に、下級貴族の藤原国仲の養子となって、藤原氏の出自と系譜を獲得したことになる。寛治四年（一〇九〇）ごろに相模守を経歴した高階経敏の家人であったことも注目される。また、『十訓抄』一―四十一話には「肥後守盛重は周防の国の百姓の子なり。六条右大臣の御家人になにがしとかや、かの国の目代にて下りたりけるに、ついでありて、かの小童にてあるを見るに、魂有りげなりければ、よび取りていとほしみけるを、京に上りてのち、供に具して大臣の御もとに参りたりけるに」と、源顕房が派遣した目代によって周防で見出され、京都に連れてこられたことが語られている。顕房の子息顕仲が承暦元年（一〇七七）まで周防守だったから、彼が周防国で見出されたのはそのころだろう。盛重の活躍ぶりは『続古事談』の説話にも語られているし、『中右記』にも嘉保元年（一〇九四）正月三日以降、左衛門尉（検非違使）、石見守、相模守、信濃守、肥後守として登場する。

盛重に関する史料の中で、驚くべきは延慶本『平家物語』第一本の次の記事である。

（北面は）白河院ノ御時始置レテ衛府共アマタ候ケリ。中ニモ為俊・盛重童ヨリ千手丸・今犬丸ナドトテ切者ニテ有ケリ。千手丸ハ本ハ三浦ノ者也。後ハ駿河守ニナサル。今犬丸ハ周防国住人、後ハ肥後守トゾ申ケル

先の『尊卑分脈』とは千手丸（千寿丸）と今犬丸の名が入れ替わってはいるが、盛重のかつての同僚で、切れ者の北面として並び称されていた為俊が三浦の出身だったというのである。[16] 駿河守為俊の名は、中世成立の系図においても、中条家本「平氏諸流系図」、続群書類従本「三浦系図」には為通の子、為継の兄弟として、山門家本や入来院家本の「桓武平氏系図」には為道の孫、為重の子として見える。

『尊卑分脈』は為俊を盛重と同じ「良門孫利基子」の系図中に藤原章俊の子息として載せ、「使、鳥羽院坊時春宮帯刀長、右衛門尉、河内守」、「為俊事、白河院御寵童今犬丸是也、童形之時候二北面一初例也、聴二直奏一、被レ召二夜御殿一云々、但非二実子一、依二勅命一為二猶子一実小舎人童也云々、」と注記している。出自不明ながら、藤原章俊の小舎人童だった者が白河院に寵童として仕えるようになり、白河院の命によって章俊の猶子となって諸大夫層の藤原氏の出自を獲得したというのである。白河院の寵童から北面に近仕し、検非違使を経て受領となる経歴は、盛重とまったく同じである。「童形の時北面に候する初例なり」とあることからすると、為俊の方がやや先輩だったのであろう。盛重には「周防国住人」の注記があったが、為俊には出身に関する注記はない。しかしこれを延慶本の記述と合わせるならば、相模

国の三浦氏出身だったということになる。盛重同様、下向した目代などに見出されたのかもしれない。為俊が初めて記録に現れるのは『中右記』寛治四年四月九日条で、斎院令子内親王に供奉する「左兵衛少尉平為俊」として登場する。同六年四月十八日条には「左兵衛尉平為俊為二検非違使一、是千手丸也、」とあるから、延慶本の童名が正しいことが裏づけられる。

為俊の白河院近臣や検非違使としての活動は、大治四年（一一二九）まで『中右記』『為房卿記』『後二条師通記』『殿暦』『魚魯愚抄』に散見される。『中右記』大治四年閏七月二十五日条は、白河院から鳥羽院への「治天の君」（院政主宰者）の代替わりに際して、引き続き鳥羽院の北面への祗候が許された人物を掲げている。その顔ぶれは、備前守平忠盛・駿河守平為俊・安芸守藤原資盛・大夫尉源佐遠（資遠）・同藤原盛道・検非違使平盛兼・同源季範・左衛門尉親安の八人である。忠盛は平氏の棟梁、資盛は受領を歴任した経済力を持つ近臣、資遠・季範兄弟は河内国坂戸牧を本領とする京武者である。源氏の棟梁といわれる源為義は左衛門尉で、いまだ受領や院の近臣になれない中で、為俊は忠盛に次ぐ高い地位をもつ諸大夫層の院の近臣として位置づけられていた。為俊の出世について、批判的な眼差しを向けている貴族もおり、『中右記』の記主藤原宗忠は、為俊が検非違使の尉の一﨟（第一位）から駿河守（駿河国は第二位の等級の上国）となったとき、「宜しき国穏便ならず」と記している（天仁元年正月二十四日条）。

天治年間、為俊はなお都で活動していた。相模守藤原盛重は、平為俊と幼少時からの同僚であり、その関係から義明が国衙に関与するようになったと考えられるのである。

ところが『天養記』所収の天養二年（一一四五）三月四日付け官宣旨案（『平安遺文』二五四八号。『新市史Ⅰ』四九号）には「而間同十月廿一日田所目代散位源朝臣頼清幷在庁官人及字上総曹司源義朝名代清大夫安行、三浦庄司平吉次・男同吉明、中村庄司同宗平、和田太郎同助弘、所従千余騎、押二入御厨内一、不レ論二是非一、所レ令二停廃一也」とあって、天養段階の三浦義明は「介」を称していないばかりか、「田所目代散位源朝臣頼清幷在庁官人」とは別に名が記されており、この時期の義明は在庁官人ではなく、義朝の家人として行動している。天治年間の相模守藤原盛重の時代に、国衙雑事に関わるようになったものの、まだそれは「介」「在庁官人」と称されるほどの地位ではなかった[17]。義明が「介」を称するのはもう少し後のことである。

峰岸純夫氏は「知行国主や国司によって介の称号を与えられ」と説明するが、近藤好和氏は、「三浦介」を知行国主や国司が任命した職と捉え、大庭御厨乱入直後に源義朝がその恩賞のような形で相模守藤原頼憲（父は憲方。鳥羽院の近臣。天養元年正月二十四日補任）に斡旋し、頼憲も義明の在地での実力を認めて、「義明が三浦介に任官した」と述べている（『新横須賀市史　通史編　自然・原始・古代・中世』横須賀市、二〇一二年）。

大庭御厨乱入事件は、大庭御厨の本荘外である鵠沼郷を鎌倉郡内であると主張する相模国の田所目代（国衙の中で土地の帳簿類を管理する田所の執務代行者）が武力を投入して国衙領に編入しようとした動きであったから、田所目代やその背後にいたと見られる留守所目代が主体となって鎌倉に勢力をもつ源義朝と謀った事件であることは間違いない。ただし、伊勢神宮側の訴えに対して国守頼憲は「於二義朝濫行之事一者、不レ能二国司進止一、至下于擬レ令二停廃一之事上者、尋二問在国一、可二左右一」と答えている。これを近藤氏のように、鳥羽院近臣である国司頼憲の黙認、さらに背後にいる鳥羽院の意向とまで言い得るのか疑問である。なぜなら、そもそもこの事件について載せる官宣旨は、目代らの行動を「濫行」「妨げ」と判断して、伊勢神宮の主張どおりにこの地を神領であると確認しているのである。田所目代や義朝代官の行動が治天の君である鳥羽院の意向を受けたものだとしたら、それを否定する判断が下されることはなかろう。鳥羽院—頼憲—義朝の連携と見なす余地はない。したがって、この事件の直後に恩賞として義朝が国守頼憲に斡旋したという想定は不可能に近い。

さらに、近藤氏のごとく、「三浦介」を目代などのように国守や知行国主が任命した職と考えることもできないだろう。そうなると、国守が交替すれば、別の者が「三浦介」に任命される余地を残してしまう。それは、国司の交替と連動せずにその地位を占め、父子相伝されている三浦介・千葉介や小山氏の「下野国権大介職」の実態とかけ離れている。目代は国守の異動によって交替するが、在地の「介」以下は交替しないと考えるのが実態に即している。そうなると国守はせいぜい「三浦介」の地位を承認する程度の人事権しかもたないことになる。

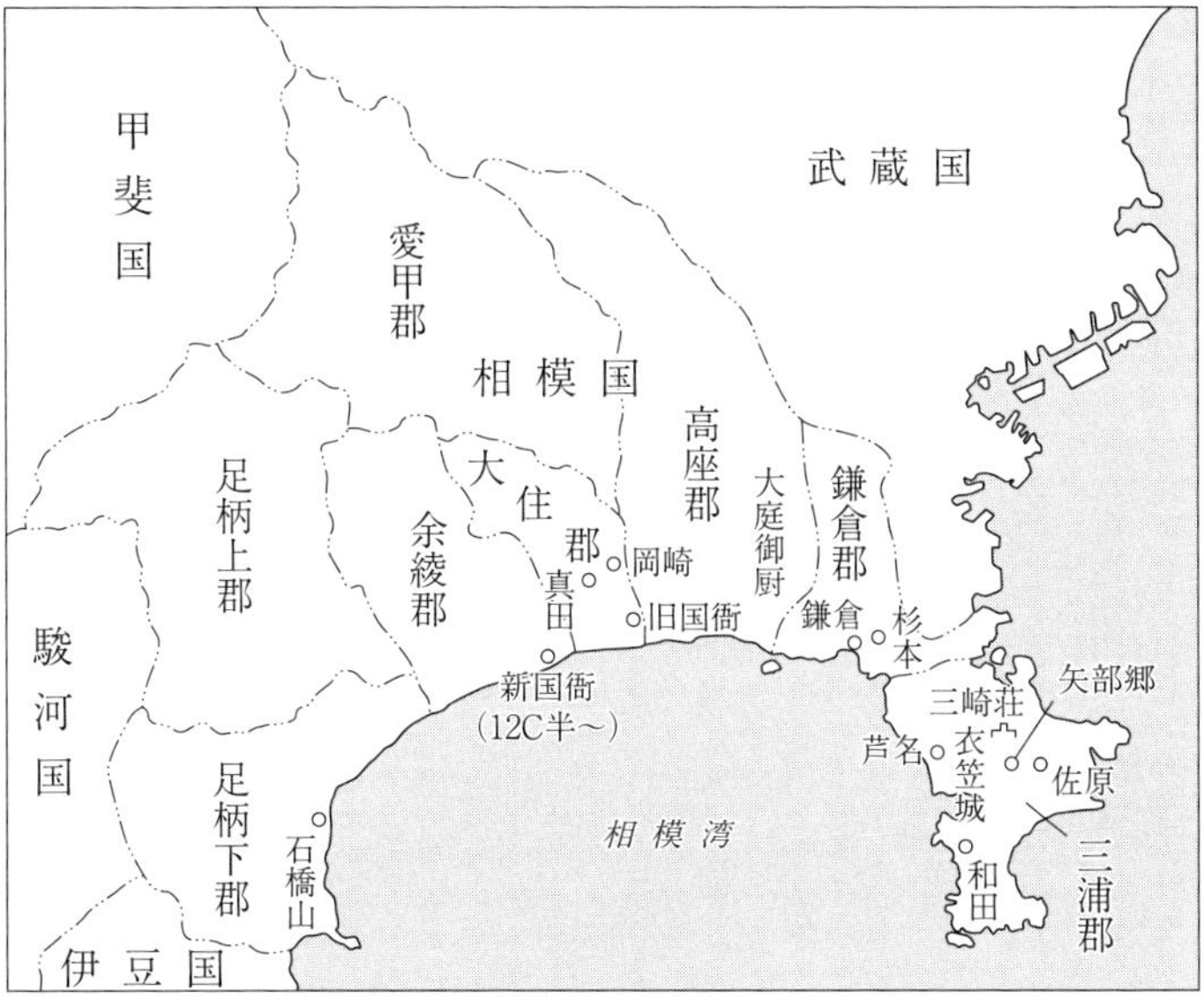

図1　相模国図

十二世紀半ばの三浦氏の動向を示す史料はほとんどなく、わずかに鎌倉時代に成立したとみられる『保元物語』『平治物語』がそれを伝えるのみである。しかし、その記述内容には信頼に足るべきものが多い。『保元物語』では義明を「三浦介義明」とする本もあるが、古態を残すとされる半井本は義明に「三浦介」を冠しておらず、その人名表記を保元の乱当時のものと信じるならば、この段階では「三浦介」を称していない。一方、『平治物語』では諸本が義澄を「三浦荒次郎義澄」と記すのに対して、古態系といわれる陽明文庫本は「三浦介二郎義澄」と表記している。これは「三浦介」の次男という意味であるから、平治の乱の段階では義明が「三浦介」を称していたということになる。以上の点から、保元の乱（一一五六）から平治の乱（一一五九）までの間に、義明が「三浦介」を称するようになったと考えておきたい。

相模国衙が大住郡から余綾郡に遷ったのは十二世紀半ば、保元三年（一一五八）以前だと考えられており[18]、義明が「三浦介」を称するようになった時期と重なる可能性がある。ただ、三浦半島や鎌倉から、陸路・海路ともにより遠くなる余綾郡に遷っているわけであるから、そこにどのような関係があるか判然としない。その時期に誰が相模守だったのかも明らかではないが、相模国衙には目代が派遣されていて、目代が在庁を指揮して国務を運営していたことは間違いない。大庭御厨乱入事件を主導した目代などの勢力が大庭御厨の大庭氏を警戒し、知行国主（あるいは国守）の指示あるいは承認を得て、大庭氏の本拠地から離れた地に国衙を移転させ、その中間の交通要衝地でもある大住旧国衙に三浦氏の勢力を置いて防御の壁としたことは考えられるかもしれない。

また、三浦氏が国衙に近い相模国中央部に進出するのもこの時期である。義明の弟義実が大住郡に所領を得て岡崎を称し、その子義忠は同郡の真田（佐那田）を苗字地としている。義実の妻が中村宗平の娘であることから、この進出は義実の「婿入婚」で説明されることがある[19]。しかし、中村氏の本拠地は余綾郡であり、隣の大住郡は中村氏の勢力圏とはいえない。しかも、この時期の在地領主層の婚姻形態は夫方居住婚であり、東国では「婿入婚」の事例を見出すことすらできない[20]。中村宗平の娘との婚姻以前に、義実は岡崎に所領を得て、本拠を移していたと考えざるを得ないだろう。「介」として相模国衙に深く関与するようになった三浦氏が国衙周辺に所領をもち、国衙が余綾郡に移るに際しては大住郡の国衙旧地を所領として獲得したとすると理解しやすい。

大庭御厨乱入事件のころ、義朝が相模国の田所目代と連携していたように、このころ鎌倉に勢力を張っていた義朝の男義平が国衙と連携していた可能性はある。義明がこの時期に「三浦介」を称するようになった背景に、源義朝・

義平の存在があったかもしれない。ただし、義朝・義平と義明の強い結びつきとして示される、義平が義明の外孫だとする説には再考の必要がある。義平の母が義明の娘だという説の根拠となるのは、『続群書類従』所収の「清和源氏系図」や、義平を英雄化する改作が施された『平治物語』の後出本である。清和源氏系図として比較的信頼されている『尊卑分脈』は、義平の母を橋本の遊女、あるいは朝長と同母とする（『吾妻鏡』によれば、朝長の母は波多野氏である）。また、古態本の陽明文庫本『平治物語』や中世に成立がさかのぼる三浦氏関係系図などにはこの婚姻関係に関する記述が見えない。したがって、義平の母を義明の娘とする伝承には疑念がある。義平を英雄視するために、母の出自を相模国第一の豪族三浦氏に仮託したと考えた方がいいのだろう。

三　三浦介と三浦大介

義明に対する「大介」の称号について、峰岸氏は「この大介は受領国司の大介でなくて、義澄の三浦介に対して、父であるゆえにこのように称されたと考えられる」と述べているが、「義明は「三浦介」あるいは「三浦大介」と呼ばれていた」（上杉孝良『改訂 三浦一族』）と記されているように、多くの論者は「介」と「大介」との関係には言及していない。実は、「三浦大介」の「大介」の称については、四百年以上も前に、大内義隆と三条西実隆との間で次のような問答が交わされている（『有職問答』）。

一、大介
三浦大介ト称レ之、辞退前官ノ心候哉、
此事更不レ得二才学一候、推量候ニハ、御堂殿ヲハ大入道殿ト申候、是賞翫ニシテ奉レ称レ之候歟、サレハ清家大外記頼業真人ヲハ、子孫執シテ大大外記ト于レ今申習候、是モ三浦家ニテ一段執シテ、大ノ字ヲ加候ケル歟、又子息ナト已当国ノ介ニ拝任之後、如レ此此家ニテ称候ケル歟、可レ為二両端一候哉、

義隆が「介」を辞した者の称号かと質問したのに対し、実隆は知らないとしながらも、藤原道長を「大入道殿」と呼ぶように、清原の家で頼業を「大大外記」と称するように、「三浦家」で子孫が敬って「大」の字を付けたのではないか、また子息らが介になった後にこの家でそう呼んだのではないか、両様考えられようと推量している。

しかし、子孫が「大」の字を添えたのではないかという三条西実隆の仮説は、鎌倉期に義明子孫が作成したことが確実な系図が「三浦介」と記し、葦名氏周辺でつくられた殺生石伝承の中でも「三浦介」と称されていることからすれば成り立たない(21)。

史料に立ち返ると、吉川本『吾妻鏡』には「三浦大介」の用例がないことに留意しなくてはいけない。北条本・島津本・毛利本はただ一か所、義澄の死没条で「三浦大介義明男」を用いているが、この部分は吉川本はもちろん、伏見宮本でも「三浦介」となっており、後から手が加えられたとみていい。「大介」の称をもっぱら用いているのは延慶本以下の『平家物語』である。延慶本『平家物語』を見ると、頼朝挙兵前の話の中では義明に対して「三浦介」を使い、石橋山合戦以降は「三浦大介」を用いるという使い分けが行われており、しかも「大介」の称は「石橋山合戦事」「小壺坂合戦之事」「衣笠城合戦之事」の連続する三話に集中している。この三話の生成圏で「三浦大介」の呼称が生まれ、その後の覚一本、『源平盛衰記』などの『平家物語』諸本とともに「大介」の称が流布していったのではないかと想定される(22)。

さて、平安中期以降の史料に現れる「大介」の多くは、在京の国守が任国の留守所に下した文書（国司庁宣など）の中の署名で、国守自身を指すものであり、その国には国務執行権をもつ知行国主が別にいる場合に多いといわれて

いる。[23] 一方、鎌倉期には小山朝政が重代相伝の職として有していた「下野国権大介職」を嫡孫長村に譲っているし（小山文書、寛喜二年二月二十日付け小山朝政譲状案、『鎌倉遺文』三九六〇号）、中島正介が「尾張国大介職」を有している（妙興寺文書、元応二年四月三日付け中島承念譲状案、『鎌倉遺文』二七四三〇号）。小山朝政は下野の国守に補任されたこともあるが、下野国の大介職は『吾妻鏡』建長二年（一二五〇）十二月二十八日条にも「下野国大介職者伊勢守藤成朝臣以来、至二于小山出羽前司長村一十六代相伝、敢無二中絶儀一之処、依二大神宮雑掌訴一、所レ被二改補一也」とあるように「相伝」によって継承される所職であり、国司の異称である「大介」とはまったく継承方法が異なる職であった。小山氏は史料③において下野国の守護職の由来を「曩祖下野少掾豊沢当国押領使として、検断のごときの事、一向にこれを執行す。秀郷朝臣天慶三年さらに官符を賜るの後、十三代数百歳、奉行するの間、片時中絶の例無し」と述べているから、藤成の子豊沢の押領使補任に由来する国の検断職とも内容的に異なるものである。国衙雑事に携わった在庁官人としての「介」の下野国における名称なのだろう。

延慶本『平家物語』第二中には平清盛が足利忠綱を召して宇治川合戦の恩賞の望みを尋ねたところ、忠綱が「靭負尉、検非違使、受領ニモ成タクモ候ハズ。父足利太郎俊綱ガ、上野国十条郡ノ大介ト、新田庄ヲ屋敷所ニ申シガ、叶候ハデ止ミ候ニキ。同ハ其ヲ可レ賜」と述べたと記されている。受領を拒否して「大介」を望んでいるわけであるから、これも親王任国上野国の国司としての「大介」ではない。同様の用例は妙本寺本『曽我物語』にも「鎌倉殿打二負石橋山合戦一、入二杉山一時、梶原平三景時与二曽我殿一二人合レ心奉レ助故、被レ成二駿河国八郡大介一、其御恩皆進上」とある。上野・駿河いずれもそれぞれの国を、十六郡、八郡の集合体という視点で捉えているところに「大介」の在地性が窺われる。在地に根付いた形で国内に力を及ぼす存在だったのだろう。上野国には「岡本介」「淵名上野介」が平安末期に存在しており、[24]「介」と称された他の国内の在庁官人をも上回って国内全土に力を及ぼす最有力在庁官人として「大介」の称号が用いられたとみられる。下野国の小山氏もまさにそうした存在であった。鎌倉期に使われはじめたこのような「大介」という用語の影響を受け、義明に国内最有力の在庁官人の姿を投影して、『平家物語』形成のなかで「大介」の称が用いられたのかもしれない。

四　「三浦介」の伝説化

保元・平治の乱の後、相模国守には後白河院の北面や近習が任じられており、後白河院の院分国となっていた可能性も指摘されている。[25] そうした中で、義明は「三浦介」の地位を保持し、義澄も「三浦別当」として国衙雑事に携わっていた。

治承四年（一一八〇）の源頼朝の挙兵に対する東国の各武士団の対応は、武士団と国衙との関係、国衙と平家との関係を反映している。相模国は平清盛による治承三年十一月のクーデターまでは後白河院の近臣平業房が国守であった。解官された業房に代わって国守となった藤原範能は脩範の子で、通憲（信西）の孫に当たる。必ずしも平家に近い立場の人物というわけではなかった。伊豆国は一一六〇年代から以仁王の挙兵までずっと源頼政が知行国主であった。頼政の死によって、平時忠が知行国主となり子息時兼が国守となったばかりであった。国衙を通じた平家の影響力がほとんどなかったこの二国の有力者三浦介義明や工藤介狩野茂光らが頼朝の挙兵を支えたのである。それに対して、武蔵国は平治の乱後、ずっと平家の知行国となっていた。斎藤別当実盛はもちろんのこと、武蔵国衙と深く結びついていた秩父系の多くの武士が平家方に立ったのはそのためである。上総国は治承三年のクーデターで藤原為保が解官され、平家の家人藤原忠清が国守（上総介）に就いていた。『源平盛衰記』第十九は、忠清が広常を讒訴し、所職を奪おうとしたとし、広常は弁解のために子息能常を上洛させたにもかかわらず、なおも自身が召されたことで怨みを懐いたと記しているが、広常と平家や忠清との間に密接な関係があったことは否定できない。上総介広常が去就に迷った背景にはこうした国衙との関係もあったのである。最後まで頼朝に抗した佐竹氏がいた常陸国は保元の乱前から頼盛・宗盛ら平氏がずっと国守に就任して、仁安ごろからは後白河近臣がそれに代わっていたが、クーデター後は平氏が取り戻していた。

　頼朝が挙兵したさい、相模国では八月初めに京都から戻った大庭景親が率いる相模の武士と熊谷直実ら「平家被官の輩」の混成軍三千余騎がこれに対した。延慶本『平家物語』第二中は「惣テ平家ニ志アル者」と表現している。同第二末に「鎌倉党一人モ不レ漏ケリ」とあるように、景親率いる鎌倉党の武士団が中心となっており、基本的には相模国の国衙軍制を通じて動員した軍勢ではなかった。これについて、平氏政権下で平家家人大庭景親が三浦氏のもっていた国衙軍の指揮権を奪っていて、そうした三浦と大庭との対立もこの挙兵の下地になっているという見解もあるが、これまで述べてきたように、そもそも三浦氏が相模国の軍事警察権をもっていたわけではなかった。

　治承四年、三浦氏は頼朝の挙兵に応えたが、初戦に間に合わず、帰途の由井・小坪で平家方についた武蔵国の武士たちと戦になり、衣笠城に籠もることとなった。『吾妻鏡』によれば、力尽き、連れて逃げようとする義澄らに対して義明は「吾為二源家累代家人一、幸逢二于其貴種再興之秋一也、盍レ喜レ之哉、所レ保已八旬有余也、計二余算一不レ幾、今投二老命於武衛一、欲レ募二子孫之勲功一、汝等急退去兮可レ奉レ尋二彼存亡一、吾独残二留城郭一、模二多軍之勢一、令レ見二重頼一」という言葉を残し、一人衣笠に残って討ち取られた（八月二十六日・二十七日条）。

　延慶本『平家物語』も、子孫らには衣笠を引いて船に乗り、落ち延びたであろう頼朝を訪ねるように言い含め、自身は城に残ると述べた義明の言葉を載せているが、その後の話は『吾妻鏡』と少々異なる。義明の言葉に反して子孫が義明を手輿に乗せて連れ出して落ちていったが、敵が近づくと輿を担いでいた雑色が逃げ出してしまい、残された義明は直垂を脱がされ、「アワレ我ハヨク云ツルモノヲ。城中ニテコソ死ムト思ツルニ、若キ者ノ云ニ付テ犬死シテムズル事コソ口惜ケレ。サラバ同ハ畠山ガ手ニ懸リテ死バヤ」という望みも叶わず、江戸重長に討たれてしまうのである。延慶本は、義明の死について「元ヨリ大介ガ云ツル様ニ城中ニステヲキタラバ、カホドノ恥ニハ及ザラマシトゾ人申ケル」、すなわち、恥ずかしい死に方という評価を下している。おそらくこれが真実に近いものだったのだろう。

一方の『吾妻鏡』は義明の最期を「辰剋三浦介義明年八十九、為二河越太郎重頼・江戸太郎重長等一被二討取一、齢八旬余、依レ無レ人二于扶持一也」と記すのみであり、延慶本と事実関係において矛盾するわけではないが、延慶本が語るような最期を詳しく書かないことで、二十六日条に記した義明の最後の言葉が輝きを増し、義明の死の評価を高める効果をもたらしている。

石橋山の敗戦後、安房に漂着した船中で、三浦の人々が語った「大介ガ云シ事」や岡崎が語った「与一ガ打レシ事」などの「軍の物語」を頼朝は船の打ち板の下で聞き、「哀世ニアリテ是等ニ恩ヲセバヤトゾ、サマ〴〵ニ」思ったというが（延慶本『平家物語』）、その後、『吾妻鏡』は次々と三浦一族に対する顕彰の記事を載せる。養和元年（一一八一）六月十九日条の「武衛為二納涼逍遥一渡二御三浦一、彼司馬一族等兼日有二結構之儀一、殊申二案内一云々、（中略）爾後令レ到二于故義明旧跡一給、義澄構二盃酒椀飯一、殊尽レ美、酒宴之際、上下沈酔、催二其興一」、文治三年（一一八七）十月二日条の「還御之次、入二御岡崎四郎宅一、献二盃酒一、此間召二出故与一義忠子息小童一入二見参一、義忠棄二命於石橋戦場一、勲功異二于他一之間、殊憐愍給云々」などがそれである。衣笠合戦で死んだ義明の遺族、石橋山合戦で死んだ義忠の遺族に対する頼朝のほかにあまり例をみない特別な待遇の表れといえよう。さらに頼朝は、建久五年（一一九四）、義明のために三浦矢部郷内に一堂を建て（九月二十九日条）、同八年には義忠のために山内に証菩提寺を建立した。[26] 頼朝が御家人のために寺院を建立したのは、おそらくこの二人のためのみだろう。北条時政の長子宗時、工藤介茂光ら多くの戦死者がいたにもかかわらず、頼朝挙兵時の敗戦は、義明と義忠の忠義のエピソードとして頼朝自身の手で幕府の「創造神話」化されていくのである。[27]

義明の神話化は、哀れな最期を迎えさせてしまった義澄らにとっても望ましいものだったに違いない。畠山・河越・江戸ら武蔵の武士団の力を必要とした頼朝は三浦一族に「此輩討二三浦介義明一者也、而義澄以下子息・門葉多以候二御共一励二武功一、重長等者雖レ奉レ射二源家一、不レ被レ抽二賞有勢之輩一者、縡難レ成歟、存二忠直一者更不レ可レ貽レ憤之旨」を仰せ含めた。三浦一族も「無二異心一之趣」を申し、畠山らと三浦は互に合眼して列座したという（『吾妻鏡』治承四年十月四日条）。想像をたくましくすれば、この取引が契機となって義明の神話化が始まったのだろう。頼朝の征夷大将軍拝任の儀式に名代として義澄が選ばれたのも、伝説化過程の一つだったのかもしれない。

頼朝の征夷大将軍任命の場において、三浦義澄は「東八ケ国第一ノ弓取三浦平太郎為継トテ柏原天皇ノ御末ニテ候」と位置づけられ（延慶本『平家物語』第四）、また、建保元年（一二一三）の和田合戦に際して、三浦義村・胤義兄弟が、自身の家と鎌倉殿の家との関係を「曩祖三浦平太郎為継奉レ属二八幡殿一、征二奥州武衡・家衡一以降、飽所レ啄二其恩禄一也」（『吾妻鏡』同年五月二日条）と振り返っているように、当初は為継を曩祖と位置づけていた。しかし、宝治元年（一二四七）の宝治合戦になると、泰村は「何況義明以来、為二四代家督一、又為二北条殿外叔一、輔二佐内外事一」（同、六月八日条）と、義明を起点として自家の歴史を述べるようになっている。嘉暦元年（一三二六）七月二十四日の端裏書をもつ真野宗明申状の奥に載せる系図は義明から書き始めているし（称名寺文書、『鎌倉遺文』二九五三六号。『新市史Ⅰ』一四七一号）、十四世紀後半に成立したとみられる中条家文書の「三浦和田氏系図」（『新市史Ⅱ』系図編六）も義明より起筆している。鎌倉中後期になると、三浦介義明は確実に三浦一族の始祖と位置づけられるようになっていた。千葉氏が妙見信仰を一族結合のイデオロギー装置としたように[28]、三浦氏にとっては三浦十二天が一族結合のための一つのイデオロギー装置であったが[29]、それにもまして大きな存在が「伝説化」された「三浦介義明」であり、その系譜を引くことが一族の誇りとなっていた[30]。満昌寺（横須賀市）の木造三浦義明坐像は「御霊神明社の祭神として、神像的性格を備えたやや異質な武人俗体肖像彫刻[31]」である。この肖像が一族結合のシンボルとして祀られていたことを示すのだろう。

さらに十四世紀の終わりごろになると、三浦介義明が主役の一人となる玉藻前伝説が成立する[32]。この伝説の比較的古い形を残す『神明鏡』によれば、近衛天皇の時代、鳥羽院から寵愛を受けた玉藻前という天下無双の美女がいた。しかも大変な才女であった。天皇の病が重くなったために陰陽師に占わせたところ、玉藻前の仕業であるという。さらに玉藻前が天竺の天羅・唐・本朝の三国に禍をなしてきた下野国那須野の狐であるとも告げられた。泰山府君祭で鎮めようとしたが、狐は那須野へと逃げてしまった。そこで東国の名将である三浦介・上総介の両名に勅命が下り、両介はこれを狩り取って上洛した。狐の腹の中にあった仏舎利は院に進上され、額の白玉は三浦介が賜り、尾の先の針二本は上総介に与えられ、狐は宇治の宝蔵に納められたという。その後、十六世紀に成立した『玉藻前物語』（根津美術館蔵）では、夢の告げを受けた三浦介が射取るというストーリーに改変されている。さらにこの話は、玉藻前の魂が那須野の殺生石に残り、害をなしていたのを源翁和尚がその法力によって石を割って鎮めたという殺生石伝説（謡曲『殺生石』ほか）に展開する。この伝説は、三浦氏の子孫である葦名氏と源翁との交渉を通じて発生したともいわれている[33]。謡曲や御伽草子を通じて、妖狐「玉藻前」とそれを討った「三浦介」の説話が全国に広がっていった。三浦介の伝説は、一族や鎌倉幕府の枠を超え、武門の英雄として中世社会に根付いていくのである。

おわりに――三浦介の行方

義澄は「三浦介」を名乗り続けたが、子息義村は父義澄の賞を譲られて、建久元年（一一九〇）に兵衛尉に任官し、その後左衛門尉に遷り、承久二年（一二二〇）には駿河守となった。その息泰村も、掃部権助・式部少丞を経て若狭守に任官している。当時の社会においては官職を有するものは、それを名乗り、人からも官職名で呼ばれるのが常識であったから、彼らが「三浦介」を自称することも、「三浦介」と称されることもなかった。しかし、「三浦介」としての相模国雑事沙汰と、義澄が頼朝から付与された検断権の系譜を引く相模国守護職を義澄・義村・泰村の三代にわたって継承していた。

宝治元年（一二四七）六月の宝治合戦で泰村が死ぬと、相模国は守護不設置の国になったと考えられている。(34)しかし、すぐに三浦一族は「三浦介」として再登場する。半年後の十二月二十九日のことである。それまで遠江守盛連の子息であることを示す遠江五郎左衛門尉の名乗りをしていた佐原系の盛時が、合戦前後から三浦五郎左衛門尉を称し、ついに「三浦介」を称して、これを公認されたのである。それに先立つ八月に相模国一宮への神馬・御太刀奉納の使者として佐原時連が立てられたことは、佐原系の三浦一族が泰村の系統に代わって相模国の国衙に関わることを示唆するものであった。

建長元年（一二四九）八月十五日付けの関東御教書（宇都宮氏家蔵文書、『鎌倉遺文』七一〇六号。『新市史Ⅰ』一二六三号）では、佐原光盛が故盛連跡の惣領としてその旧領に対する公事支配権をもったのに対し、兄弟らに新恩給与された相模国内の所領については三浦介盛時が「大介沙汰」として公事を課すように幕府から命じられている。かつて義

系図1　佐原系三浦氏系図

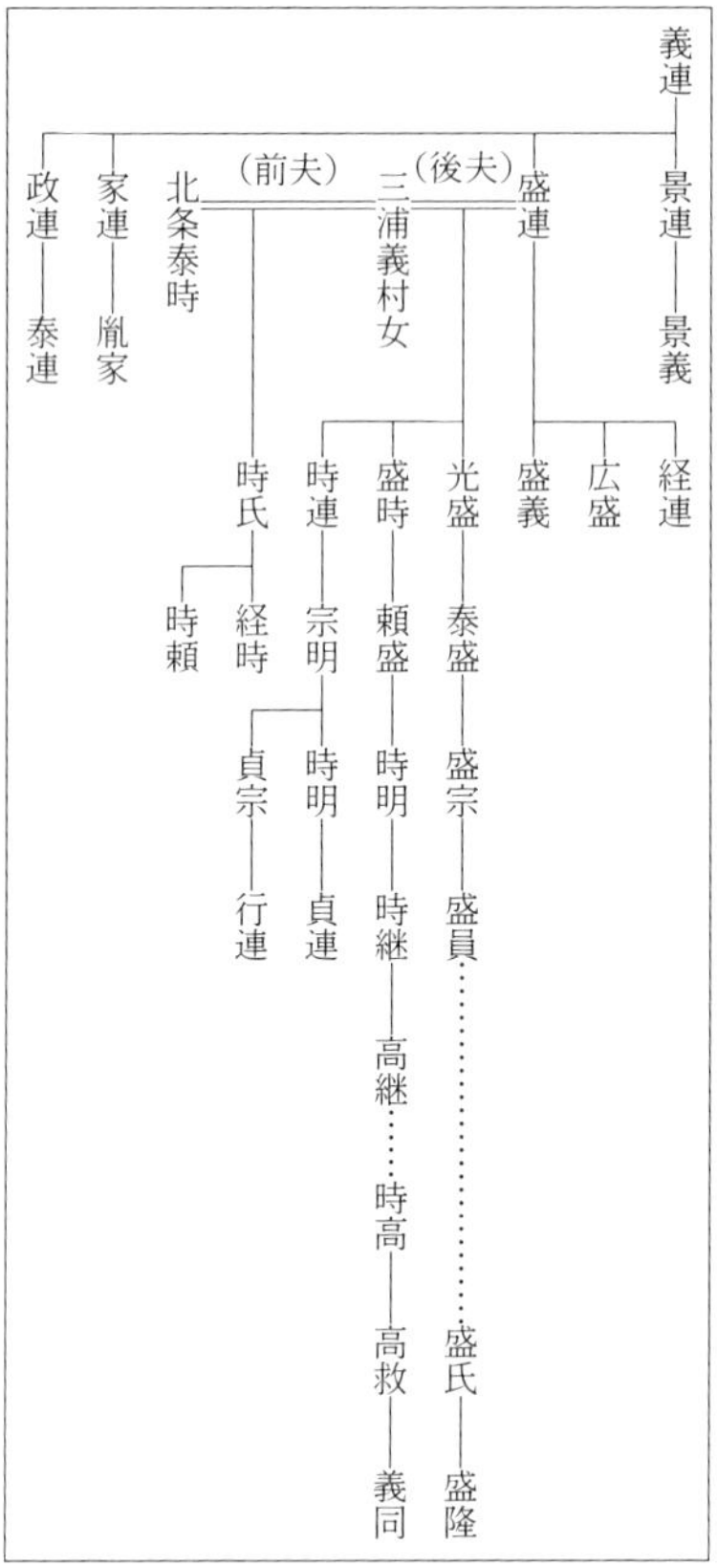

明から泰村までの四代がもっていた相模国の「介」の権能は盛時によって引き継がれたとみていい。盛時が鶴岡八幡宮領相模国古国府預所になっていること（『榊葉集』、文永元年十一月二十二日付け関東御教書、『鎌倉遺文』九一八四号。『新市史Ⅰ』一三六九号）、建武二年（一三三五）に足利尊氏が盛時の子孫三浦高継に対して認めた所領の中に国衙所在地の大磯郷が含まれていることも(35)、

それを裏づけるだろう。

盛時も盛連から相続した所領については盛連跡の惣領である光盛の公事支配に服したのであり、盛時の称した「三浦介」は宝治合戦後の三浦氏の「惣領職」を指すものではなかった(36)。しかし、建長元年六月に就任したばかりの相模守北条時頼のもとで「大介沙汰」を認められ、国衙公権を背景に行動することの意味は大きかったろう。盛時が「三浦介」を名乗ることは、左衛門尉の官職名を上回る意義を有するものだった。高井を名乗っていた越後和田氏が和田を名乗り始めるように、十三世紀半ばは「家」の名としての苗字に対するアイデンティティが出てくる時期とも重なっている(37)。

以後、盛時子孫が代々「三浦介」を名乗った。南北朝期には三浦介は千葉介の下位には立たないという強い自負心

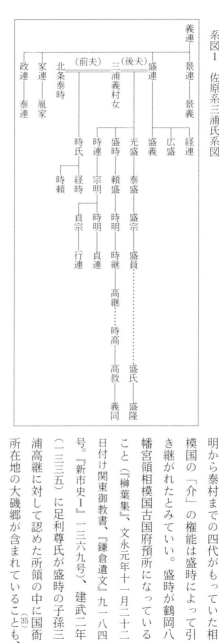

が形成されていた（『太平記』巻第十二）。そして、三浦介高継は足利尊氏のもとで侍所管領として活動し、子息高連は観応二年（一三五一）までには相模国守護の地位を取り戻すことに成功する。

永正十三年（一五一六）七月、伊勢宗瑞（北条早雲）に攻められた三浦義同（道寸）・義意父子が討ち死にして、「三浦介」の家は滅ぶ。それから六十年余りを経た天正九年（一五八一）佐原光盛の子孫である戦国大名葦名盛隆が正親町天皇から「三浦介」の称号を許された（『葦名記』）。また、三浦氏に系譜を仮託した周防の平子氏は、毛利氏のもとに身を寄せていた元室町幕府将軍の足利義昭から「三浦」の相続を認められている（三浦家文書）。「三浦」の家と「三浦介」の称号は、伝説的な存在として中世を通じて生き続けるのである。

江戸時代には、「三浦大介」の名が芸能や文学を通じてさらに広まっていく。『国書総目録』（岩波書店）には、「石切梶原」として知られる浄瑠璃『三浦大助紅梅靮』（享保十五年初演）、浮世草子『三浦大助節分寿』（享保十九年成立）をはじめ、書名に「三浦大助」を含む作品がいくつも載せられているし、「三浦大介」が登場する作品となると玉藻前や殺生石関係のものなど、数え切れない。役者絵にも「三浦助」に扮しているものは多い。また、「三浦の大助百六つ」の伝承も巷間に流布した。これは義明の十七回忌供養のさいに、義明が存命ならば百六歳であったものをと頼朝が語ったという伝説に基づく（『三浦古尋録』）。満昌寺の宝冠釈迦如来像底部の文安元年（一四四四）銘に「相模国三浦大助義詮《（ママ）》百六迄之守本尊」と見えるから、すでに中世段階で生まれていた伝承である。江戸時代、年末に伊勢神宮のお札を売って歩いた「厄払い」の祝言の中に「蓬萊山に舞い遊ぶ鶴は千年、亀は万年、東方朔は八千歳、浦島太郎は三千年、三浦の大助百六つ」と、この文言が取り入れられた。現在でも落語「厄払い」にはこの祝言が登場する。

こうして、三浦大介義明は誰もが知る存在になっていった。

註

(1)『平家物語』諸本は頼朝の征夷大将軍宣下を寿永二年（一一八三）八月のこととして記している。したがって頼朝のそのときの地位は従四位下前右兵衛佐で、後白河法皇の命によるものという設定となっている。その点では歴史的事実と異なるが、鎌倉での出来事などは『吾妻鏡』の記述とほぼ同様である。

(2) 笠松宏至「安堵の機能」（『中世人との対話』東京大学出版会、一九九七年）。

(3) 十二世紀における苗字継承観念の希薄性については、『日本中世の家と親族』（吉川弘文館、一九九六年）の二三〇〜二三二頁で述べた。伊豆では狩野茂光が「工藤介」を称し、子息定茂は「狩野介」を称していること、『源平盛衰記』巻四十二で三浦義澄を「佐原介」と称していることも、地名・苗字部分の名乗りに意味があるのではなくて、「介」を称することこそが重要であったことを示している。

(4) 安田元久編『日本史小百科　荘園』（近藤出版社、一九七七年）、瀬野精一郎編『日本荘園史大辞典』（吉川弘文館、二〇〇三年、佐藤博信執筆）。

(5) 石井進「源平争乱期の八条院周辺」（『中世の人と政治』吉川弘文館、一九八八年）。

(6) 貫達人「官位と族長」（『三浦古文化』四、一九六八年）は「頼朝が相模の国府で論功行賞をしたことは、武蔵国と同じく、頼朝が相模守の権限を奪ったあるいは行使したと見ることができるように思う」と述べている。

(7) 貫前掲論文、菊池武「鎌倉幕府と三浦一族」（『三浦大介義明とその一族』三浦大介義明公八百年祭実行委員会、一九八〇年）、上杉孝良『改訂 三浦一族—その興亡の歴史—』（横須賀市、二〇〇七年）、鈴木かほる『相模三浦一族とその周辺史』（新人物往来社、二〇〇七年）。

(8) 宣旨で任命される官職（征夷大将軍を含む）の場合は、除目聞書に加えて、宣旨ももたらされた。

(9) 五味文彦「相模国と三浦氏」（『三浦一族研究』二、一九九八年）。

(10) 竹内理三「相模国早河荘（2）—その武士—」（『神奈川県史研究』九、一九七〇年）、野口実『坂東武士団の成立と発展』（弘生書林、一九八二年）。

(11) 佐藤進一『増訂　鎌倉幕府守護制度の研究』（前掲）。

(12) 山本信吉・瀬戸薫「半井家本『医心方』紙背文書について」（『加能史料研究』四、一九八九年）。

（13）角重始「安芸国における荘園公領制の形成―在庁葉山城氏を中心として―」（『日本史研究』二七五、一九八五年）。

（14）奥富敬之『相模三浦一族』（新人物往来社、一九九三年）、上杉孝良『三浦一族』（三浦氏教育委員会、一九九六年）。ただし、上杉著書の改訂版では「天治以来」について拙稿を紹介する。

（15）五味文彦前掲論文。

（16）為俊を三浦氏出身とすることには異論も存する。米谷豊之祐「院北面武士追考」（『院政期軍事・警察史拾遺』近代文芸社、一九九三年）、渡辺真治「駿河守平為俊考」（『湘南史学』一五、二〇〇四年）と、近藤好和氏の執筆にかかる『新横須賀市史　通史編 自然・原始・古代・中世』（横須賀市、二〇一二年）である。これらの研究が三浦氏出自説を認めない理由は次の三点である。a延慶本以外に明証はない。b東国の一地方武士の、しかも傍流にすぎない人物が従五位下検非違使左兵衛尉、駿河守の官職を得るのは奇妙で、このような人物がいたら三浦氏の嫡流になっていたはずである。c和田義盛が上総国司への任官を望んだときに為俊の先蹤を引くはずだし、三浦氏が彼を誇りとして言及しないはずはない。

祖先に対する意識を研究してきた筆者からみると、「はず」という先入観自体が間違っているように思えてならない。cについていえば、③の『吾妻鏡』承元三年（一二〇九）十二月十五日条であげられているのがすべて直系尊属の例であるように、貴族社会においても武家社会においても、「家」の先例として引かれるのは父や祖父などの直系尊属の例である。一門の例はそれを補足するものにすぎない。四世代百五十年も前の傍系親の例など、「家」の先例にならないのが、この時代の先例意識、祖先意識である。bについては、藤原盛重の例をみても、地方の在地出身の人物がいろいろな人の目にとまり、院の寵愛を受けて検非違使から受領にまでなることはあり得ないことではない。「依₂男女之殊寵多₁、已天下之品秩破也」（『中右記』大治四年七月七日条）と称された白河院政下ではけっして珍しくはなかった。十二世紀初めは嫡継承される中世的な「家」が成立するかどうかという段階である。この時期に後世のような嫡流・傍流という見方を当てはめるのは無理がある。為俊には養子はいるものの、そこまでで子孫は絶えてしまうから、嫡流になることはなかった。貴族社会で活動するには、侍身分の東国武士の系譜より、諸大夫層の中央貴族の系譜の方が価値が高いことはいうまでもないから、たとえ子孫がいたとしても、三浦氏を称して在地に戻ることはなかっただろう。aの記事のうち、盛重が「周防国住人」であったことは他の史料にも見えていて整合的に解釈できるわけであるから、もう一方の為俊の「三浦ノ者也」だけが誤りであると見なすよりは、こちらもそれなりの根拠がある記述とみた方が順当ではないだろうか。

また、cと関連して、後年、三浦義村が駿河守に任官したのが、この為俊の駿河守任官の先蹤・先例によるとする説がある（野口実「東国武士と中央権力―鎌倉政権成立史研究の一視点―」『中世東国武士団の研究』高科書店、一九九四年。真鍋淳哉「院政・鎌倉期の三浦一族―市史編さんの成果から―」『三浦一族研究』七、二〇〇三年）。しかし、これもこの時代の先例意識・祖先意識からすると、先例となるべきものではない。三浦義村の駿河守任官については、本書第七章で述べた。

（17）岩崎義朗「平安時代の三浦氏」（前掲『三浦大介義明とその時代』）は、義明を天治以来、三浦介＝相模介として、相模国雑事を執り、検断事や沙汰に従っていた在庁官人と捉えているが、適切な史料解釈ではない。この時期の相模国衙に関する最新の研究には、大澤泉「相模国の知行体制と地域秩序の形成」（『三浦一族研究』一九、二〇一五年）がある。

（18）木下良「相模国府の所在について」（『人文研究』五九、一九七四年）。余綾郡に移転した理由について、木下氏は国衙在庁と大庭御厨の大庭氏との対立を背景に、国衙在庁であった中村氏が自己の勢力範囲である余綾郡内に国衙を誘致したと考え、鎌倉佐保氏はそれを首肯した上で、源義朝が関与した可能性を指摘している（「十二世紀の相模武士団と源義朝」『兵たちの時代Ⅰ　兵たちの登場』高志書院、二〇一〇年）。ただし、義朝がこの段階で大磯を押さえていたことは史料的に裏づけられない。国衙移転という重大事の主導権は、後白河天皇に近い知行国主（あるいは国司）と目代にあったはずであり、中村氏や、外部勢力である義朝に主導されたものではなかろう。

（19）野口前掲書、奥富敬之前掲書、野村育世「「家」と親族をめぐる試論―鎌倉期・武士層を中心に―」（『家族史としての女院論』校倉書房、二〇〇六年）。

（20）当該期の婚姻形態については、前掲『日本中世の家と親族』二六一～二七三頁を参照されたい。

（21）中条家文書の中では、十四世紀後半成立の系図や江戸時代の家譜になると、「三浦大介」の称が見えるようになる。

（22）砂川博「平家物語における伝承とその変容―土肥・三浦一族の物語に即して―」（『平家物語の形成と琵琶法師』おうふう、二〇〇一年）は、石橋山合戦から安房落ちまでの四つの物語が、和田合戦で多くが滅んだ三浦・土肥氏の鎮魂慰撫のために、これらの諸家に伝わり、縁故の寺で管理・唱導されていた伝承を一遍の物語として編み上げたものと推定されている。話の詳細さからみて、取材源が三浦氏・土肥氏であったことは考えられるが、鎌倉時代の義明子孫の中では「大介」の称が用いられていなかった点を考慮すると、物語の生成圏は三浦氏の外側にあったと思われる。

（23）飯田悠紀子「大介考」（『学習院史学』四、一九六七年）。

(24) 峰岸純夫前掲論文。
(25) 五味文彦前掲論文。
(26) 『吾妻鏡』建長二年（一二五〇）四月十六日条。その後、証菩提寺に対しては、建保三年（一二一五）五月十二日に源実朝が参詣し、同四年八月二十四日には命を受けた北条義時が佐那田義忠の追善仏事を執行している。さらに建長二年には幕府による修理が決定している。鎌倉幕府による佐那田義忠の顕彰については、拙稿の見解を田辺旬「鎌倉幕府の死者顕彰」（『歴史評論』七一四、二〇〇九年）がさらに展開している。
(27) 建久六年（一一九五）の源頼朝上洛のさい、東大寺供養に向かう頼朝の先陣随兵は、和田義盛を先登に十五騎、後陣随兵は梶原景時をしんがりとする十五騎で、それぞれ有力御家人たちであった。交名の名は「和田左衛門尉義盛」のような「苗字＋官職＋諱」型、または畠山二郎重忠のような「苗字＋通称＋諱」型で二十九名が記されている中、一人だけ「岡崎与一太郎」と諱をともなわないで表記されている人物がいる。彼こそ佐那田義忠の遺児であった。参内や天王寺参詣などの供奉人には名が見えないから、特別な配慮で、彼が東大寺供養の晴れの舞台に先陣を務めたと考えられる。これも義忠の顕彰であり、「創造神話」化の一環であろう。なお、この東大寺再建供養の意義については、『三浦一族の中世』（吉川弘文館、二〇一五年）で述べた。
(28) 野口実「千葉氏の嫡宗権と妙見信仰」（『千葉県史研究』六、一九九八年）。
(29) 文明十二年（一四八〇）の起請文（『中条町史　資料編第一巻　考古・古代・中世』〈以下、『町史資料』と略す〉四〇八～四二六号文書）の罰文の中に「三浦十二天」「三浦氏神十二天」が見え、奥山荘の故地には「十二天」の集落名も見える。また、三浦氏の後裔が領した奥州会津には義明建立の伝承をもつ十二天神社が祀られている（『新編　会津風土記』）。
(30) 『源平盛衰記』巻二十一「小坪合戦」では、和田義茂が「桓武天皇ノ苗裔高望王ヨリ十一代、王氏ヲ出テ遠カラズ、三浦大介義明ガ孫和田小次郎義茂、生年十七歳」という名乗りをしている。この言葉は延慶本『平家物語』に見えず、鎌倉末期から室町初期といわれる『源平盛衰記』編纂までの過程で手が加えられたものであろう。なお、江戸時代前期の成立とみられる中条家文書の「中条家由緒書」（『町史資料』参考資料一〇）も「乍レ恐綴二愚書一留二後記一子細者、三浦大介義明、治承四年八月廿七日、頼朝与力之上、三浦笠城ノ城ニ於テ逝去、後代々ニ依レ為二忠節ノ侍一」と、自家の歴史を義明の勲功から書き始めている。

(31)『新横須賀市史　別編　文化遺産』(横須賀市、二〇〇九年)。
(32)美濃部重克『中世伝承文学の諸相』(和泉書院、一九八八年)、野口実「『玉藻前』と上総介・三浦介」(『朱』四四、二〇〇一年)。
(33)美濃部前掲書。
(34)佐藤進一『増訂　鎌倉幕府守護制度の研究』(前掲)。
(35)宇都宮氏家蔵文書、建武二年九月二十七日付け足利尊氏下文(『新市史Ⅱ』一五五一号)。
(36)鈴木かほる「宝治の乱後、三浦郡佐原・葦名郷を継承したのは誰か」(『三浦一族研究』六、二〇〇二年)。
(37)本書第十章「越後和田氏の動向と中世家族の諸問題」。

第三章　鎌倉殿侍別当和田義盛と和田合戦

はじめに

和田義盛は、杉本義宗の子として久安三年（一一四七）に生まれた。三浦義明の一男義宗は、長寛元年（一一六三）秋の安房国長狭城攻めで大けがを負い、三浦に帰った後死去した（延慶本『平家物語』第二末）。十七歳で父を亡くした義盛は、祖父義明に庇護されたものと考えられる。そして、三十四歳で治承四年（一一八〇）の源頼朝の挙兵、衣笠合戦を迎えた。鎌倉幕府成立過程の中で侍所別当に補任され、将軍頼家時代の十三人の合議制の一員にもなるが、建保元年（一二一三）に挙兵し、一族とともに滅亡する。

将軍源実朝や幕府の侍所に関心が向けられている最近の研究動向の中で、和田義盛についても注目が集まっている。[1]二〇一三年には、和田合戦から八百年に当たることから記念シンポジウムも開かれた。[2]しかし、そうした研究の中でも、横須賀市史編纂の過程で見出された史料が十分活用されているとはいえず、主たる史料である『吾妻鏡』の史料批判が不十分であるために、見落とされている点、誤解が生じている点も少なくない。

そこで、本章では義盛が就いた役職と和田合戦を中心に再検討してみたい。

一　苗字地と「三浦ノ長者」をめぐって

それに先立ち、いくつか指摘しておかなくてはいけない問題がある。まずは「和田」の苗字をめぐる問題である。

義盛の父義宗の苗字地である「杉本」は、古刹杉本寺で知られる相模国鎌倉郡の杉本に比定されている。これには管見のかぎり異論は出されていない。義盛の「和田」の苗字地については、従来は三浦郡和田（現、三浦市初声町和田）だと考えられてきたが、石井進氏が佐野大和氏の研究を引きつつ新説を提示した。(3)横浜市金沢区六浦の大道小学校の南西に「和田の谷」と呼ばれる地があり、かつての六浦の入江に接したこの付近のある程度広い範囲が和田の地域だと考えられ、さらにここが鎌倉郡の杉本と朝比奈切通で結ばれていることから、こちらが本来の和田氏の苗字地だったというのである。中世史研究の泰斗の見解ということもあり、いまだに影響力は大きい。また、さらに、伊藤一美氏は従来の説と新説とを折中的に解釈し、三浦郡を本拠地とする和田氏は、いくつかの水運基地をもっていて、その一つが六浦の「和田」であるという説を唱えている。(4)

確かに、杉本と六浦、そして「朝比奈義秀」が切り開いたという伝承のある朝比奈を結ぶ「魅力的な仮説」ではある。しかし、多くの点でその想定は妨げられる。まず、十二世紀末の在地領主層である武士は、その当時有効に機能していた国衙と密接に関わっていたという視点に欠けている。彼らの多くは国衙軍制をはじめとする国衙機構に組み込まれた存在であった。この時期に三浦一族が展開している地は、三浦郡のほか、鎌倉郡の杉本、大住郡の岡崎などであり、相模国を出ていない。武蔵国久良岐郡六浦を本貫とする武士ならば、平家知行国である武蔵国の国衙軍制のもとで行動することになるし、一国平均役などの賦課も武蔵国から課されることになる。相模国の国衙に大きく関わっていた三浦義明の一族が、国境を越えた隣国武蔵国を本拠地としていたとなると、この枠組みを大きく踏み出すことになってしまう。

もう一つは十二世紀末段階の三浦一族の苗字地は、基本的には大字規模以上の地名であるのに対して、石井氏のいう「和田」は六浦の狭い谷戸状の地の通称地名にすぎない。また、義秀の朝比奈切通開削伝承を重視しているが、朝夷義秀の苗字地は安房国の朝夷郡であり、鎌倉の「朝比奈峠」の地名は十七世紀半ばの紀行文『金兼藁』あたりが古い例で、中世にまでさかのぼることはできない。義秀の切通伝承は、近世文学・芸能における義秀の活躍によって発生したものである。

周辺に縄文・弥生時代以来の遺跡を擁する台地上に位置し、平安中期の仏像がある天養院も所在する三浦郡の和田こそが、やはり「和田」の苗字地だろう。十二世紀末段階で、苗字から地名が成立するケースはまずないから、伊藤氏のように六浦の「和田」を和田氏の水運基地とする見方もできないだろう。「和田」の地に、有名となった和田氏の伝承が後から付加されることは、東京都中野区の和田山や神奈川県大和市の上和田など、各地にみられる。

石井説を継承する五味文彦氏は、『天養記』の天養二年（一一四五）三月四日付け官宣旨で、「三浦庄司平吉次・男同吉明」とともに大庭御厨に乱入した武士に「中村庄司宗平・和田太郎同助弘」が見えることについて、宗平が岡崎義実の義父であることと関連づけて、助弘を義明の義父か、その息子の義父に相当し、もともとは義明あるいは義宗の舅の所領だった六浦の和田の地が、聟となった三浦一族に伝領されたと考えている。(5) しかし、舅から聟への所領の譲与は、鎌倉時代に認められていなかったことから考えるとこの時代でもなかったといっていい。(6) この事件は相模国田所目代が大庭御厨の一部を国衙領に編入しようとした事件であるから、源義朝代官の指揮下で武蔵国の武士が動員され、相模国の在庁官人とともに行動したとは考えがたい。助弘の「和田」の地は、大庭御厨の北方に位置する高座郡の和田郷か、西方の大住郡の和太郷のいずれかで、三浦一族の所領であった和田とは別の地であろう。

もう一点は、義盛と三浦義村との関係、とくに『愚管抄』が義盛を「三浦ノ長者」と称していることについてである。

これについて、坂井孝一氏は、義澄は「義盛の二〇歳年長で、治承四年（一一八〇）に惣領の義明が討死すると、三浦氏の嫡流は義澄の流れに移った。ただ、義澄の嫡男義村は義盛より二〇歳近く年少であったため、義澄の死後は、逆に義盛が「三浦ノ長者」（『愚管抄』巻第六「順徳」）として振舞った。ここに一族内で確執が生まれる一因があった」と述べている。(7) この叙述で問題となるのは、三浦氏の嫡流は義宗の系統から義澄の流れに移ったといえるのかということと、「三浦ノ長者」とは何か、義盛は「三浦ノ長者」として振る舞ったのかということである。

義宗は長寛元年（一一六三）に死去するが、その四年前の平治元年（一一五九）に起こった平治合戦で源義朝・義平に従っていたのは、この義宗ではなく、二男の義澄（三十三歳）であった。このとき義朝に従った東国御家人は、山内首藤刑部丞俊通・同子息俊綱・渋谷庄司重国・足立四郎馬允遠元・平山武者所季重・上総介八郎広常・長井斎藤別当実盛というそうそうたる顔ぶれである。そうした中にあって、義澄は、義朝の郎等としては腹心鎌田正清に次ぐ位置に記されている（『平治物語』）。

延慶本『平家物語』は義宗を「嫡子」と表記しているものの、「嫡子」には後継者であるか否かにかかわらず、長子を指す用法があり、延慶本『平家物語』でもそうした用例が少なくない。長子が後継者であったはずだとみるのは、長子相続制の幻想にほかならない。義宗が義明の後継者だったとは必ずしもいえないだろう。むしろ平治合戦段階には、義澄が義明の後継者と位置づけられていたと考えた方がいい。

『愚管抄』巻六の和田合戦記事は次のような文章である。

実朝ハ又関東ニ不思議イデキテ、我ガ館ミナ焼レテアヤウキ事有ケリ。義盛左衛門ト云三浦ノ長者、義時ヲ深クソネミテウタンノ志有ケリ。タヾアラハレニアラハレヌト聞テ、ニハカニ建暦三年五月二日義時ガ家ニ押寄テケレバ、実朝一所ニテ有ケレバ、実朝面ニフタガリテタヽカハセケレバ、当時アル程ノ武士ハミナ義時ガ方ニテ、二日戦ヒテ義盛ガ頸トリテケリ。ソレニ同意シタル児玉・横山ナンド云者ハ皆ウセニケリ。

日本古典文学大系所収の『愚管抄』は、「三浦ノ長者」に「三浦党の長者」という頭注を付け、『愚管抄』を現代語訳した大隅和雄氏は「三浦党の長老」と訳している。(8)ただ、先の坂井孝一氏を含め、多くの人々がこの語を「三浦一族の族長（家督）」のイメージで受け取っていることは否めない。しかし、この「長者」が、摂関家出身の高僧慈円が用いている用語であることを考えなくてはなるまい。

『愚管抄』では、この「三浦ノ長者」と「東寺長者」が各一例出てくるほかは、四十か所以上、「藤氏長者」を指す語として「長者」が使われている。そうなると、「藤氏長者」がもつイメージを「三浦ノ長者」に投影していると考えざるを得ない。

「藤氏長者」は藤原氏という出自集団全体の首長ではあるが、実際には北家藤原氏の一部、さらに慈円の時代には藤原忠通子孫のうち近衛流と九条流の二つの「家」の家長が就く地位になっていた。同じ藤原氏の中にも、その一分節である北家藤原氏の高藤流一門には勧修寺流の氏長者（家長者）がいたし、さらにその一分節である藤原経房子孫の一門にも「家長者」が存在していた。それぞれ一門の始祖を祀る寺院とそこでの仏事（法華八講）を管轄し、その構成員（氏人）に負担を分配するなどの機能をもっていたのが氏長者（家長者）であった。その地位の継承は、父子直系的な継承方法ではなく、構成員中の最高官位者が順番に就いていくという傍系的な継承方法を採っていた。(9)慈円の時代の貴族社会における親族集団の「長者」とは、こうした性格の一門の長を指す。「三浦ノ長者」も三浦介の家、和田の家、佐原の家など、三浦為継ないし義明を祖とする諸家から構成される「三浦一門」の長（最高官位者）と捉えたのだと思われる。実際に、正治二年（一二〇〇）に三浦介義澄が七十四歳で亡くなった後は、六位の左衛門尉に和田義盛と叔父佐原義連、六位の兵衛尉に義澄の子義村がいたが、義連が亡くなった後は、義盛が年齢的にはもちろんのこと、官職の上でも、幕府内の政治的地位も義村より上臈だった。義明の追善仏事の主催者の地位が、義澄から義村へと嫡系に継承されたのか、貴族社会同様に、義澄から義連、義盛へと継承されたかは不明だが、後者であった場合は、義盛の「三浦ノ長者」としての振る舞い（仏事の主催）は長者の役割そのものであり、一門が反発するようなことではない。しかし、慈円がこうした実態を知っていたわけはない。三浦一族の実態的な力関係や族長的な地位のあり方とは関わりなく、貴族社会の親族集団のあり方を念頭においていた慈円は、三浦一族内における政治的地位の上位者である義盛を「長者」と説明したまでである。そう考えると「三浦ノ長者」という慈円の説明をあまり過大に評価することはできないだろう。

二　鎌倉殿侍別当

治承四年（一一八〇）十一月十七日、侍所別当に補任されたという話は、和田義盛の説明として必ずなされる。これまで疑う者はいなかったといってもいいだろう。『吾妻鏡』の同日条に「又和田小太郎義盛補二侍所別当一、是去八月石橋合戦之後、令レ赴二安房国一給之時、御安否未定之処、義盛望二申此職一之間、有二御許諾一、仍今日闕二上首一被レ仰云々」という記事があるし、それに対応する八月の安房での所望の話も延慶本『平家物語』や『源平盛衰記』に記されている。最近の幕府侍所の研究でも、治承四年十一月の侍所設置は自明のこととして議論が進んでいる(10)。しかし、本当にそれでいいのだろうか。なぜなら、延慶本『平家物語』は「和田小太郎ガ申ケルハ、父モシネ、子孫モ死バシネ、只今君ヲ見奉リツレバ、其ニ過タル悦ナシ。今ハ本意ヲ遂ム事、不レ可レ有レ疑、君、今ハ只侍共ニ国々ヲ分チ給ベシ。義盛ニハ侍ノ別当ヲ給ベシ。上総守忠清ガ平家ヨリ八ケ国ノ侍ノ別当ヲ給テ、モテナサレシガ、浦山敷候シニト申ケレバ、兵衛佐ハ、所アテ余リニ早シトヨトテ、咲給ケリ」とあるように「侍ノ別当」と記し、『源平盛衰記』も同様に「日本国ノ侍ノ別当」と記していて、「侍所別当」とは書いていない。しかも、近年その存在が報告され、『新市史Ⅰ』に収録された治承・寿永内乱期の文書には「鎌倉殿侍別当平朝臣」という署名がある。いずれも史料上は「侍別当」なのである。和田義盛が「侍所別当」に補任されたとする『吾妻鏡』治承四年十一月十七日条、そこから同日に侍所が設置されたとする説は、再検討せねばなるまい。

『吾妻鏡』の「侍所別当」の用例は、この記事のほか、正治二年（一二〇〇）二月五日条の「和田左衛門尉還二補侍所別当一」、承元三年（一二〇九）十二月十一日条の「於二侍所別当義盛一者、早在二公業方一」の計三例しかない。一方、「侍別当」の方は、文治元年（一一八五）四月二十一日条の「凡和田小太郎義盛与二梶原平三景時一者、侍別当・所司也」、正治元年二月六日条の「梶原平三景時（侍別当）」、建保元年（一二一三）五月五日条の「次侍別当事、以二義盛之闕一、被レ仰二相州一云々」、同年六月二十五日条の「義盛為二侍別当一称二別仰一相催之間」、康元元年（一二五六）十一月二十二日条の「又武蔵国務・侍別当幷鎌倉第同被レ預二申之一」の五例がある。両者の間で時期的な偏りがあるわけではないから、混用されていると見なすこともできようが、ひとまず分けて考えてみよう。

『吾妻鏡』は幕府奉行人の日記を原史料としているといわれているが、頼朝将軍記を中心に、日記以外の別の史料に基づいて復原的に記事を構成している場合も多い。(11)日記に付きものである天候記載がない日条は、そうした記事である可能性がある。建仁三年（一二〇三）八月四日条には「平六兵衛尉義村補二土佐国守護職一云々」の記事があるが、この日の記事には天候記載はない。この日の記事が香宗我部家伝証文の同日付けの「平六兵衛尉」宛て北条時政書状（『新市史Ⅰ』四三六号）をもとに作文された可能性があることはよく知られている。(12)この文書には「守護」の語はないが、記事作成者はそれと見なして作文しているのである。建久三年（一一九二）八月五日の政所始の記事は、三善康信以下、列座した人々の名はなんらかの記録に基づくと見られるが、話題の中心となっている千葉常胤が政所下文と袖判下文の両方をもらったというエピソードについては、これを載せる奉行人の日記があったわけではなく、頼朝将軍記の編纂段階で、この日付の千葉常胤宛て将軍家政所下文と、記事にも引用されている同日付の袖判下文の両方が存在していたことから作文されたフィクションだと考えられる。そうした『吾妻鏡』の記事作成手法を念頭におくと、治承四年十一月十七日の侍所別当補任記事も、この日付の文書の中に和田義盛が「侍所別当」に該当するような立場で記載されていたことと、伝承されていた安房国でのエピソードを組み合わせて作文された可能性がある。

それがどのような文書だったかは不明だが、その手がかりになるのが、佐々木文書の元暦二年（一一八五）七月十五日付け鎌倉殿侍別当下文（『新市史Ⅰ』一九五号）である。(13)

（端裏書）「肥前国御家人廻文」

下　肥前国御家人等所

可㆘早任㆓廻文旨㆒、来八月十五日以前参㆗会門司関㆖事、

砥川四郎奉　同太郎
鳥屋六郎奉　砥川九郎奉
山口五郎　同易太郎
湊四郎大夫直　同源次栄

同源三清奉
久津久二郎易奉
鹿子島太郎
墓崎後藤二奉
同八郎
同易太郎
和田木中四郎大夫
大村平太
冬野太郎奉
乃古見上座
千綿九郎大夫奉
佐志方草太貫首
永与二郎別当奉
川棚藤平太奉
永野太郎奉
小田藤太奉
同江四郎奉
山田太郎奉

同五郎関奉
上瀧紀太
久治有昌後藤太
値賀太郎
宇木六郎大夫
大値賀四郎
藤津四六大夫
同平四郎奉
同二郎
彼杵早次三郎
占ケ部太郎別当
戸町三郎大夫奉
彼杵藤大夫
伊佐早下司
大江六郎
宇木江五大夫
船越七郎奉
同二郎

田比良四郎奉　　同易十郎
有馬二郎奉　　有マ三郎奉
右、御家人等、鎌倉殿可二催参一之由、所二仰下一也、仍各加二用意一、来八月十五日以前可下令レ参二会門司関一給上也、
若令レ致二対押〔捍〕一之輩者、兼日令二参府一、可下令二子細申一給上之状如レ件、
元暦二年七月十五日
鎌倉殿侍別当平朝臣（花押）
（奥）「四十八人」

肥前国の御家人に対して、八月十五日までに門司関（現在の福岡県北九州市）に集合するようにとの鎌倉殿源頼朝の命令を伝え、もし集合できない者は事前に大宰府に来てその事情を申し出るように命じている侍別当の発給文書である。この「鎌倉殿侍別当」が大宰府を掌握していて、そこにいたことがわかる点も重要であろう。文書様式は下文であるが、文書中に御家人の名が列挙してあり、その文書を閲覧して承諾した者は自身の名の下に「奉《うけたまわる》」の文字を書き加える「廻文」の形をとっている。

発給者は「鎌倉殿侍別当平朝臣」である。そうした地位にある平姓の武士に該当しそうなのは大将軍源範頼に付けられた和田義盛と、同じく源義経に付けられた梶原景時である。このころ義経は帰洛しており、九州にいたのは範頼であった。また、その花押は、勝尾寺文書の文治四年九月六日付け梶原景時下文（『鎌倉遺文』三四三号）とは明らかに異なっている。(14) この「平朝臣」は和田義盛であるとほぼ断定していいだろう。

料紙は、十五世紀後半～十六世紀初めの文書によく見られる繊維の荒い楮紙である。そうだとすると、後代の写ということになるが、書体は平安末～鎌倉時代のものとしても遜色ないもので、字体までも忠実に写した精巧なもので

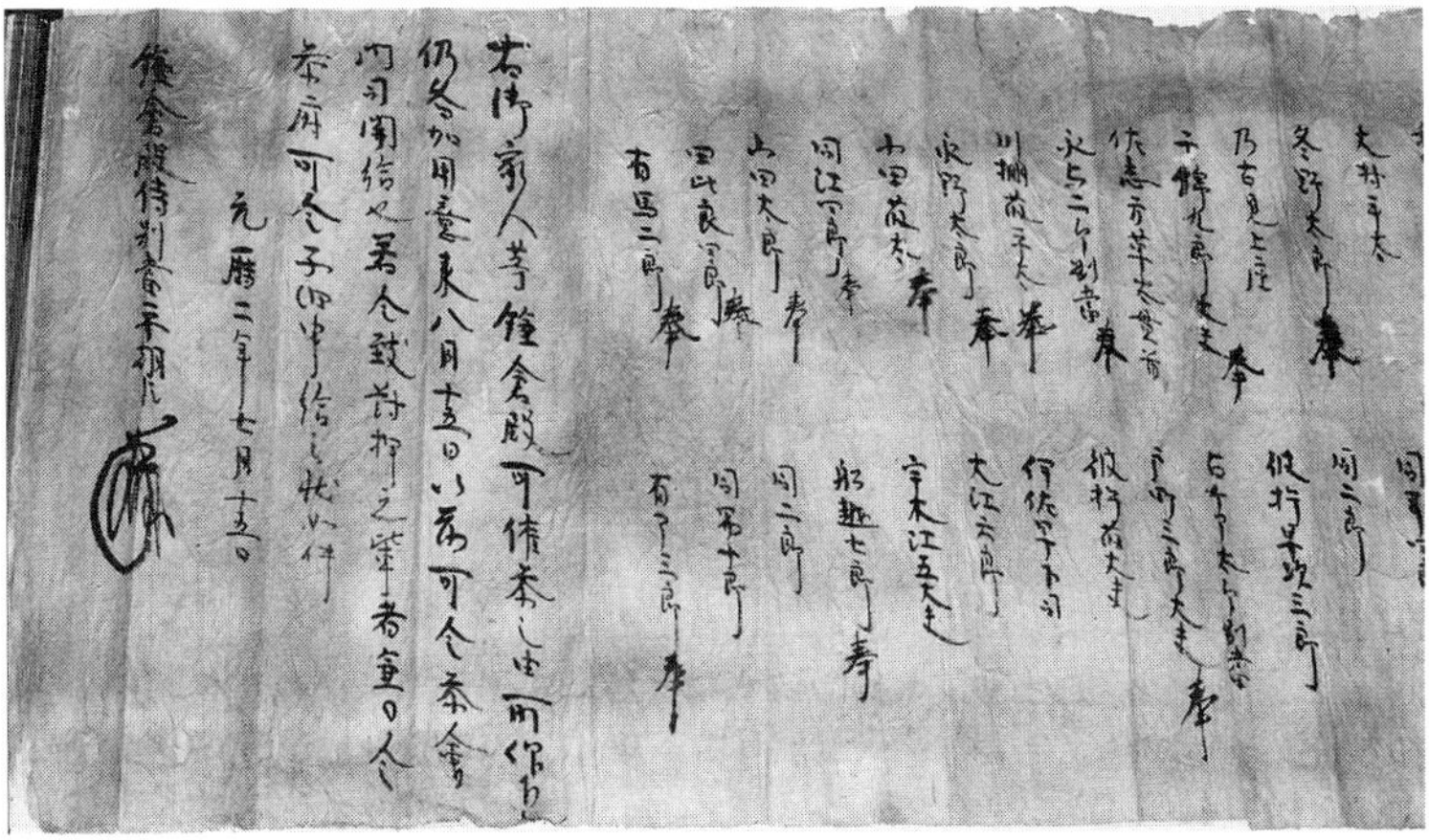

図２　「鎌倉殿侍別当下文」（佐々木文書，個人蔵，鹿児島県歴史資料センター黎明館保管，横須賀市提供）

あると考えていいだろう。飢饉状態にあった十二世紀末の在地ではこうした料紙が用いられたことも考えられるから、これが原本である可能性も完全には否定しきれない。最近、古文書料紙の科学的分析が一定の成果を出しているから、この文書もそうした調査が行われれば、結論を出すことができよう。たとえ写だとしても、ほかに義盛の花押および発給文書は知られておらず、現存唯一のものということになる。

さて、この年、元暦二年三月二十四日の壇ノ浦合戦において、平家は安徳天皇とともに滅亡した。四月十二日、鎌倉殿の代官として派遣されていた源範頼は九州に住して戦後処理に当たるように命じられ、侍別当の和田義盛が「軍士等の事」を奉行するために範頼に副えられた。義盛は範頼の相談に応えて諸事に当たるとともに、五月八日には頼朝から西国御家人の交名の注進を命じられている。ところが、九州のさまざまなところから武士たちの狼藉に対する訴えが起こったために、七月十二日、頼朝は責任者である範頼を解任して京都に呼び戻した（『吾妻鏡』）。この『吾妻鏡』の記事は、大江広元の手元にあった七月十二日付けの範頼宛て文書の控えが原史料と考えられる。そうだとすると、直後の十五日段階ではまだその情報は九州には伝わっていない。

『吾妻鏡』文治元年四月二十一日条に「凡和田小太郎義盛与二梶原平三景時一者、侍別当・所司也、仍被レ発二遣舎弟両将於西海一之時、軍士等事為レ令二奉行一、被レ付二義盛於参州一、被レ付二景時於廷尉一之処、参州者本レ自依レ不レ乖二武衛仰一、大小事示二合于常胤・義盛等一」とあるように、範頼には、侍別当の義盛と千葉常胤が付けられていた。そして工藤敬一氏は、この年の五〜六月には大隅国の領主からの解状に対して常胤が外題安堵を行っていることから、「常胤が範頼の幕下にあって、原田種直亡きあとの大宰府機構を事実上統括し、そのもとで鎮西武士の本領安堵＝御家人化が、暫定的な形で個別的に進められたと考えられるのである」と述べていた[15]。ところが、この鎌倉殿侍別当下文の出現によって、常胤のみが大宰府を掌握して、御家人化の行為を行っていたのではなく、和田義盛も大宰府におり、常胤とともに九州の戦後処理を主導したことが明らかになった[16]。外題安堵のような所務的なことは常胤が、御家人の統括に関わることは義盛が分掌していたのだろう。ただ、なぜ八月十五日までに門司関に集合することが命じられているのか、その点はわからない。

『吾妻鏡』治承四年十一月十七日条に話を戻せば、頼朝将軍記編纂段階で、このような御家人の統括に関わるなんらかの和田義盛発給文書、おそらくは佐竹合戦の戦後処理に関わる文書がこの日付で存在していて、三浦義村の土佐国守護補任記事同様の手法で、この日に和田義盛が侍所別当に補任されたと解釈して記事を作り上げたのだろう。

義盛が称している「鎌倉殿侍別当」は、侍所という幕府機関の長の立場ではなく、頼朝の御家人を統括する役割をもつ役職名である。その由来は、茨木一成氏が指摘しているとおり[17]、やはり延慶本『平家物語』や『源平盛衰記』が「上総守忠清ガ平家ヨリ八ケ国ノ侍ノ別当ヲ給テ、モテナサレシ」あるいは「上総守忠清ガ平家ヨリ八箇国ノ侍ノ奉行ヲ給テ、翫シカシヅカレテ気色セシ」と記述している、藤原忠清が平清盛から任命されたという「侍ノ別当」だと考えていいだろう。茨木氏もあまり注目されていないが、忠清の「侍ノ別当」が「八ケ国ノ侍ノ別当」とあるように、国を単位としていることは重要だろう。十二世紀前半の加賀国の国衙雑事の内容を示す半井家本『医心方』紙背文書の「可注進雑事事」と題される一通には「国侍事」という項目がある。[18] 国衙がそれぞれ統括している「国ノ侍」を、さらに坂東の八か国分まとめて統括する役割を担っていたのが忠清だったのではなかろうか。「所」の名が付く機関の長の名称として一般的な「別当」の名がこの役職に付いているのも、国衙の「所」に始原がある役職だからだと考えれば説明が付く。

御家人の統括に当たる役職が「鎌倉殿侍別当」と称されていた一方で、大蔵郷に新造された頼朝の御所には十八間の「侍所」と呼ばれる空間が存在し、その御移徙の儀では「侍所」の中央で義盛が参仕した御家人の着到をとった(『吾妻鏡』治承四年十二月十二日条)。ただし、『吾妻鏡』の内乱期の記事で、この場所を「侍所」と呼んでいる記事は少なく、むしろ「西侍」と出てくる記事の方が多い。治承四年十一月十七日条同様に、この時期には「西侍」と呼ばれた場を、のちの名称である「侍所」を用いて記したことも考えられる。

では、家政機関として「侍所」が成立し、義盛がその長官である侍所別当に就任したのはいつか。貴族社会における家政機関の侍所が、政所と不可分の関係にあることを考えれば、頼朝が従二位に叙されて、政所を開設したときだろう。その時期は明確にできないが、『吾妻鏡』の文治三年十月二十九日条には源頼朝家政所下文が引用されているから、それまでの間だと考えられる。そのときに、鎌倉殿侍別当であった義盛が、頼朝家侍所別当に就任したのである。[19]

三　和田合戦の史料を検討する

慈円は建保元年（一二一三）五月に起きた和田合戦の原因を、義盛が「義時ヲ深クソネミテウタン」としたことに求めており、『吾妻鏡』にも義盛が義時から受けた度重なる屈辱が記されている。また、『六代勝事記』は「将軍郎従和田左衛門尉義盛恨をなして、主人の館にかけ入て」と、義盛が主人源実朝に恨みを懐いたことを理由に挙げている（『新市史Ⅰ』五四九号）。さらに『公武年代記』裏書は「左衛門尉義盛以二金吾将軍二男千手一欲レ立之故」とあって、頼家の遺児千手丸（千寿丸）を擁立しようとした謀叛と見なしている（『新市史Ⅰ』五四六号）。

そこで、主たる史料である『吾妻鏡』の史料批判を通じて、和田合戦について考えてみよう。

この年の正月四日、六十七歳の左衛門尉義盛は椀飯儀礼の費用を負担している。一日の大江広元（従四位下前大膳大夫、六十六歳）、二日の北条義時（正五位下相模守、五十一歳）、三日の同時房（従五位下武蔵守、三十九歳）に続く四日目の椀飯である。正月儀礼の記事が残る建暦元年（一二一一）・同二年は、一日が義時、二日が大江広元、三日が小山朝政の費用負担であった。おそらく義盛が椀飯を勤めたのはこれが最初で最後である。こののち、義盛は鎌倉を離れ、上総国伊北に居を移していたようである（『吾妻鏡』同年三月八日条）。『吾妻鏡』によるかぎり、孫の朝盛が将軍実朝の近臣として昵近に祇候しており、実朝や義時との間に問題が生じていた気配はない。

その状況を変えたのが二月十六日に発覚した信濃国の御家人泉親平を中心とした大規模な謀叛事件である。『吾妻鏡』の記事は、まず「天晴、依二安念法師白状一、謀叛輩於二所々一被レ生二虜之一」と記し、「所謂」として、一村小太郎近村以下の人名と、その身柄を預かった人物の名前のリストを掲げる。次いで「此外白状云」と記して、「信濃国保科次郎」から「狩野又太郎等云々」まで、信濃国・越後国・下総国・伊勢国・上総国の御家人の人名をあげて、「凡張本百三十余人、伴類及二二百人一云々」、「可レ召二進其身一之旨、被レ仰二国々守護人等一、朝政・行村・朝光・行親・忠家奉二行之一云々」と記して、最後に「此事被レ尋二濫觴一者、信濃国住人泉小次郎親平、去々年以後企二謀逆一、相二語上件輩一、以二故左衛門督殿若君尾張中務丞養君一為二大将軍一欲レ奉レ度二相州一云々」の文章を加えている。この日の記事は、天候記載をともなうことから、日記的な記録をベースに、事情聴取後にまとめられた交名の情報を加えて作文したとみられる。最後の「此事被レ尋二濫觴一者」以下の部分は、事件がある程度紀明された後のまったく別の史料によって加えた部分である。信濃国の御家人を中心に越後・伊勢、そして房総半島の御家人ら数百人単位が逮捕される事件が起きたこと、その中に和田義盛の子息義直・義重、甥の胤長が含まれていたことは事実として認定していいだろう。その顔ぶれの中には幕府草創以来の宿老クラスはおらず、義盛の子や、上総介広常の子介八郎、八田知重の子とみられる「八田三郎」などの第二・第三世代が中心となった動きとみることはできよう。この記事で一点不審な点をあげると、交名部分で、「伊東六郎祐長預レ之」のごとく、身柄を預かる人物はそれぞれ一人の名が記されているのであるが、和田胤長のみは「金窪兵衛尉行親・安東次郎忠家預レ之」と二人の名が記されている。

　子息や甥の拘禁に対して、義盛はすぐには動いていない。義盛が動くのは半月後の三月八日である。『吾妻鏡』は、まず「天霽、鎌倉中兵起之由風二聞于諸国一之間、遠近御家人群参、不レ知二幾千万一、和田左衛門尉義盛日来在二上総国伊北庄一、依二此事一馳参、今日参二上御所一、有二御対面一」という天候をともなう日記的な記事を記している。義盛は子息たちの拘禁を解くために動いたのではない。他の御家人同様、鎌倉で兵乱が起こったという噂を聞きつけて、上総国から駆けつけ、実朝御所に参上したのである。「以二其次一」とあるように、子息の処分嘆願は「そのついで」の行為であり、実朝は義盛の勲功を考慮して、二人の子息を罪に問わないと独断で即決した。「義盛抜二老後之眉目一」とあるように、義盛は満足して退出した。

これで幕引きとなるかと思いきや、翌九日義盛は予想外の行動に出る。「晴、義盛着二木蘭地水干・葛袴一、今日又参二御所一、引二率一族九十八人一、列二座南庭一、是可レ被レ厚二免囚人胤長一之由、依二申請一也」とある。前日は思いがけず実朝の恩情によって子息二人が許されたのであるが、この日の義盛の行動は、甥胤長の厚免を直接的に求めた正面突破である。これに対して幕府側も大江広元が申し次ぐという公的ルートで対応する。実朝の不許可が伝えられた。ここまでの記事は、天候のみならず、義盛の装束までが記されているから、これは間違いなく日記を原史料とする記述であり、まったく問題はない。これに続いて「即自二行親・忠家等之手一、被レ召二渡山城判官行村方一、重可レ加二禁遏一之由、相州被レ伝二御旨一」と記されている。先に二月十六日条で不審があると述べた行親と忠家から身柄が二階堂行村に引き渡され、義時が「重ねて禁遏を加うべし」と実朝の仰せを伝える形で命じるのである。義時のもとで検非違使の二階堂行村、さらに金窪行親・安東忠家が警察権を担うのは、この後の和田合戦の戦後処理とまったく同じ形である。さらにその引き渡しの様子が「此間、面二縛胤長身一、渡二一族座前一、行村令レ請二取之一、義盛之逆心職而由レ之云々」と記される。末尾の「義盛之逆心職而由レ之」は明らかに後日起きた和田合戦を踏まえて付け加えられた一文である。また、この引き渡し部分の内容は四月二日条でも再び記される。胤長の荏柄前の屋地を拝領した義時が、行親と忠家を遣わし、いったん拝領していた義盛の代官を追い出したという事件の記事である。この条には天候記載はない。その経緯に続いて「義盛雖レ含二鬱陶一、論二勝劣一、已如二虎鼠一、仍再不レ能レ申二子細一云々、先日相二率一類一、参二訴胤長事一之時、敢無二恩許沙汰一、剰面二縛其身一、渡二一族之眼前一、被レ下二判官一、称レ失二列参之眉目一、自二彼日一悉止二出仕一訖、其後、義盛給二件屋地一、聊欲レ慰二怨念一之処、不二事問一被レ替、逆心弥不レ止而起云々」と記す。義盛の気持ちを洞察し、逆心に結びつけるこの記述が記録類に基づくわけはない。後から作文して挿入した記事である。この部分に記されている三月九日条の面縛の記事もこれと連動しているとみるのが妥当だろう。

こうして『吾妻鏡』の記事を検討していくと、義盛が義時に追い詰められていく内容をもつ部分は、義盛の義時に対する恨みと反発から和田合戦が起こったとするストーリーに沿って、後から付け加えられた記事だと判断される。ただし、義時が屋地を拝領したことまでもが創作であるのではなく、そのさいのやりとりの部分が、ある意図に沿った形に脚色されている。なお、ここでいう「ある意図」は、『吾妻鏡』全体に関わるものではなく、この和田合戦の原因についての書きぶりに限定されるものである。

この後、『吾妻鏡』は四月十五日・十六日・十七日・十八日の四日分、義盛の孫朝盛の出家に関する記事を載せる。これらの記事にはいずれも天候記載はない。朝盛は和田合戦を生き抜き、承久の乱では京方に属し、安貞元年（一二二七）六月七日になってようやく京都で捕らえられた。朝盛の事情聴取は六波羅で行われている（『明月記』）。和田合戦以前の朝盛と義盛とのやりとりを、戦死した義盛が語る機会はないし、朝盛が合戦前の四月十八日に実朝を訪ねたさいにすべてを語ったこともなかろう。『吾妻鏡』がこれを記しているのは、まったくの創作か、逮捕時の証言を原史料としている以外には考えがたい。

鎌倉に不穏な空気が漂う中、四月二十七日に実朝が宮内公氏を使者として義盛宅に遣わし、夜には再度刑部丞忠季を遣わす。この日の記事には天候が記されているから、日記的な史料と、合戦後にまとめられた公氏・忠季の報告が原史料であろう。その中に記されている、忠季を介した実朝からの問いかけに対する義盛の返事は注目される。「義盛報申云、於レ上全不レ存レ恨、相州所為傍若無人之間、為レ尋二承子細一、可二発向一之由、近日若輩等潜以令二群議一歟、義盛度々雖レ諫レ之、一切不レ拘、仍已成二同心一訖、此上事力不レ及云々」とあるごとく、「上（実朝）にまったく恨みはございません。義時の行いが傍若無人なので、その事情を聞きただすために、軍勢を率いて義時のもとに向かおうと、このところ若い連中がひそかに相談して意を決したようです。私、義盛がこれを諫めましたが、一切取り合いません。そこでついにはその連中に同心することにしたのです。この上のことはもうどうすることもできません」と義盛は述べている。この発言によれば、義盛が進んで義時を討とうとしたわけではなく、若い世代が「群議」という形で、それを決め、義盛はそれを抑えることができずに、突き動かされてしまったというのである。三月八日には子息の厚免に満足して退出した義盛が、翌九日には強訴のような形の行動に移った背景には、こうした若い世代の突き上げがあったとすれば、この点も納得ができよう。『明月記』が後鳥羽院周辺に伝わった情報として「去春謀反者結党之由有二風聞・落書等一、件義盛為二其張本一、而自披陳、聞二子細一、已以免許、有二和解之気色一」と記しているように、二月の事件のときから若い御家人が義盛を担ごうとしていたようで、義盛自らはそれへの関与を否定し、実朝もそれに納得していた。この事件がきっかけで上総国に蟄居していたと思われるが、鎌倉に出てきてしまったことで、結局、義盛は若手の動きから逃れることができなくなった。

和田合戦の原因は、義盛対義時という二人の関係ではなく、その前の二月に起こった、百人以上の御家人が関与した事件も含めて、義時・大江広元らの幕府主導者と若い御家人との世代間の対立にあったのではなかろうか。義盛はそうした若い世代に擁立された旗頭にすぎなかったのかもしれない。

ちょうどこの間の三月二十三日に造営が始まった比叡山八部院の仏像を義盛は造立している（『山門堂舎記』）。八部院の本尊は北斗七星を神格化した妙見菩薩一体で、梵天・帝釈天・持国天・増長天・広目天・多聞天各一体も祀っていた。妙見は弓箭の守護神として崇められていた。時期が時期だけに、義盛が上人の勧進に応じた意図が気になるところである。

和田合戦の遠因として、上総国司所望問題が指摘されることも多い。義盛が上総介の地位を望んだのに対し、将軍実朝はその意に沿いたいと思ったものの、母（のちの政子）の反対に遭い、一年後、義盛はその願いを取り下げたという話である。この一件で、義盛は実朝を真実の敵と見なしたとする説[20]と、妨害した北条氏に敵意をもったとする説[21]がある。四月二十七日、実朝の使者宮内公氏に対して、義盛が「右大将家御時、励二随分微功一、然者抽賞頗軼二涯分一、而薨御之後、未レ歴二二十年一、頻懐二陸沈之兆一、条々愁訴、泣雖レ出二微音一、鶴望不レ達、鷁退恥レ運計也、更無二謀叛企一之」と述べたことの解釈をめぐる問題でもある。「鶴望」がその件を指しているだろうことには異論はない。しかし、末尾の部分で、長く待ったことは実現されず、六位から五位に昇れなかったことは、ただ不運を恥じるばかりで、けっして謀叛の企てはしていないと述べているのだから、それを文字どおり受け止めれば、上総国司所望問題と和田合戦は直結しないことになる。ただし、義盛がこの趣旨の発言をしたとしても、公氏の報告部分は、漢語を交えた相当な文飾が施されている。その点には注意が必要だろう。

義盛が実朝に対して上総介を内々に望んだのは、和田合戦のちょうど四年前、承元三年（一二〇九）五月十二日のことであった。単に国司になりたいではなく、わざわざ「上総国司」を指定しているのは、先に侍別当の先例としても名前をあげていた平家の侍上総介忠清の存在を強く意識していたからである。実朝から相談を受けた母の尼御台所政子は「故将軍御時、於二侍受領一者可二停止一之由、其沙汰訖、仍如レ此類不レ被レ聴、被レ始レ例之条、不レ足二女姓口入一」と反対した。その約十日後、実朝が義盛に可否を返答する前に、義盛は款状を大江広元に託すという公的なルートでこれを申請してしまう。十一月二十七日になって実朝は、しばらく待ってほしいと義盛に伝える。義盛が「抃悦」していることからすれば、実朝は善処を匂わせたのだろう。しかしその後も進展はなく、一年以上経った翌年十二月に義盛は「断二余執一」って広元に款状の返却を求めたが、すでに披露しているとして返却は認められなかった。この一連の記事には、まったく天候記載がないし、内容や文体からみても日記的な記事ではない。大江広元の言談に基づくことも想定できようが、原史料は不明である。

そもそもこの義盛の所望には無理があった。「源頼朝の時代に、侍受領については停止すると決められた。だからこのようなことを許してはならない」という尼御台所の発言は、的確である。頼朝時代に国司になれた御家人は、京下りの実務官人を除くと、頼朝の父系親族である源氏一門のみである。『職原抄』の「諸大夫」の項目に「又源平両家武士中、源氏者頼義・義家後胤、平家者正盛・忠盛等余流、於レ今者断絶、自レ古諸大夫一列也」とあるように、彼らは貴族社会においては諸大夫の家格に属する人たちであり、それ以下の侍とは明確に区別された身分であった。その身分の区別を乗り越えられたのは、将軍頼家の外祖父となった北条時政とその子息義時・時房で、五位に叙された日に任官している。しかも任国は鎌倉殿が名国司を推薦できる関東御分国であった。そうした中で、鎌倉殿の外戚でもない侍身分の義盛を国司にすることは、鎌倉武家社会の身分秩序を壊すことであり、実現不可能な望みであった。義盛から見れば忠清も同じ侍に見えたのだろうが、そのころの平家はすでに事実上、清華家の家格に昇っており、家人たちも身分を上昇させていて五位の受領になっていた。ところが承元三年段階では、鎌倉殿の家はまだ諸大夫身分を脱していなかったし、忠清の例が先例となるだけの機は熟していなかった。しかもこのころ上総国は関東御分国ではなかったから、実朝にはどうすることもできなかったのが実情だろう。義盛もこうした現実を認めて款状を取り下げようとしたのであろうから、これを和田合戦の一因と見なすのは、義盛の意に反したことになろう。

五月二日・三日の合戦当日の『吾妻鏡』の記事に『明月記』が利用されていることはよく知られている[22]。これは、義時や大江広元らの動きを伝える良質な史料が幕府側に残っていなかったことを示している。各戦闘場面は、幕府方の各武将が戦後に勲功申請したさいの申状などに見られる勲功譚などから構成されている。波多野忠綱と三浦義村の先登争いは、五月四日に東御所で実朝が「軍士等勲功之浅深」を尋ねたときに忠綱や義村が申し上げたことを書き留めた記録によるのだろうし、長尾江丸（のちの光景）の勲功譚は、文暦二年（一二三五）九月十日の評定で光景の勲功申請が審議されたときの書類が原史料になっているとみられる。

義盛は「於レ上全不レ存レ恨」と述べていたものの、実際の挙兵では、将軍御所、義時亭、大江広元亭を襲っている。義時を討って、義盛がそれに代わることを目的とした挙兵ではなく、実朝―義時―広元というこの時期の幕府の体制そのものを壊すための挙兵であった。頼家の遺児などを実朝に代わる将軍に立てるつもりなら、その後の権力委譲を承認する立場の頼朝後室（政子）の身柄を確保する動きをみせてもよさそうであるが、現在残る史料を見るかぎりでは、そのような行動はとっていない。三日に日付が変わるころ、同意していた和田氏の姻族である横山党が鎌倉に到着したときには、すでに合戦の最中であったわけであるから、義盛の挙兵は予定よりも一日早かった。幕府側の油断を見て取った性急なものだったようである。それでもなお、二階堂行村・金窪行親・安東忠家が作成した「建暦三年五月二日三日合戦被レ討人々日記」によれば、主な戦死者は、和田一族十三人、横山党三十一人、土屋党四十人に加えて、山内に居住する人々二十人、渋谷の人々八人、毛利の人々十人、鎌倉に居住する人々十三人、そのほか三十七人の計百七十二人、生け捕り二十八人、幕府方の戦死者は五十人、けが人一千人以上に及んでいた。これをみても、義盛の私怨ではすまない規模の内乱である。五月三日に義時と広元が京都にいる佐々木広綱に宛てて出した文書には「和田左衛門尉義盛・土屋大学助義清・横山右馬允時兼、すべて相模のものとも、謀叛をおこすといへとも、義盛殞レ命畢、御所方別御事なし」と書かれているから、体制に不満をもつ相模国御家人（横山氏を含む）の挙兵という性格も見て取れる。ただし、これは相模国内に関する問題での対立ではなく、信越地方・北関東地方・房総地方（和田氏を含む）の御家人が拘束された二月の事件と連動するもので、そのときに累が及ばなかった相模の勢力も加わったからであろう。この後も幕府は在京武士の動きや謀叛与党の西海での動きを警戒している（『明月記』五月十五日〜十七日条)。翌建保二年十一月二十五日条にも在京の和田義盛・土屋義清与党が頼家の遺児を大将軍に立てて謀叛を企み、広元の家人によって討たれたとの情報が六波羅から伝わっている。

鎌倉では、合戦の三か月余り後の八月二十日には実朝の新御所への移徙が行われ、十二月三日には実朝が寿福寺に赴いて義盛以下のための仏事を行い、三十日には実朝自筆の円覚経を三浦の海に沈める仏事を行っている。これは実朝がみた夢の告げによるものだった。それでもなお義盛らの夢を見続けたようで、建保二年十一月二十五日によると、実朝御所で仏事が行われている。建保五年五月二十七日になっても、義盛らの旧領内の神社・仏寺を興行する命が下されるなど、事件の余波は続いた。

この和田合戦によって何が変わったのか。一般には、和田義盛が有していた侍所別当を北条義時が兼ねることで、執権政治が確立、安定したと説明されることが多い(23)。北条氏と他の御家人は潜在的に対立関係にあると捉え、幕府の政治過程を北条氏の権力伸張過程と見る立場からはそうみえるかもしれない。しかし、筆者からみると、事件後、三浦義村の存在感が増すこと、この合戦を契機として義時と義村の連帯関係が強化されることが重要である。たとえば、その年の十二月二十八日には、義時の鍾愛の子息の元服儀礼で義村が加冠役を勤め、子には義村の一字をとった政村という名が付けられている。義村が御厩別当とはっきり出てくるのもこの年からである。実朝の三浦半島への渡御もこれまで以上に回数が増える。和田合戦を契機として、政子と実朝を北条義時・大江広元が支える体制から、義時・義村・広元が支える体制に変わったといえるだろう。幕府政治が安定したとすれば、それは単なる義時権力の伸張ではなく、義村との協力関係が確立したことで安定したのである。

四　和田義盛妻の出自をめぐって

『明月記』建保元年（一二一三）五月九日条には「今朝聞、関東勝事出来云々、伝々説、和田左衛門尉某号㆓三浦党㆒、・横山党両人共其勢抜群者云々、合㆑謀、去二日申時、忽襲㆓将軍幕下㆒」とあり、和田合戦の一方の中心が和田氏と横山氏であったことは疑いがない。両者を結びつけていたのが横山氏出身の二人の女性と和田義盛・常盛親子との二組の婚姻関係であったこともよく知られている。

しかし、当該期の根本史料である吉川本『吾妻鏡』（吉川史料館所蔵）は、義盛妻の出自について異説を提示している。建保元年七月二十日条の次の記事である。

故和田左衛門尉義盛妻横山権守妹、蒙㆓厚免㆒之、是豊受太神宮七社禰宜度会康高女子也、依㆓夫謀叛之科㆒、被㆑召㆓放所領㆒之上、其身又為㆓囚人㆒、而謂㆓件領所㆒者、為㆓神宮一円御厨遠江国兼田㆒之間、禰宜等依㆑申㆓子細㆒、匪㆑被㆑返㆓付所於本宮㆒、剰預㆓恩赦㆒、是御敬神之異㆑他之故也、

義盛が謀叛を起こしたことで、その妻も連座し、彼女自身が領有していた所領を没収され、身柄も拘束された。しかし、その所領というのが伊勢神宮が排他的に領有する遠江国兼田御厨（＝鎌田御厨）であったために、伊勢神宮の神職である禰宜が幕府に対してクレームを付けてきた。幕府は敬神のあまり、その所領を神宮に返したばかりか、義盛の妻に恩赦を与えたと記されている。そもそも横山権守時広の妹である義盛の妻が豊受太神宮（伊勢外宮）の「七社禰宜度会康高」の娘であったことから、こうした展開となったというのである。

吉川本『吾妻鏡』は五月四日条でも「時兼者横山権守時広嫡男也、伯母時広妹也、者為㆓義盛妻㆒、妹者又嫁㆓常盛㆒、故今

与二同此謀叛一云々」と記しており、横山時重の女子とは表記していない。和田義盛の妻を横山時広の妹と記すことで、「度会康高女子」とする七月二十日条と矛盾が生じないように配慮しているのだろう。吉川本『吾妻鏡』を見るかぎりでは、横山時重との間に時広をもうけた女性が、時重と離別あるいは死別した後、「度会康高」に再嫁し、康高との間に生まれた女子が義盛の妻となったという解釈が、一応は成り立つ。

しかし、内閣文庫所蔵『諸家系図纂』所収の「党家系図」（武蔵七党系図）には、時重の子として「和田義盛妻」が載せられており、『佐野本系図』や『浅羽本系図』の「和田系図」の常盛の注記にも「母横山権守時重女」「母横山権守小野時重女」とあって、義盛妻が横山時重の娘であるという説が採られている。こうした系図史料のみならず、彼女の出自をほぼ決定的に示す史料が存在する。横須賀市芦名所在の浄楽寺にある運慶作毘沙門天像・不動明王像の胎内に納められた文治五年（一一八九）三月二十日付けの造像銘札がそれである。そこには「大願主平義盛、芳縁小野氏」と記されている（『新市史Ⅰ』二二八・二二九号）。

「芳縁」とは、「縁友」と同様に夫婦（配偶者）を意味する呼称であり、義盛の「芳縁小野氏」が義盛妻のことであることは疑いない。『吾妻鏡』や系図類などの編纂物とは異なり、一次史料であるこの胎内銘札の中で、彼女自身が横山氏の本姓（氏名《うじな》）である小野氏を名乗っている事実はきわめて重い。この時代、子どもは男女とも父親の氏名を継承し、婚姻や養育関係によって改変されないのが原則であったから、彼女が小野氏＝横山氏出身で、実父が横山時重であったことはほぼ間違いないといえるだろう。

吉川本『吾妻鏡』は七月二十日条を備え、五月四日条にも義盛妻の記事が見えるが、内閣文庫所蔵の北条本『吾妻鏡』や東京大学史料編纂所所蔵の島津本『吾妻鏡』、明治大学中央図書館所蔵の毛利本『東鑑』には七月二十日条の記事がなく、五月四日条にも「時兼者〜与同此謀叛云々」の部分がない。つまり北条本・島津本・毛利本には義盛妻の記事がまったくないのである。この記事があるのは吉川本のみだと思われてきたが、筆者らの調査で重要性が確認された八戸市立図書館所蔵の南部本『東鏡』(仮名本)に「時兼は横山権守時広がちやくしなり、伯母時広かいもうとは義盛か妻なり、妹はまた常盛に嫁せり」(五月四日条)、「故和田左衛門尉義盛か妻よこ山権守かいもうと厚免をかうふる、また豊受太神宮のねき度会康高か女子なり」(七月二十日条)の記事が残されていた。そこで「度会康高女子」と記す吉川本『吾妻鏡』の記事を事実無根であるとして無視することはできなくなった。『吾妻鏡』の編纂段階でこの記事は存在していたとみるしかない。[24]

では、この『吾妻鏡』建暦三年七月二十日条の存在をどのように解釈したらよいのであろうか。記事の中身と背景をもう少し探っていこう。

まずは父とされた「度会康高」が問題となるだろう。『吾妻鏡』に康高が登場するのはこの記事のみである。安田元久編『吾妻鏡人名総覧』(吉川弘文館、一九九八年)は康高について、「「二門氏人系図(外宮)」(『系図綜覧 第二』所収)の度会康尚(大物忌)の子康高(大物忌)に当たるか」との推定を載せている。康高の名は「元徳注進度会系図」と称されている現存最古の度会氏系図(『神宮古典籍影印叢刊 神宮禰宜系譜』所収)にも同様に康尚の子として記載されている。

しかし、「考訂 度会系図」(同)は康高に「元徳現存」の注を付し、さらに他の記録をもとに「元亨元年高宮仮殿遷宮記、元亨九年十一月廿三日分二配高宮仮殿用途物一之条、大宮大物忌父康高但二﨟也、」と注記している。元亨元年(一三二一)から元徳年間(一三二九〜三二)ごろに生きていた人物ということになるから、和田義盛妻の父がこの康高でないことは明らかである。ところが度会氏関係の諸系図、伊勢神宮の神職補任関係史料をみても、ほかに康高の名を見つけることができない。そこで、今度は「豊受太神宮七社禰宜」という肩書をたよりに探してみよう。すると、

「元徳注進度会系図」に「七禰宜」という肩書をもつ高康という人物が出てくる。この人物について「考訂 度会系図」は「七禰宜、正五位下」「仁平二年九月十二日任、（彦忠替、従五位下、）保元三年譲聟彦章、在任七年、薙髪号二四瀬七入道一平治元年五月廿日卒」の注記を載せている。建暦三年六十七歳で没した義盛の生年が久安三年（一一四七）であることからみても、その妻の父が平治元年（一一五九）に没していることに大きな矛盾はない。

先の『吾妻鏡』の記事には遠江国鎌田御厨が登場するが、「豊受太神宮禰宜補任次第」（『神道大系　太神宮補任集成（下）』所収）は度会為康について、「右神主、七禰宜高康一男也、（母遠江国遊女也、又鎌田女、）」と載せており、為康の母、すなわち高康の妻は遠江国の遊女とも、また同国鎌田御厨を名字地とする鎌田氏の娘だったともいう。また鎌田御厨の領有をめぐって出された光明寺古文書の康治二年（一一四三）五月□日付け某申状写（『平安遺文』五〇一三号）にも高康の名が見え、それによると、鎌田御厨は為弘から娘に伝領され、その後の所有をめぐってはその子高康と姉妹との間に相論が起こっていた。義盛妻に鎌田御厨の領有権の一部を譲ったとされる「豊受太神宮七社禰宜度会康高」は、この高康の誤記であるとみて間違いないだろう。(25)

では、この『吾妻鏡』の記事はどのような原史料に基づいて書かれたのだろうか。

和田合戦の戦後処理に関する記事は、①与同人の逮捕や謀叛人の処刑に関する記事（五月八・九日、六月二十五日、閏九月十九日条）、②赦免や勲功による恩賞の給与に関する記事（五月七日、五月十日、七月十一日、七月二十日条）、③仏神事に関する記事（六月八日、十二月三日条）の三タイプに分けることができる。

七月二十日条と同じタイプとした七月十一日条は、義盛に与同した冨田三郎の怪力ぶりを見た将軍実朝が御感のあまり罪を許した話であるが、その命令を執行したのは、二階堂行村・安東忠家とともに警察権をもって一連の戦後処理に当たった金窪行親であり、原史料的には①の記事に近いと考えられる。五月七日条は、主要没収地が勲功賞として御家人や幕府女房に配分されたという記事である。引用されている恩給地注文（主要恩給地の配分リスト）がカギになるだろう。

甲斐国波加利本庄武田冠者
同新庄島津左衛門尉
同国古郡加藤兵衛尉
同国岩間伊賀二郎兵衛尉
（中略）
同国三迫藤民部大夫
同国名取郡平六左衛門尉
同国由利郡大弐局
金窪左衛門尉行親

注文の最末にある「金窪左衛門尉行親」という実名入りの表記は、他の（国名）＋地名＋〈給人の通称〉という表記とは異質である。行親は『吾妻鏡』初出の建仁三年（一二〇三）九月二日条より「金窪」を名乗っており、和田合戦で「金窪」の地が収公されて行親に給与されたわけではない。本来、注文作成者の名として記されていた「金窪左衛門尉行親」が混入し、恩給地の一つであるかのように書かれてしまったものではなかろうか。そうであるとすると、これも行親らが関わった①と同じ情報源による記事ということになるだろう。

もう一つの五月十日条は、下野国日光山の別当弁覚が祈禱や自ら戦場に赴いた賞として豊前国土黒荘を拝領した話である。弁覚に関する『吾妻鏡』の記事は、ほかに和田合戦当日の五月三日条と日光山に籠居していた畠山重忠末子僧重慶の不穏な動きを密告した同年九月十九日条がある。五月十日条を含む三つの記事が一連の原史料に基づくものであったことは想像に難くない。後日、弁覚が恩賞を申請したさいの申状がなんらかの形で伝わっていたか、編纂のさいに日光山あるいは日光山と関係の深い鶴岡八幡宮から関連文書を入手したことが想定される。

　このように考えると、七月二十日条も伊勢神宮が幕府に提出した文書が原史料となった可能性が出てくるだろう。『吾妻鏡』には伊勢神宮に関する文書が、頼朝の「関東の事施行の始め」とされる治承四年（一一八〇）八月十九日の伊豆国蒲屋御厨に関する文書をはじめとして、養和二年（一一八二）二月八日、寿永元年（一一八二）五月十九日、五月二十九日、十二月二日、寿永三年正月三日、五月三日、文治元年（一一八五）十月十四日、文治二年三月十日、六月二十九日、七月一日、文治三年六月二十日、建久十年（一一九九）三月二十三日、正嘉元年（一二五七）四月十五日条など、多数引用されている。五味文彦氏は治承四年八月十九日条の蒲屋御厨の文書について「執筆に関わったり、取次に関わった奉行人の手元に残されていた可能性が高く、それが『吾妻鏡』の原史料とされたものとまずは考えられよう[26]」とされているが、これだけ伊勢神宮関係の文書が引用されていることと、当人やその家の権利を証明する文書や先例の典拠となる文書以外は原則として廃棄されていくという中世の文書保管のあり方を考え合わせると、発給者側に控えが存在していたとは考えがたい。貞永元年（一二三二）十二月五日条の、

　故入道前大膳大夫広元朝臣存生之時、執二行幕府巨細一之間、寿永・元暦以来自二京都一到来重書幷関東人々款状・洛中及南都北嶺以下自二武家一沙汰来事記録・文治以後領家地頭所務条々式目・平氏合戦之時東士勲功次第注文等文書、随二公要一、依レ賦二渡右筆輩方一、散二在所処一、武州聞二此事一、令三季氏・浄円・円全等尋二聚之一、整二目録一、被レ送二左衛門大夫一云々、

という記事にある文書・記録類も幕府側が受領した文書や幕府が出した法令の記録であり、「洛中及び南都北嶺以下

武家より沙汰し来る事の記録」も朝廷や貴族、大寺院に対して幕府から通達したことを控えた記録であって、所領関係の発給文書の控えがあったということではなかろう。ただし、元久元年（一二〇四）四月二十日、御家人中で頼朝自筆の文書を有している者に進覧を命じ、その写を作成しているように、いつの段階かは明らかでないが、寺社に対してもこうした命が出されて頼朝発給文書の写が幕府によって作成されていたことはあったかもしれない。

文書そのものの引用は頼朝将軍記に集中しているが、実朝将軍記や頼経将軍記にも建保七年（一二一九）二月二十一日条など神宮への所領寄進や神宮領の訴訟に関する記事が存在しており、和田義盛妻が登場する七月二十日条もこうした伊勢神宮側提出の史料に基づくものだろう。

『吾妻鏡』にはもう一つ鎌田御厨関係の記事がある。次の寿永元年五月十六日条の記事である。

及㆓日中㆒、老翁一人正㆓束帯㆒把㆑笏参㆓入営中㆒候㆓西廊㆒、僮僕二人従㆑之、各著㆓浄衣㆒、捧㆓榊枝㆒、人怪㆑之、面々到㆓其座砌㆒、雖㆑問㆓参入之故㆒、更不㆑答、前少将時家到問之時、始発㆓言語㆒、直可㆑申㆓鎌倉殿㆒云々、羽林重問㆓名字㆒之処、不㆓名謁㆒、即披㆓露此趣㆒、武衛自㆓簾中㆒覧㆑之、其体頗可㆑謂㆑神、称㆑可㆓対面㆒、令㆑相㆓逢之㆒給、老翁云、是豊受太神宮禰宜為保也、而遠江国鎌田御厨者為㆓当宮領㆒、自㆓延長年中㆒以降、為保数代相伝之処、安田三郎義定押㆓領之㆒、雖㆑通㆓子細㆒、敢不㆓許容㆒、枉欲㆑蒙㆓恩裁㆒云々、以㆓此次㆒神宮勝事、引㆓古記所見㆒述㆓委曲㆒、武衛御仰信之余不㆑能㆑被㆑問㆓安田㆒、直賜㆓御下文㆒、則以㆓新藤次俊長㆒為㆓御使㆒、可㆑沙㆓汰置為保使於彼御厨㆒之由、被㆑仰㆓付之㆒云々、

ここに登場する為保とは、先の「豊受太神宮禰宜補任次第」に見える高康の子為康である。建久三年（一一九二）八月の伊勢大神宮神領注文（『神宮雑書』所収、『鎌倉遺文』六一四号）には鎌田御厨の給主として「外宮権神主為康等」が見えているから、為康が領有権を回復していたことは事実である。為康が惣領的な立場に立ち、康治二年（一一四

三）五月□日付け某申状写（光明寺古文書、『平安遺文』五〇一三号）に見える高康姉妹の知行分を継承した人々や高康からの譲りを受けた人々の所領も存在していたために「為康等」という表現が用いられているのだろう。「豊受太神宮禰宜補任次第」によると、為康は元久元年に六十四歳であったというから、寿永元年には四十二歳であった。壮年の彼を神と見まごうほどの老翁として語るこの話が、事実を踏まえる一方で、多分に説話化された言説を取り入れたものであることも確かである。伊勢神宮に対する頼朝の「御仰信」を誇大に主張する文脈をもつ原史料を『吾妻鏡』が取り入れた結果だろう。建暦三年七月二十日条もよく読むと将軍実朝の「御敬神」が強く語られている。

鈴木かほる氏は、義盛の妻について、「度会康高女子」と記す『吾妻鏡』の記事と、『佐野本系図』・『浅羽本系図』の「和田系図」にある「横山権守小野時重女」の記載を、「度会家の養女となった横山時重の娘と解してよい」と述べている[27]。横山時重との間に時広と女子を儲けた女性が、時重と離婚して、娘のみを連れて度会高康と再婚し、その連れ子の娘は高康の養育を受けたとすれば、時広の妹とされること、度会高康（『吾妻鏡』では康高）の娘と言われること、小野氏を本姓としていたことが、ほぼ矛盾なく理解できる。吉川本が「是豊受太神宮七社禰宜度会康高女子也」と記している部分を、南部本は「また豊受太神宮のねき度会康高か女子なり」としている。「これ」よりも「また」の方が、時重の娘であり、高康の娘でもあるという意味が反映される。

こうした関係を想定することによって、もう一つの疑問点が解決に近づく。それは『吾妻鏡』元暦元年（一一八四）四月三日条に尾張国住人大屋中三安資が「為二和田小太郎義盛之聟一独候二源家一」と出てくることである。その安資の勲功は養和元年（一一八一）三月十九日に尾張国から鎌倉に馳せ参ったことを指す。頼朝の勢力が東国の範囲を出ていない養和元年の段階で、義盛と尾張国の住人との間に婚姻関係が結ばれているのである。この婚姻は南関東の範囲での通婚が多い中で、違例である。大屋安資の苗字地は尾張国の国衙に近い中島郡大矢（現、愛知県稲沢市大谷町）だと考えられる。尾張国にも多数の御厨が所在していた。和田義盛の妻が、伊勢国・遠江国などの東海地方に深い関わりをもつ伊勢外宮の度会氏に養育されていた女性ならば、彼女を介して尾張国の住人と婚姻関係を結ぶことも可能だろう。義盛の帰依していた僧が伊勢国の者で、和田合戦の直前に祈禱のために彼を太神宮に遣わした（『吾妻鏡』建保元年四月二十四日条）というのも、こうした義盛の伊勢人脈によるものである。

おわりに

鎌倉時代前期の主たる史料である『吾妻鏡』を史料批判しつつ、和田義盛とその周辺について考えてみた。これまでの研究は、あまりに『吾妻鏡』の記述を鵜呑みにしすぎていた。かといって、『吾妻鏡』は嘘つきだから信じるなということではない。『吾妻鏡』の記述がどのような原史料に基づいているのかを考え、部分部分の史料的性格を見極めること、そして史料の信憑性に優劣をつけた上で史料をきっちりと読み解き、歴史像を構築することの重要性をいいたいだけである。そのためには文書史料や記録史料、軍記との突き合わせは不可欠であるし、『吾妻鏡』そのものも諸本間の異同を踏まえる必要がある。そうした作業によって、鎌倉時代前期政治史のこれまでの常識が覆ることが多々あるかもしれない。その試みとして成功しているか、大方の賛同を得られるか心許ないが、試みの一例として受け止めていただければ幸いである。

註

（1）　坂井孝一「和田義盛と和田一族—歴史・文学・芸能におけるその位置づけ—」（松尾葦江編『文化現象としての源平盛衰

記』笠間書院、二〇一五年）、滑川敦子「和田義盛と梶原景時——鎌倉幕府侍所成立の立役者たち」（『中世の人物　京・鎌倉の時代編　第二巻　治承～文治の内乱と鎌倉幕府の成立』清文堂出版、二〇一四年）。

（2）『三浦一族研究』一八、二〇一四年。

（3）石井進「中世六浦の歴史」（『三浦古文化』四〇、一九八六年）。ただし、石井氏が掲げる佐野大和『瀬戸神社』（小峯書店、一九六八年）、同「中世における瀬戸三島大明神」（『三浦古文化』三五、一九八四年）には「和田」の苗字地についての言及はない。

（4）伊藤一美「和田義盛小考」（『三浦半島の文化』五、一九九五年）。

（5）五味文彦「相模国と三浦氏」（『三浦一族研究』二、一九九八年）。

（6）高橋秀樹『日本中世の家と親族』（吉川弘文館、一九九六年）。

（7）坂井孝一前掲論文。

（8）『日本の名著　慈円・北畠親房』（中央公論社、一九七一年）。

（9）高橋前掲書。

（10）岩田慎平「鎌倉幕府侍所に関する覚書」（『紫苑』六、二〇〇八年）、滑川前掲論文。

（11）高橋秀樹「吾妻鏡原史料論序説」（佐藤和彦編『中世の内乱と社会』東京堂出版、二〇〇七年）。

（12）佐藤進一『増訂　鎌倉幕府守護制度の研究』（東京大学出版会、一九七一年）。逆に伊藤邦彦『鎌倉幕府守護の基礎的考察【国別考証編】』（岩田書院、二〇一〇年）は、『吾妻鏡』の補任記事を信用して、時政書状の信憑性を疑う。しかし、東京国立博物館所蔵の原本を見ても時政書状を疑う必要はないと思われる。さらに伊藤氏は（嘉禄二年）九月二十二日付け三浦義村書状（『新市史Ⅰ』七七六号）についても、文書中の「駿州」が義村自身を指すとすれば意味が通じないと述べるが、「駿州」は北条重時のことであるから、意味が通じないということはない。前駿河守の義村が書状の中で自身を「駿州」と称し、その行為に尊敬の助動詞の「被」を用いることはありえない。

（13）この文書は有馬氏の家老の子孫である佐々木氏に伝来したもので、山口隼正「佐々木文書—中世肥前国関係史料拾遺—」（『九州史学』一二五、二〇〇〇年五月）によって初めて紹介された。平清盛下文以下十三通の中世文書のうち、平安時代末～鎌倉時代の九通の文書は肥前国押領使に関するもので、有馬氏が肥前国の国衙武力を担う押領使の系譜を引くことを示すための文書であるとみられる。この文書群については、小川弘和「院政期の肥前社会と荘園制」（『熊本史学』九五・九六、二〇一二年）が再検討し、写ではあるものの内容には問題ないとしている。

(14) 東京大学史料編纂所の『大日本史料　第四編之六』正治二年正月二十日条には神護寺文書の写真が「梶原景時書状」として折り込まれ、同所編『花押かがみ　二』（吉川弘文館）もこの文書の花押を景時のものとして掲げている。しかし、『大日本史料』の「正誤表」がこの写真版一枚を削除しているように、この文書の「刑部丞平」の署名と花押は景時のものではなく、梶原刑部丞朝景のものである。

(15) 工藤敬一「鎮西における鎌倉幕府地頭制の成立」（『荘園公領制の成立と内乱』思文閣出版、一九九二年）。

(16) 藤本頼人「九州における三浦一族の展開」（『三浦一族研究』一四、二〇一〇年）。

(17) 茂木一成「侍所考―初期鎌倉幕府政治の一考察―」（『史泉』一一、一九五八年）。

(18) 山本信吉・瀬戸薫「半井家本『医心方』紙背文書について」（『加能史料研究』四、一九八九年）。

(19) のちになると、別当は、複数いる侍所司のうちの上首で、指導的な立場をもつ者を指す名称となっている（『吾妻鏡』建保六年七月二十二日条）。

(20) 松島周一「和田合戦の展開と鎌倉幕府の権力状況」（『日本歴史』五一五、一九九一年）。

(21) 坂井孝一「源実朝にとっての和田合戦」（『創価大学人間学論集』四、二〇一一年）。

(22) 益田宗「吾妻鏡の本文批判のための覚書」（『東京大学史料編纂所報』六、一九七二年）。

(23) 岡田清一「執権制の確立と建保合戦」（『鎌倉幕府と東国』続群書類従完成会、二〇〇六年）。

(24) 高橋秀樹「吾妻鏡探訪記」（『いずみ通信』四一、二〇一五年）。

(25) この「康高」が「元徳注進度会系図」の高康に当たることについては、すでに平泉隆房氏が『吾妻鏡』覚書（二）――伊勢神宮関係記事を中心として」（『日本学研究』二、一九九九年）で指摘していたことを最近知った。不明をお詫びしたい。

(26) 五味文彦『増補　吾妻鏡の方法』（吉川弘文館、二〇〇一年）。

(27) 鈴木かほる『相模三浦一族とその周辺史』（新人物往来社、二〇〇七年）。

第四章　佐原義連とその一族

はじめに

三浦義明の末子佐原義連は、「鵯越の逆落とし」で第一に断崖を駆け下りた『平家物語』の逸話で知られる武将である。『吾妻鏡』には、源頼朝の厚い信頼を得ていた側近としての活動が載せられている。文治五年（一一八九）四月十八日、北条時政の三男（のちの時房）が頼朝御所で元服したさい、頼朝の命で義連が加冠役を勤め、冠者に義連から一字をとった「時連」の名が付けられたことは特筆されよう。義連は和泉・紀伊の守護に任じられた。その子盛連は、北条泰時の嫡子時氏の継父の立場にあり、六波羅探題を勤めた時氏を京都で支えた。盛連は遠江守になっており、交通の要衝遠江国笠原荘（現、静岡県御前崎市）の地頭でもあった。また、紀伊守護には義連の子家連も任じられており、家連が紀伊国南部荘の地頭職を有するなど、この一族と紀伊国や熊野社との関わりは深い。

宝治合戦で三浦一族の大半が滅ぶ中で、義連子孫の一部が北条時頼に与したことから、佐原氏は宝治合戦後も有力御家人として残った。そのうちの一流は三浦介を継承し、別の一流は会津葦名氏として戦国大名となる。ほかにも横須賀氏を名乗り関東で活動した者や、美作三浦氏など各地で活動した一族もいる。

佐原義連とその子孫について、検討すべき論点は多いが、ここでは鎌倉時代前期までのいくつかの点について考えておきたい。

一　遠江国笠原荘と太平洋交通

静岡県御前崎市にある高松神社の神主である中山家に伝来している文書の中に、左の三通の文書がある（『新市史Ⅰ』四一二～四号）。

①佐原義連寄進状写

奉二寄進一

遠江国笠原庄一宮御近辺荒野御神領事、

四至

限レ東隠岐宮榊立南江青塚与二飯森塚一間道、限レ南々海、限レ西御鳥居南北江、限レ北藤井宮南峯古布間東道、

右荒野者、為二神主開発之御敷地一、始二神子・宮仕等一、招二居浪人之輩一、可レ令レ致二御祈禱之忠一、一事已上為二社務之沙汰一、不レ可レ成二人役之綺一、御庄官等宜レ承二知之一、敢以勿二違失一、故下、

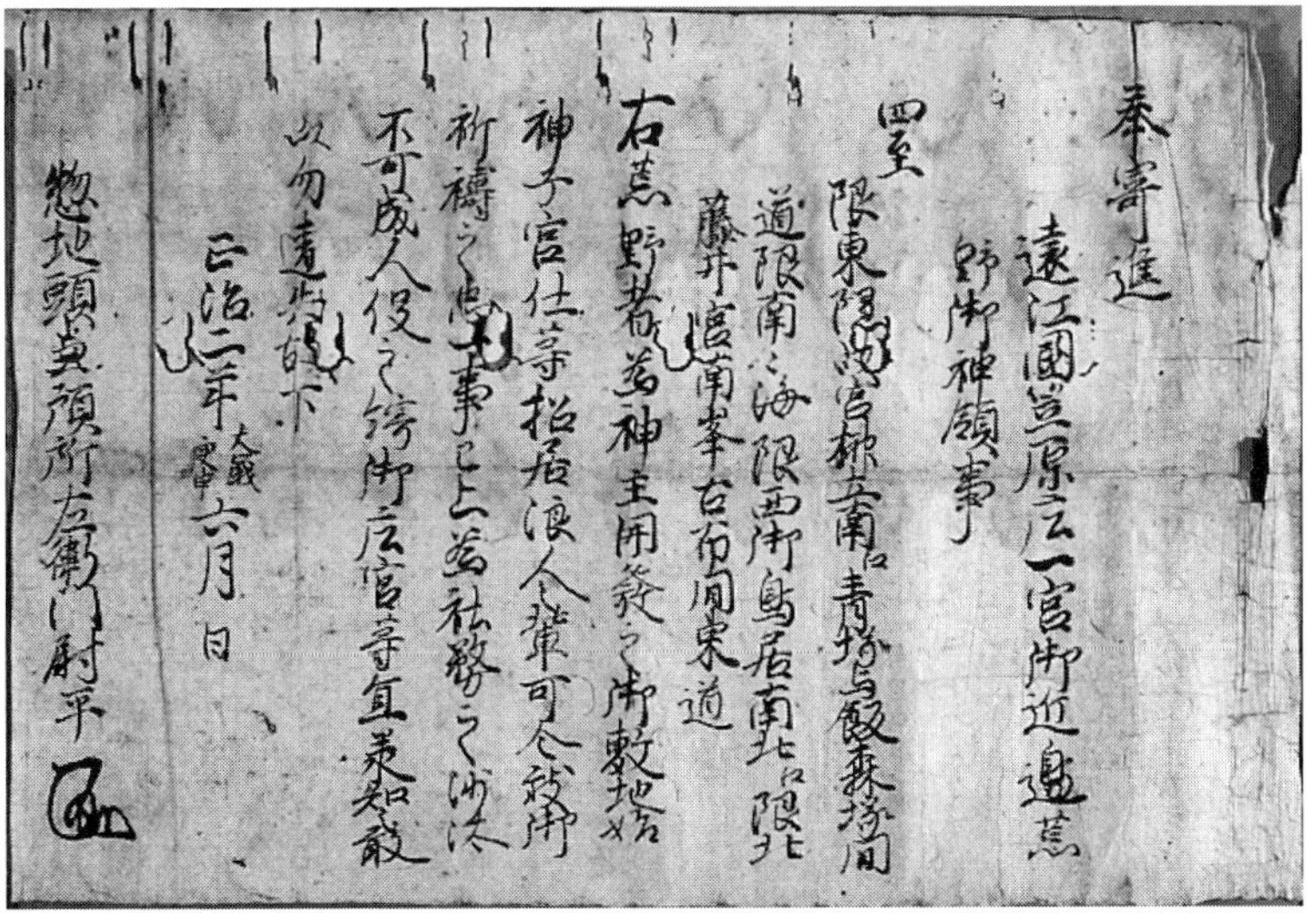

図3　「佐原義連寄進状写」（中山文書，御前崎市教育委員会提供）

正治二年大歳庚申六月　日

惣地頭兼預所左衛門尉平（花押）

②笠原荘一宮記

（端裏書）
「笠原庄地頭代々次第」

一、当社御建立文武天皇御宇、大宝元年、当年元（元）亨六百廿一、「三十」

一、御八講ハ後冷泉院御宇、永承二年、当年二百七十五、

一、長日大般若経ハ堀河院御宇、寛治元年、当年二百三十五、「暦応三、二百五十六」

一、最勝講ハ近衛院御宇、康治元年、当年元（元）亨百八十、

一、当庄地頭御次第

平家小松殿　一条次郎殿　十郎左衛門尉殿「正治二年ニ限二東西南北一御寄進之、」

中城介殿　森入道殿「七十六、寛元四」城陸奥入道殿

潮音院殿　当御代

③安達時顕裁許状

遠江国笠原庄一宮社領内南浦事、秋貞郷給主大井六郎朝顕代阿闍梨隆宗、号二郷分浦一、雖二津料論一、於二当社領一者、預所地頭兼帯領主十郎左衛門尉庄務之時、正治二年限二四至堺一、奉レ免訖、如二彼状一者、限レ南々海云々、其中間荒野等、於二神主開発之所一、手継状・代々御下文以下支証状分明也、而隆宗以二胸臆之詞一、輙難レ破二証文之理一歟、所詮、東者自隠岐宮榊土飯森塚与二青塚一間道南江、南者南海、西者御鳥居南北江、北者藤井宮南峯古布間宮東道

門屋下、東之北者限二田地・池一而至榊土、彼四至堺内、云二山野一云レ浦、如二先例一可レ為二社家進止一之状、如レ件、

文保二年十一月廿日　（花押）

以前からこれらの文書の存在は知られており、『静岡県史　資料編5　中世一』（静岡県、一九八九年）にも収録されていた。しかし、そこでは「十郎左衛門尉」の人物比定は行われていなかったが、その後、佐原義連に関する史料であることが明らかとなった(1)。

①は正治二年（一二〇〇）に惣地頭兼預所の「左衛門尉平」なる人物が、笠原荘一宮に近辺の荒野を御神領として寄進した旨を記した文書、②は神社やそこで行われる仏事の由来、代々の地頭の名を記した書き上げで、元亨元年（一三二一）に作成されている（暦応三年〈一三四〇〉の追記もある）。③は笠原荘一宮領内の南浦の領有をめぐる神社と近隣の秋貞郷給主との裁判が地頭安達時顕のもとで行われたときの判決文書で、文書の中に①の文書の一部が引用されている。

①の寄進状を記した「惣地頭兼預所左衛門尉平」の実名は記されていない。②③も実名を記していない点では同様であるが、②には「十郎左衛門尉殿」、③には「預所地頭兼帯領主十郎左衛門尉」と、彼の通称が記されている。これら三通の文書をあわせみると、本姓が平氏で、左衛門尉の官職を有し、「十郎左衛門尉」を称している人物が寄進者ということになる。鎌倉時代初期の段階でこの条件に合致する人物として想起されるのが、佐原（三浦）義連である。

義連は、源頼朝上洛時の建久元年（一一九〇）十二月十一日に左衛門尉に任官しており（『吾妻鏡』）、『吾妻鏡』でも、建久三年ごろから「佐原十郎左衛門尉」「三浦十郎左衛門尉」の通称が用いられている。義連の正確な没年は不明であるが、元久元年（一二〇四）四月以後、承元元年（一二〇七）六月以前であることは『吾妻鏡』の登場記事から確実

である。そうなると、正治年間には在世していたことになり、これらの文書に登場する「惣地頭兼預所左衛門尉平」「十郎左衛門尉」を佐原義連と見なすことに大きな障害はない。これまで義連の発給文書は知られていないから、①が現存唯一の発給文書ということになる。

「十郎左衛門尉」を義連と見なすこと自体に問題はないが、①の文書そのものの形式的・形態的な点にはやや疑問がある。それは、寄進状にもかかわらず「ことさらに下す」の下文形式の文末表現が採られている点、年号の下にこの時代の文書にはほとんど用いられない「大歳庚申」という表現が使われている点、③の裁許状に引かれる「門屋下、東之北者限田地・池而至榊土」の部分が寄進状に見えない点、また写真を見るかぎりでは鎌倉時代のものとして違和感のある花押の形と筆致の弱さである。

そこで、原本を調査した結果、紙質などの点から①佐原義連寄進状、③笠原荘一宮記はともに室町時代の写、②安達時顕裁許状は正文であろうとの判断に至った。正文である文保二年（一三一八）の裁許状に①の寄進状が証拠文書として引用されているわけであるから、①の原文書（あるいは案文）が文保二年段階で存在していたことは確実であり、今に残る①は室町時代に創作されたまったくの偽文書ではない。では、先にあげた①の形式や文言の不自然さという疑問点をどう整合的に解釈したらいいのであろうか。一つの解釈として、次のような事情を推察することは可能だろう。①の原文書が文保の裁判で証拠文書として提出された後、伝来の過程で後半部分を中心に著しく破損してしまった。そこで室町時代に欠落部分を補って写したが、そのさい、誤った書き写し、書き込みをしてしまったために不自然な現状の①の文書になってしまった。現時点では、以上のように解釈しておきたい。

これらの文書の舞台となった笠原荘は、遠州灘に面する遠江国城飼郡（現在の静岡県掛川市あたり）所在の広大な荘園で、もとは藤原頼通家領の牧であった。その後、女系を通じて村上源氏に伝領され、保元の乱後に荘園化されて、鎌倉時代には賀茂斎院であった後鳥羽天皇皇女礼子内親王の所領となっていた。(2) 現地で聞き取りを行ったところ、①に見える「藤井宮」「古布間《コンマ》」など、いくつかの地名は通称地名として現存しているという。

②によれば、大宝元年(七〇一)、この地に神社が建立された。これが鎌倉時代には笠原荘一宮と称される高松神社である。大宝元年建立という説の信憑性は乏しいが、頼通の時代の永承二年(一〇四七)から院政時代の康治元年(一一四二)にかけて御八講・長日大般若経供養・最勝講などの社頭仏事が整えられたという伝承は、頼通家の牧に始まる笠原荘の歴史と合わせても、事実を反映したものと思われ、むしろこの頼通の時代こそが神社の実際の建立年代であることを窺わせる。

荘園の預所職は、立荘時の国司であった「平家小松殿」すなわち平重盛(清盛の嫡子)がまず有し、頼朝挙兵後は、一条忠頼がその地位を引き継ぎ、さらに元暦元年(一一八四)の忠頼誅殺後は佐原義連が預所・惣地頭職の立場に就いた。預所と地頭を兼ねているという、その所職の表現から、このころの笠原荘は幕府が領家職を有する関東御領だったと考えられる。②には記載されていないが、義連の死後は子息盛連が相続したと考えていいだろう。そうであるならば、盛連は遠江守に在職しており、国守が地頭職を兼帯するという強力な支配体制をとっていたことになる。佐原氏の後は、「森入道」(毛利季光)、季光が宝治合戦で滅んだ後は、合戦の仕掛け人とされる安達氏の「中城介」(義景)、「城陸奥入道殿」(泰盛)が領主となり、霜月騒動の後は、泰盛の妹で北条貞時の母であった「潮音院殿」を経て、「御当代」(安達時顕)へと伝領されていた。領主の顔ぶれはいずれも有力者ばかりであり、この地の重要性を示している。

ここは、東海道という陸路の要衝であったばかりではない。③の史料には、この地のもう一つの重要性が記されている。現在この付近は砂丘地帯となっており、近くに大きな港湾施設は存在しないが、③からは中世のこの地域に

「南浦」と呼ばれる港があり、そこは港湾利用税である「津料」を徴収し得るだけの機能をもっていたことがわかる。③を判決文とするこの裁判は、この港が郷のものであると主張する秋貞郷の給主側と、社領内であると主張する一宮側が、津料の徴収権をめぐって争ったものなのであった。戦国時代には遠州灘に注ぐ菊川の河口部に「浜野浦」という港が存在していた（『諸家文書纂』所収「興津文書」、永禄五年正月十一日付け今川氏真判物写、『静岡県史』三〇〇二号）。おそらく南浦はこの「浜野浦」の前身なのだろう。笠原荘南浦は海上交通の要衝でもあったのである。

二　佐原氏と紀伊・熊野

佐原義連の長子景連が元久元年（一二〇四）四月十二日に左兵衛尉に任じられたのは、紀伊国熊野社の七重塔造営の功によるものであった（『三長記』）。『吾妻鏡』承元元年（一二〇七）六月二十三日条に「和泉・紀伊両国守護者、佐原十郎左衛門尉義連職也、義連卒去之後、未レ被レ補二其替一」という記事があるように、紀伊国と佐原氏との繋がりは義連の守護職補任にさかのぼる。その補任時期は不明ながら、もう一方の和泉国守護の明証が建久七年（一一九六）十一月七日付けの源頼朝家政所下文案（和田文書、『新市史Ⅰ』三八〇号）にあることを考えても、十二世紀末にさかのぼるものであろう。

承久の乱後は三浦義村が守護となり、子息氏村が守護代を勤めていたが（高野山文書宝簡集、承久三年八月十三日付け六波羅御教書案、『新市史Ⅰ』六七九号）、貞応二年（一二二三）には佐原義連の子家連が守護になっている（同、貞応二年六月二十八日付け関東御教書、『新市史Ⅰ』七一四号）。将軍藤原頼経の病気平癒のために行われた嘉禎元年（一二三五）十二月二十四日の諸社祈禱では、熊野本宮担当の雑掌人を家連が勤めており（『吾妻鏡』）、家連はまた紀伊国南部荘の地頭でもあった。

南部荘は、紀伊国のほぼ中央、紀伊水道に臨む沿岸にあり、熊野社への参詣道が通る要衝であった。鳥羽天皇の皇女五辻斎院頌子内親王から、高野山蓮華乗院に寄進された荘園で、南隣の田辺を拠点とする熊野別当家が下司職を有していた。(3) 承久の乱で熊野別当快実が後鳥羽上皇方に与したために没収され、下司職に代わる新補地頭には佐原家連が補任された。承久三年(一二二一)八月には地頭の存在が史料に見えるから(『高野春秋編年輯録』、『新市史Ⅰ』六七六号)、承久の乱直後に任命されたものとみられる。この荘園が没収後も引き続き高野山領荘園であることは、後高倉院宣によって確認されていた。

承久の乱以前、南部荘の下司は、蓮華乗院の供燈料を納めており、六波羅探題は、先例に従って納めるように地頭に命じている(前掲『新市史Ⅰ』六七六号)。また、年貢米を領主の許に送ってきたが、新たに地頭となった家連は、年貢の数量が不明であるとして、納入を怠った。そこで、蓮華乗院は年貢米百石に領家の得分を加えた八百石の納入と修理のさいの檜皮・材木役の勤仕を幕府に訴え、家連と裁判になり(高野山文書又続宝簡集、承久三年十二月二十二日、佐原家連言上状案、『新市史Ⅰ』六八八号)、承久三年十二月、家連に納入が命じられた(高野山文書続宝簡集、関東下知状案、『新市史Ⅰ』六八九号)。その後も納入額をめぐって争いが続き、最終的には貞応元年(一二二二)九月に、領家の蓮華乗院に百石、本家の五辻斎院に四百石を納めてきた先例を踏まえ、五辻斎院から寄進を受けた荘園領主の高野山蓮華乗院に、五百石を弁済することで決着した。

その後、家連は紀伊国守護になったから、守護と南部荘地頭という二つの顔で、紀伊国の巨大勢力高野山に相対することになった(神護寺文書、貞応三年ヵ五月二十六日付け覚観書状、『新市史Ⅰ』七二七号)。紀伊の国衙は紀ノ川河口の府中(現、和歌山市)にあったが、事実上の守護所は南部荘に置かれたのではないかとみる説もある。(4) しかし、地頭請所とはいっても、南部荘の地頭は得分権を有するのみで、実際には荘官・百姓が下司請の先例を引き継いで年貢を請け負っており、佐原氏は在荘していなかったと考えられているから(5)、南部荘に守護所があったと想定することは難しいだろう。

佐原氏の地頭時代、仁治元年（一二四〇）・同二年、寛元二年（一二四四）・同三年に検注が行われていて、とくに仁治元年・同二年の検地は全荘規模の検地帳が残されている(6)。さらに嘉禄三年（一二二七）の名寄帳や佐原氏時代以前の検注帳など数点が最近新たに発見された(7)。検注の主体が地頭であったのか、領家蓮華乗院あるいはその上に立つ東寺であったかについては論争があり、結論は出ていない。地頭請所の場合、本来ならば荘園領主側の検注使が毎年のように検注を行うことはできなかったはずであるが、南部荘の場合は地頭の権限は弱かった。検地帳が荘園領主の高野山に残っていること、紙背文書の内容が領主方に出された文書であるとみられることなどからすると、荘園領主方によって行われた検注であると考えざるを得ない。この時期は旱魃や大雨・洪水などの自然災害が多く、損免を確認するためにも検注がしばしば行われたのかもしれない(8)。

宝治合戦で佐原家連の子光連が滅ぶと、高野山側は地頭の停廃を訴えたが（高野山文書続宝簡集、宝治元年六月付け高野山住僧等解状、『新市史Ⅰ』一一九六号）、地頭職が止められることはなく、替わって二階堂氏が南部荘地頭となり、十四世紀には北条一門の名越氏が地頭となった。

前節で取り上げた遠江国笠原荘の一宮である高松神社は紀伊国の熊野社を勧請したものであった。佐原氏の建立した満願寺がある横須賀市岩戸にも熊野神社が現存し、佐原氏が入部した陸奥国会津にも、佐原氏の子孫葦名氏によって信仰された熊野社がある(9)。これまでも紀伊半島と三浦半島との結びつきは論じられてきたが、当時の航海法から考えて、これを直接結ぶことは不可能であるにもかかわらず、漠然と「水軍」「海の武士団」という言葉で海を介した繋がりがあるかのごとく説明したり、「黒潮文化」のような形で総論的に論じる傾向が強かった。しかし、遠州灘に面する荘園と港を三浦一族が支配していたことが明らかになったことで、紀伊と三浦半島を結ぶ陸・海の接点がようやくみえてきた。

三　悪遠江盛連

かつての三浦一族研究のなかでは、佐原義連の子盛連が取り上げられることはなかった。郷土史的視点による三浦一族研究の到達点を示す『三浦大介義明とその一族』(三浦大介義明公八百年祭実行委員会、一九八〇年)には、盛連自身についての記述はまったく見られないし、中世史研究者が著した奥富敬之『相模三浦一族』(新人物往来社、一九九三年)、石丸熙『海のもののふ三浦一族』(新人物往来社、一九九九年)にも登場しない。初めて盛連を紹介した郷土史研究は、上杉孝良『三浦一族―その興亡の歴史―』(三浦市教育委員会、一九九六年)であろう。そこでは彼が和泉国の御家人に大番役を催促するという実質守護の権限をもっていたこと、遠江守になったこと、在京中に泥酔して乱闘を働いたこと、上京の途中に誅殺されたことが記されている。その後刊行された湯山学『相模武士② 三浦党』(戎光祥出版、二〇一一年)には同様のエピソードが取り上げられているものの、三浦一族のエピソード集の体裁をとる鈴木かほる『相模三浦一族とその周辺史』(新人物往来社、二〇〇七年)には盛連のエピソードは取り上げられていない。従来紹介されている『明月記』所載記事の解釈には問題もあるので、ここで改めて盛連関係の史料を取り上げて紹介する意義はあろう。

源頼朝の命で、元服した十三歳の北条頼時(のちの泰時)と三浦義澄の孫女との間に婚約が交わされたのは、建久五年（一一九四）二月二日のことで、その八年後の建仁二年（一二〇二）八月二十三日に二人は結婚した（以上、『吾妻鏡』）。時氏が誕生したのは翌建仁三年である。しかし、二人はほどなくして離婚し、義村の娘は一門の佐原盛連に再嫁し、光盛・盛時・時連の三人を産んでいる。その盛連は『吾妻鏡』にはほとんど登場しない。かつての研究が盛連に着目しなかったのはそのためである。遠江国笠原荘について取り上げた寛雅博氏は、義村の娘と盛連との再婚に言及して、「おそらく、東国の武士社会では、妻の許に夫が通う習慣がまだのこっており、三浦、北条両氏の関係が損なわれることはなかったのであろう」と述べているが[10]、東国の武士社会にそのような習慣は存在しない。夫方居住以外の婚姻形態を見出すことができないことは二十年以上前に拙稿で論じ[11]、その後、辻垣晃一氏によってもその説は補強されている[12]。

盛連の活動の場は京都であった。時氏が六波羅探題となったのは元仁元年（一二二四）六月である。おそらく盛連は継子の時氏に従って上洛したのであろう。藤原定家の『明月記』嘉禄二年（一二二六）正月二十四日条では「近日在京武士」と称されている。またこのころ、おそらく関東御分国で、代々北条氏が国守を勤めてきた遠江の国守になっている。三浦一族の中では、義村に次ぐ二人目の国守である。

その『明月記』嘉禄二年正月二十四日条は次のような記事である。

心寂房来、自二河東一帰云々、近日在京武士遠江国司其妻武蔵太郎時氏母也、仍可レ付二時氏一由関東許レ之云々、本自酔狂、飛騨前司知重白拍子奉行人、官軍其一也、・印太兵衛雅親卿一物、於二彼宅一乱舞之間酔郷、知重被レ折レ肱、印太被二蹂躙一云々、又酔中馳出向二宇治一、夜中仮二宿所一之間、宇懸多被二摧破一、向後尤可レ恐事歟、

医師として定家のところに来る心寂房は、河東の六波羅にも出入りしているようで、六波羅探題周辺の情報を定家にもたらしていた。この記事も彼の話に基づく。盛連の酒乱ぶりを伝えるものであるが、注目される部分がいくつか

ある。まず、定家はこの話を聞くまで「盛連」の存在を知らなかったようである。心寂房が定家にした説明のまま、「このところ在京している武士である遠江国司（遠江守）」と記し、その補足情報として、「その妻が（六波羅探題である）武蔵太郎時氏の母である」との説明を加えている。その縁で上洛しているわけであるが、それが鎌倉幕府の許可を得た上での同行であったというのである。数年後には盛連の子の話も『明月記』には書かれているから、盛連は、時氏の実母である妻や同母弟に当たる子息も連れてきているようである。箕氏はこの史料の「関東」について、「関東」は、執権北条泰時の謂にほかならない」と述べるが、京都の貴族日記における「関東」とは、現在私たちが「鎌倉幕府」と呼んでいる鎌倉所在の政権体の意味である。執権泰時の意向に大きく左右されているではあろうが、すでに鎌倉殿藤原頼経が成人して征夷大将軍になっているのであるから、盛連は泰時ではなく、鎌倉殿頼経の許可を得ていたはずである。

盛連の京都の宅には、朝廷の白拍子奉行人大江知重や、権大納言源雅親の寵臣が集っていた。雅親は村上源氏の源通資の子で、通親の甥に当たる。妻は藤原信清の娘であるから、源実朝室の姉妹であり、弟通時は三浦義村の媒で北条義時の娘と結婚しているなど、鎌倉幕府にもゆかりのある人物であった。知重も後には鎌倉に下向して客死している（『明月記』文暦元年九月二十六日条）。後述するように盛連は、公達層に属する西園寺家の庶流の藤原実任を聟としている。同時期の三浦義村の陰に隠れがちであるが、盛連も京都で独自のネットワークを形成していたといっていいだろう。

盛連の遠江守就任について、宮崎康充・菊池紳一編「国司一覧」（『日本史総覧Ⅱ』新人物往来社、一九八四年）は『民経記』天福元年（一二三三）六月十三日条を掲げていたが、就任はそれを七年以上さかのぼり、しかも重任していることが明らかである。

酒の上のこととはいえ、宇治の家々を砕き壊した腕力に、定家は今後起こるであろう事態を恐れていたが、一方でその腕力に頼ろうとする者も現れた。『明月記』寛喜二年（一二三〇）四月十七日条は左の記事を載せる。

松尾西七条神人・桂供御人等訴、自㆓去年㆒于㆑今相論、遂於㆓記録所㆒遂㆓問注㆒、供御人可㆑進㆓下手㆒由被㆓仰下㆒、御厨子所供御人沙汰者、刑部丞と云者不㆑進㆓下手㆒、仍被㆑付㆓使庁使㆒之間、件刑部妻語㆓悪遠江守朝臣子武士㆒令㆑退㆓散庁下部㆒之間、自㆓公家㆒被㆑仰㆓重時㆒、又以㆓武士㆒被㆑追㆓件武士㆒、武士搦㆓刑部妻㆒賜㆓下部㆒、令㆑責㆓出下手人㆒云々、

松尾社に属する西七条の神人と禁裏に奉仕する桂供御人との間で闘諍事件が起こった。翌年ようやく朝廷の記録所で事情聴取が行われ、供御人に対して下手人を差し出すように命令が下された。ところが、御厨子所供御人を統括する責任者の刑部丞という者が下手人を進めなかったため、検非違使庁の役人がその家に向かった。すると、刑部丞の妻は、佐原盛連の子に頼んで検非違使庁の下部を退散させた。検非違使庁は後堀河天皇を通じて六波羅探題の北条重時に命令し、六波羅配下の武士を動員して盛連たちを追い払って、重時方の武士は刑部丞の妻の身柄を拘束して検非違使の下部に引き渡し、先の闘諍事件の下手人も引き渡させたという。

この事件は、六波羅探題だった北条時氏が京都を離れ、鎌倉に下向した直後に起きている。盛連はおそらく時氏と一緒に下向していたために、京都に残る子息が刑部丞の妻から依頼を受けることになったのだろう。盛連の子息は、それまで六波羅探題時氏の配下で京都の警察権を担う存在であったのだろうが、六波羅探題の交替でその立場が一転している。

筧氏は、この記事から、盛連を桂供御人たちの保護者的な存在と見なしているが、それは読み込みすぎだろう[13]。「桂供御人沙汰の者」、すなわち統括者である刑部丞の妻が、検非違使に対抗しようとして盛連父子の武力を頼ったに

すぎない。

寛喜二年六月十八日に時氏が鎌倉で急死すると、後ろ盾を失った盛連の立場は危うくなったとみられたようで、『明月記』天福元年五月二十三日条には次のような噂が記されている。

今日又披露、関東遠江守被レ誅云々、不レ拘二制止一京上、於二途中一被レ害、在京之時悪事犯乱非二例人一之故乎、聟実任少将出仕有二無為気色一、又虚言歟云々、

このころの京都は、天変や鳴動、怪異が頻発し、日吉社頭で数日間蝶雨が降る変異が起こるなど不安定な情勢であった。二十日からは断続的に近衛流摂関家の大殿藤原基通死去あるいは生存の噂が飛び交っていた。そうした中で、定家は、盛連が殺されたことが明らかとなったという噂を聞いている。幕府の制止を振り切って上洛しようとし、途中で殺害されたというのである。在京時の悪事や犯罪は人並みではなかったため、それを危惧した幕府によって殺されたとみられていた。筧氏や上杉孝良氏・湯山学氏は、盛連はこの時に殺されたとしているが、直ちにこの噂を信じるわけにはいかない。この記事の中でも定家は、「盛連の聟実任が出仕しており、何事もない様子である。または虚言であろうか」としている。この後の六月十三日条は『明月記』のみならず『民経記』にも盛連の名が登場し、すでに死去している様子はない。

昨日少将実任朝臣遠江守盛連聟公云々、世荒遠江云々、於二大炊御門東洞院辺一実任朝臣宿所前、打二撃相国禅門家人左近蔵人一〔知脱カ〕、不実名、云々、摂津国源氏云々、日来件者実任朝臣ニ不レ致レ礼云々、為二禅門家人一之者、我ニ不レ致レ礼之由ノ意趣云々、禅門被レ訴二申院一、実任朝臣之所行甚以奇怪、可レ有二御沙汰一之由被二仰下一云々、有若亡之所行歟、

この記事が『民経記』の当該条である。前日、盛連の聟実任が大炊御門東洞院の実任宿所前で、西園寺家の家人の摂津源氏と闘乱事件を起こしたというのである。西園寺系の庶家の実任に対して親賢が日頃から礼をとらなかったこ

とが原因であるという。西園寺家の内実に通じている定家は、その家人を親賢と実名で記している。また、定家は「此羽林悪遠江聟也、習二縁者一歟」と評している。盛連は「荒遠江」あるいは「悪遠江」と称され、京都では知らない者がいないほどであったようである。同時代の三浦義村とは違った意味で強烈な印象を与えていた。京都の人々にとって、盛連は武士の暴力的な「悪」の部分を体現している象徴的な存在だったのだろう。

嘉禎三年（一二三七）六月一日、盛連の妻が盛連から譲与された和泉国吉井郷安堵の下文を得た（『吾妻鏡』）。盛連の妻はこのときにはもう出家している。女性が出家する理由の多くは夫の菩提を弔うためであるから、盛連はこれ以前に死去しているとみて間違いない。後家尼（矢部禅尼。法名禅阿）は、三浦矢部の別荘で余生を過ごしていた。この矢部の別荘を実家である義村・泰村方の邸宅とみる論者もいるが(14)、夫方居住をとるこの時代の婚姻居住形態から考えて、矢部別荘は実父三浦義村方ではなく、夫の盛連方の邸宅である。佐原氏ゆかりの満願寺がある現在の横須賀市岩戸あたりは、この時代には「矢部」と称される地の範囲内だったのであろう。矢部禅尼は宝治合戦後も盛連後家として大きな存在感を示していた（久米田寺文書、宝治二年十二月五日付け関東下知状、『新市史Ⅰ』九五五号）。

四　宝治合戦後の佐原氏

宝治合戦で三浦一族の多くは滅び、先祖以来の本拠地矢部郷は没収されて鶴岡八幡宮領となった（鶴岡八幡宮文書、宝治元年六月二十日付け藤原頼嗣寄進状、『新市史Ⅰ』一二三〇号）。佐原系の家連・政連の子孫は三浦一族とともに自決したが、盛連子息の経連・光盛・盛時・時連・広盛・盛義の六人の兄弟は、いち早く北条時頼亭に参り、北条氏に従った。このうち光盛・盛時・時連の三人は、北条泰時に嫁した後に佐原盛連に再嫁した三浦義村娘を母とする者で、泰時の孫に当たる時頼とは叔父・甥の関係にあった。

宝治合戦後に注目されるのは、それまで遠江守盛連の子であることを表示する通称「遠江某」を名乗ってきた盛連子息に対して「三浦」の称が用いられ始めることである。「三浦」の名乗りは、佐原系の祖義連が「三浦十郎」の称を用い、その息景連も「三浦太郎」（同、建久二年十一月二十七日条）、家連も「三浦三郎左衛門尉」（同、安貞二年五月十六日条）と呼ばれていたが、盛連系では、遠江守の官職が重く意識されており、「三浦」の称は用いられていなかった。盛連系に「三浦」を用いる最初は、『吾妻鏡』八月十四日条で、時連を「三浦六郎兵衛尉」と呼んでいる。時連に対する「三浦」の称は定着しなかったが、「遠江五郎左衛門尉」を名乗っていた盛時が、「三浦五郎左衛門尉」を名乗り始めると（『吾妻鏡』同年十二月十五日条）、盛時に対する通称として「三浦」の称が定着する。

宝治元年（一二四七）十一月十六日、盛時は、将軍藤原頼嗣の鶴岡八幡宮参詣の先陣随兵の名簿に波多野義重よりも下位に名を記されたことに対して、「当家代々未レ含二超越遺恨一」と強い家意識を押し出して、行列の次第を管理する小侍所別当北条実時に訴え出ている（『吾妻鏡』）。ここで盛時が意識している「当家」は、佐原系に限定されない「三浦の家」であり、泰村亡き後、その継承者としての自覚をもち始めていた。

幕府側も、この佐原盛連跡の一族が、代々三浦介として相模国の国衙を押さえてきた三浦の家の継承者であることを認めていたようで、これに先立つ八月十四日には、神馬・御剣を相模国一宮（現、寒川神社）に奉納するさい、「三浦六郎兵衛尉時連」を使者に立てている（『吾妻鏡』）。そして、『吾妻鏡』十二月二十九日条掲載の京都大番役勤仕の結番で、盛時が初めて三浦介と称され、以後、この呼称で記される。盛連跡のうち盛時が「三浦の家」の継承者として、幕府からも認知されたとみていい。三浦介の称と地位は、その後、盛時から子息頼盛（『鎌倉年代記』裏書、正応三年十一月条、『新市史Ⅰ』一四〇九号）、その子時明（宇都宮氏家蔵文書、延慶二年八月二十四日付け将軍家政所下文、『新市史

I』一四四〇号）へと継承された。それに対して、盛時の兄弟は「遠江次郎左衛門尉光盛」、「遠江六郎兵衛尉時連」、「遠江十郎頼連」（『吾妻鏡』宝治二年正月十六日条）と、遠江守の子息であることを示す名乗りを引き続き用いた。

建長元年（一二四九）八月十日、三浦介盛時に宛てて次のような関東御教書が出されている（宇都宮氏家蔵文書、関東御教書、『新市史I』一二六三号）。

御公事間事、於二遠江前司盛連跡一者、可レ為二次郎左衛門尉光盛支配一之由被二定下一了、至二兄弟等新給相模国所々一者、為二大介沙汰一随二分限一令二支配一、自今以後相二具盛連跡一、可レ被二勤仕一之状、依レ仰執達如レ件、

建長元年八月十日　　相模守（花押）

陸奥守（花押）

三浦介殿

父盛連跡に賦課された関東御公事は、兄の光盛が遺産相続者に対して分配すること、兄弟が新恩給与として個別に与えられた相模国内の所々については、大介としての国衙支配権に基づき盛時が分配することが命じられた。幕府は、盛連跡の惣領を光盛と認定し、盛時に対しても父祖から相続した分については光盛の分配に従うことを命じる一方で、泰村亡き後、三浦介の地位を継承した盛時の立場も尊重する姿勢を示した。

建長二年の閑院内裏造営の費用（『吾妻鏡』建長二年三月一日条）や建治元年（一二七五）の六条八幡宮造営の費用（国立歴史民俗博物館所蔵文書、『新市史I』一三七九号）は「佐原遠江前司跡」に対して賦課されているから、これは光盛が兄弟甥姪たちに分配したとみられる。六条八幡宮造営用途注文は、御家人を「鎌倉中」「在京」と各国に分け、北条氏以下の有力御家人は「鎌倉中」すなわち鎌倉の住人に入れられている。佐原盛連跡もその「鎌倉中」であるから、子孫が有力御家人として位置づけられていたことがわかる。七十貫文（銭七万枚分）の負担額は、執権北条時宗の五

百貫や北条時房跡の三百貫とは比べものにならないが、「鎌倉中」の平均約四十貫文よりも多く、百十一件の「鎌倉中」の御家人の中では、十八番目、佐々木信綱跡や葛西清親跡・天野政景跡と同額である。相模国に分類されている御家人の平均が約五・七五貫文で、最高額が二十貫文にすぎないことと比べると、その勢力のほどがわかる。

『吾妻鏡』の頼嗣将軍記や宗尊将軍記は、小侍所関係の史料を多用しているために、行列の供奉人交名類が多い。一見、人名の羅列で無味乾燥にみえる交名だが、そこには位階・官職による序列を基調とした御家人の身分構成や序列が反映されていて興味深い。その中での佐原氏の位置付けとその変化を見ておこう。たとえば建長二年正月十六日の頼嗣鶴岡八幡宮参詣の行列では、布衣の供奉人が北条政村を筆頭とする諸大夫級（五位の京官・国守中心）十八名と安達泰盛を筆頭とする侍級（六位の衛府尉中心）二十四名から構成されているが、佐原光盛・同時連は侍級の八番目・九番目である。同年八月十八日の由比浦への逍遙では、北条時長以下の諸大夫級十八名に続く、侍級の筆頭に遠江次郎左衛門尉光盛が、三番目に三浦介が列している。その後、佐原氏はほぼ侍級の筆頭あるいはかなりの上位に位置づけられている。建長六年、光盛は遠江守になり、八月十五日の鶴岡八幡宮放生会の行列でも「長門前司時朝」（笠間）と並ぶ諸大夫級の位置に列している。公武に大きな力をもった三浦義村には及ばないが、宝治合戦後の佐原氏も有力御家人であったことは間違いない。三浦氏は勢力を削がれて逼塞していたわけではないのである。

おわりに

『吾妻鏡』や『平家物語』に描かれた佐原義連の活躍は、これまでの郷土史研究のなかでも取り上げられてきた。本章では、それ以外の、この二十年の間に注目されるようになった文書や古記録を用いて、義連とその子孫の鎌倉前期の活動のいくつかを紹介した。その活動の場は相模国を中心とした関東地方のみならず、遠江国、紀伊国、京都に広がっていた。

もう一点だけ、注目されることを最後に述べておきたい。それは佐原一族の国守在任国についてである。佐原盛連の遠江守就任は、継子北条時氏との関係によるもので、遠江国は代々北条氏が国守となってきたように、幕府・北条氏の力が及ぶ国であった。盛連の子光盛も同じく遠江守になっている。ところが、盛連の弟家連が嘉禎年間（一二三五～三八）に国守となったのは、九州の肥前国であった。鎌倉時代前期の肥前守は、承元元年（一二〇七）十二月九日任の藤原定高、建保六年（一二一八）十二月九日任の藤原為経という勧修寺流藤原氏が就いていたことが確認できる。為経は非常に若年での就任であり、父資経が知行国主であった徴証が寛喜二年（一二三〇）にあるから、為経の就任時にも資経が知行国主だったのだろう。その間、中原職景・惟宗光尚という実務官人も肥前守になっているが、家連以外に、御家人とみられるような幕府関係者の肥前守就任はない。任官には当然幕府の許可が必要ではあるが、肥前守という官職そのものは、家連が独自のルートで獲得したとみられるのである。家連が地頭を勤めていた紀伊国南部荘の本家が五辻斎院頌子内親王であったことは第二節で述べた。知行国主だった資経の祖父経房が五辻斎院に奉仕していたことは、その日記『吉記』にいくつもの記事が見える。経房から資経に譲られた所領の一つである安房国群房荘内広瀬郷は五辻斎院が賀茂社経蔵に施入した由緒のある地だった（勧修寺家文書、「御遺言条々」所収正治二年二月二十八日付け藤原経房処分状）。経房の処分状には、ほかにも五辻斎院領が載せられている。頌子内親王は承元二年（一二〇八）に死去していたが、こうした縁によって、家連は肥前国の名国司を得たのかもしれない。また、家連は元仁元年（一二二四）十月、入宋経験があり、天皇以下貴賤の信仰を集める京都泉涌寺開山の俊芿を三浦に招き、堂供養を行っている（『泉涌寺不可棄法師伝』、『新市史Ⅰ』七四八号）。これも家連の築いたネットワークと経済力の賜物だろう。

註

（1）『静岡県史　通史編2　中世』（静岡県、一九九七年、筧雅博執筆）、筧雅博『日本の歴史10　蒙古襲来と徳政令』（講談社、二〇〇一年）。

（2）『日本歴史地名大系　静岡県の地名』（平凡社、二〇〇〇年）。

（3）南部荘については、海津一朗編『中世探訪　紀伊国南部荘と高田土居』（和歌山大学、二〇〇〇年）、同編『中世再現　一二四〇年の荘園景観――南部荘に生きた人々』（和歌山荘園調査会、二〇〇二年）に詳しい。

（4）海津一朗「鎌倉御家人三浦氏の西国支配と紀伊南部荘」（『三浦一族研究』一五、二〇一一年）。

（5）坂本亮太「地頭請所の在地事情―紀伊国南部荘の場合―」（『鎌倉遺文研究』三四、二〇一四年）。

（6）仁治元年・同二年・寛元二年・同三年分は、前掲の『中世再現　一二四〇年の荘園景観』に翻刻があり、『新市史Ⅰ』にも転載されている（一〇一七～一九号、一〇四八号、一〇八八号）。

（7）山本信吉編『高野山正智院文書集成』（吉川弘文館、二〇〇四年）、『和歌山の部落史　高野山文書編』（明石書店、二〇一一年）。

（8）坂本氏は、佐原氏地頭時代に新たに「小三郎名」という大規模な地頭名が設定されていることに注目し、小三郎が佐原氏の代官であり、検注自体も地頭によるものと考えている。しかし、なぜこれだけ多くの帳簿が高野山側に残されているのかを考える必要があろう。

（9）三浦一族の故地を含む東国における熊野信仰については、上杉孝良「佐原氏と熊野信仰―東国武士の熊野信仰を通して―」（『三浦半島の文化』五、一九九五年）、『聖地への憧れ　中世東国の熊野信仰』（神奈川県立歴史博物館、二〇〇五年）参照。

（10）筧前掲書。

（11）高橋秀樹『日本中世の家と親族』（吉川弘文館、一九九六年、論文初出は一九八八年）。

（12）辻垣晃一「嫁取婚の成立時期について―武家の場合―」（『龍谷史壇』一一七、二〇〇一年）、同「鎌倉時代の婚姻形態」（高橋秀樹編『婚姻と教育』竹林舎、二〇一四年）。

（13）網野善彦「鵜飼と桂女」（『日本中世の非農業民と天皇』岩波書店、一九八四年）もこの史料を取り上げるが、ここまで踏み込んだ解釈はしていない。

（14）　鈴木かほる前掲書。

第五章　三浦氏と馬

はじめに

「海のもののふ」「水軍」、三浦氏のイメージにはとかく海や船がつきまとっている。[1] 三浦氏が大規模な水軍を擁して活動していたことを直接的に示す史料は存在しないが、三方を海に囲まれた本拠地三浦半島の立地や、長寛元年（一一六三）に三浦義明の一男杉本義宗が三浦半島の対岸安房国の長狭氏との合戦で受けた傷がもとで死去したこと、衣笠合戦で敗れたあと栗浜（久里浜）に置いていた船に乗って安房へ逃れたこと（以上、延慶本『平家物語』第二末）、三浦義澄が安房の「国郡案内者」と称されていること（『吾妻鏡』治承四年九月三日条）[2]、壇ノ浦合戦では源義経が義澄に門司関（の潮目）を見たのだから「案内者」だろうと先登を命じたこと（文治元年三月二十二日条）などが、その状況証拠とされている。[3] しかし、海に面した所領をもつ在地領主が人や物を運ぶ手段として多数の船を有していることと、「船いくさ」のための軍船と人員＝水軍を擁していることとはまったく異なる。史料が存在しないにもかかわらず、イメージだけを膨らませてしまうのは危険だろう。

ただ、三浦氏が物と人を運ぶ経路として海を利用していたことについては間違いない。三浦氏が守護となっていた明証のある国が、河内・相模・紀伊・讃岐・淡路・土佐[4]と、太平洋・瀬戸内海に面した地域であることも三浦氏と海との繋がりを考えさせるし、紀伊と相模の中間地点に当たる遠江国笠原荘には地頭佐原氏が管理したとみられる「南浦」という港湾施設があったこともわかっている(5)。また、全盛期には日宋貿易の拠点として知られる肥前国神崎荘や宗像社の地頭職・預所職を有しており(6)、その活動が国内の海のみならず、海外を視野に入れるものであったことも想像に難くない(7)。三浦泰村が若狭守になり、弟光村が河内守（大国）から等級の劣る能登守（中国）へ敢えて遷っていることは、彼らの目が日本海交易に注がれていた可能性を示している。しかし、あらためて『吾妻鏡』を見ていくと、海や船との関わりもさることながら、三浦氏と馬との関わりが以外と深いことに驚かされる。

流鏑馬、牛追物などの騎射で射手を勤めていることや、『平家物語』の「鵯越の坂落」で知られる佐原義連の乗馬とその技術は、「弓馬の家」とも呼ばれる武士としては当然のことともいえるが、それ以上に、多くの史料から三浦氏が鎌倉幕府における馬をめぐる政治の一端に関わっていたことが窺われる。

近年、摂関家の馬や院の御厩、奥州の産馬を、平安期あるいは鎌倉期の政治史の中に位置づける研究も行われている(8)。鎌倉幕府の馬をめぐる問題についても、盛本昌広氏の研究があるが(9)、近年発見された重要史料「御厩司次第」は利用されておらず、三浦氏と馬の関わりについても十分に検討されているわけではない。そこで、本章では鎌倉幕府における馬と三浦氏との関わりについて考えてみたい。

一　馬の給与

正治二年（一二〇〇）九月二日、将軍源頼家を迎えた小坪の海岸では、笠懸が催され、海上に船を浮かべての酒宴が開かれた。頼家から水練の芸を披露するように命じられた朝夷三郎義秀は数町の距離を泳いだ後、海底に潜り、鮫を三匹捕まえて、頼家の船の前に浮かんできた。感じ入った頼家は、諸人が競望している騎用の「奥州一の名馬」を義秀に与えた。ところが、日頃からその馬を所望していた義秀の兄常盛は、相撲では自分の方が勝るといい、その勝負によって下賜してほしいと望んだ。頼家もそれを面白がり、船を岸に着けて、二人に相撲を取らせた。雌雄がなかなか決しなかったので、北条義時が割って入ったところ、常盛は裸のままその馬に乗り、その場から駆け出してしまった。

この話からは、鎌倉殿は「奥州一の名馬」といわれるような馬を所有しており、御家人たちは鎌倉殿所有のこうした名馬の下賜を日頃から望んでいたこと、鎌倉殿に芸能の腕前など能力・技量を認められることで馬が下賜されたことなどがわかる。

鎌倉殿から与えられた馬の話としてもっとも著名なのは、宇治川の先陣を争った佐々木四郎高綱の生唼、梶原源太景季の薄墨（する墨）の話だろう。元暦元年（一一八四）正月十日、木曽義仲追討のため上洛する東国の武士たちが鶴岡八幡宮の鳥居前の由比ヶ浜に揃った。その中の一人梶原景季は頼朝の前に進み出て、「御秘蔵ノ御馬トハ知マイラセテ候ヘドモ、生唼ヲ給ハテ京マデ引セ候バヤト存ジ候。アレヨリツヨキ馬ハ多ク持テ候ヘドモ、河ヲコキオヨギ候事、生唼程ノ事ハヨモ候ハジ。相構テ宇治河ニテ先陣ヲワタシテ、高名ヲ後代ニ伝ヘ候バヤト存候」と声高らかに言上した。快く思わなかった頼朝は「一ノ御厩ニ立タル馬ヲ人ニノスル事ナシ。淵瀬ヲワタル器量ノ馬ハウスヾミモヨモ劣ジ。ウスヾミヲ給ハリ候ヘ」と、第二の馬薄墨を与えた。それに対して、戦場に赴く前に父の墓参をして、上洛軍の進発に遅参した佐々木高綱には「和殿モ日比ホシゲニ思タリツル生唼ヲ、曳出物ニセバヤト思ガ、梶原源太ガ所望シツルニ、オシク思テ、ウスヾミヲトラセタリツルアヒダ、路ニテ和殿ヲ恨ミムズラムト覚ユルハ、イカヾスベキ」と問いかけ、生唼を望んだ高綱に「サラバトラスル」と生唼を与えている（延慶本『平家物語』第五本）。御家人が鎌倉殿の馬を所望し、下賜を申し出ることがある一方で、鎌倉殿から進んで御家人に馬を与える場合もあったことがわかる。その後、実朝の時代になると、一定の手続きを踏んだ馬の贈与が行われるようになる。『吾妻鏡』建保元年（一二一三）九月十二日条によると、北条泰時が進めた十疋の馬は実朝の御覧を経た後、「可レ賜二人々一」という実朝の仰せで下賜されることになった。そこで北条義時が誰に与えるかを承り、その場で右筆に命じて折紙（配分のリスト）に十疋の馬の毛色とそれを賜る殿上人・御家人・僧侶・陰陽師の名を書かせた。賜ることになった四名の御家人は庭中に参って馬を受け取り退出している。たくさんの馬を必要とし、また馬を第一の贈答品とする社会にあって、鎌倉殿は御家人たちへの良質な馬の供給者であった。

　御家人のみならず、鎌倉を訪れた貴族・楽人・絵師などへの餞別、僧侶への布施、鶴岡八幡宮をはじめとする諸社寺への神馬奉納も多い。文治三年の後白河法皇の熊野詣のために馬十疋を贈ったり（二月十六日条）、文治元年十月二十四日の勝長寿院の供養では園城寺から招いた公顕に馬三十疋を布施とし、建久六年（一一九五）三月の東大寺供養に際しては千疋もの馬を施入している（三月十一日条）など、朝廷・権門寺社に対しても頼朝は最大の馬供給者になっていた。

　『吾妻鏡』は頼家時代・実朝時代ともに御家人に対して馬を与えた記事を載せるが、頼経時代以後では、僧侶・陰陽師・医師に馬を与えたという記事はいくつも見られるものの、御家人に対しては安貞二年（一二二八）五月十三日に印東八郎に競馬の賞として馬を与えた記事を載せるのみである。御家人への賜物の比重が馬から太刀へと移っていくこと、名馬の存在価値の低下なども想定されるが、その一方で有力御家人から鎌倉殿に馬を進上する記事は散見しているし、朝廷への馬の貢納も引き続き行われているから、必ずしもそうではなかろう。摂家将軍以降の鎌倉殿の性格の変化、御家人との関係の変化に起因する可能性もあるが、今のところ推測の域を出ていない。

二　馬の調達

養和元年（一一八一）六月、納涼のために三浦を訪れた源頼朝を、義澄ら三浦一族が美を尽くしてもてなした。頼朝は三日逗留して鎌倉に戻ったが、そのさい、義澄から鎧以下の武具と馬一疋が献上された。その馬は「髪拊ず」という名で、たびたびの合戦でも倒れ伏したことがない良馬であった（六月十九・二十一日条）。このような将軍の御行や誕生・生育儀礼には、饗応を負担する御家人から馬が献上され、幕府の主要な儀礼である正月の椀飯でも馬五疋を進上することが恒例となっていった。鎌倉政権成立期において、頼朝に馬を献上している御家人は、千葉常胤・八田知家・大内義信などの有力御家人が多い。

こうした馬の供給元と考えられるのが国衙である。院政期の加賀国衙関係文書として著名な『医心方』紙背文書の「可㆓注進㆒雑事」と題する国衙雑事一覧には、「国内牧事牛馬」が載せられている(10)。平安末〜鎌倉期においても、国衙が馬の供給を担っていた。

養和元年七月二十日、恩賞として望むところを尋ねられた下河辺庄司行平が「雖㆑非㆓指所望㆒、毎年貢馬事、土民極愁申事也」と、貢馬の負担を歎いたのに対して、頼朝は次のような下文を与えている。

下　々総国御厩別当所、

可㆓早免除㆒貢馬事、

行平所㆑知貢馬、

右、件行平所㆑知貢馬者令㆓免除㆒畢、仍御厩別当宜㆓承知㆒、勿㆓違失㆒、故下、

このことから、下総国では馬の貢納が毎年在地の「土民」に賦課され、荘官・在地領主を通じて国に納入されていたこと、国衙の「所」として御厩別当所が置かれ、馬の賦課・納入を管理していたことがわかる。陸奥国の事例では、「国司御厩」に御厩舎人が属していて、彼らには給田が与えられ、また、国内の十の郡郷に「国司御厩佃」が設定されていて、そこから経費がまかなわれていた（建久元年十月五日条）。

国の御厩別当については、『今昔物語集』巻第二十六―第十四の説話に「陸奥ノ国ニハ厩ノ別当ヲ以テ一顧ニ為ニゾ、京ニシテハ然様ノ事共ヲモ未ダ定メネドモ、自然ラ出来ケル馬ノ事共ヲバ此人ニ沙汰セサセナドシテ、厩ノ別当ニ可レ仕様ニ持成ケレバ、人皆、此人コソ一ノ人也ケレト思テ、下衆共モ数付ニケリ」とあり[11]、陸奥国では御厩別当が国衙在庁官人の最有力者と位置づけられていたことが窺える。

御厩別当に就任したのは、国内の有力領主であった。下野国の御厩別当職は長沼宗政から嫡子時宗へと譲られている[12]。宗政は、下野国の押領使として国の検断権を数代にわたって握ってきた小山政光の子息である（承元三年十二月十五日条）。政光は下野大掾の官を有していた。兄朝政は「重代相伝」の下野権大介職を父から継承し[13]、下野国の守護となり、ついには下野守に就任している。宗政は、父の在庁官人としての権能の一部を分掌して、御厩別当職に就いていたのであろう。

源頼朝に馬を献じた三浦義澄・千葉常胤も、それぞれ三浦介・千葉介を名乗って、相模・下総の国衙雑事に携わり、のちには守護となっている人物であるし、八田知家も常陸国に同様の権限をもっていたと考えられる。安達盛長は上野の国奉行人として国衙に関わっていた（元暦元年七月十六日・文治二年八月二十日条）。また大内義信はこのとき武蔵守として武蔵国衙を掌握していた。彼らの国衙における権能が馬の献上を可能にしたのであろう。承元四年（一二一〇）十月十二日、幕府は諸国御牧の興行を守護・地頭に命じている。その後、嘉禎元年（一二三五）二月十日の五大尊堂造立の禄の馬を進めたのも、相模守北条時房・武蔵守北条泰時・駿河前司三浦義村・小山下野入道朝政・千葉介時胤という東国の国衙機構を掌握している顔ぶれであり、仁治二年（一二四一）三月十五日将軍頼経に「鎌倉第一名馬」を献上した大江泰秀は前年まで馬の名産地甲斐の国守を勤めていた。

　また、奥州合戦後は陸奥国の馬生産地が北条氏ほかの御家人たちの所領となった。三浦氏の所領が陸奥国にあったことは確実であり（建暦三年五月七日条）、嘉禎三年（一二三七）十一月十七日、三浦泰村が献上した「奥州駒五疋」などは、こうした陸奥国の所領からの貢物だったのだろう。正治二年（一二〇〇）、朝夷義秀・和田常盛兄弟の争いのもととなった頼家騎用の「奥州一の名馬」は、大江広元が献上した馬である。大江氏は、のちの建保四年（一二一六）には広元が陸奥守になっているが、正治二年ごろに陸奥の国衙を掌握していた徴証はなく、陸奥国の大江氏所領も検出されていない(14)。ただ、大江氏は出羽国寒河江荘・成島荘の地頭職を有しており、陸奥国についても所領を有していた可能性は高かろう。こうした御家人たちの奥州所領からの献上も幕府の馬調達ルートの一つと考えられる。

　幕府の馬は、御家人からの進上のほか、幕府の御牧からも供給された。建久五年（一一九四）三月十三日条には「甲斐国武河御牧駒八疋参着、経二御覧一、可レ被レ進二京都一云々」とある。『吾妻鏡』は、御家人が馬を進上した場合には「献」「進」などの動詞を用いている。ここでは御家人の名も書かれておらず、「駒八疋参着」という表現をとっていることからみて、この甲斐国武河御牧は幕府直営の御牧であった可能性が高い。建保三年（一二一五）十一月十五日条に「御牧御馬少々到来」とあるのも、こうした幕府の御牧による馬の供給だろう。もう一つ、幕府直営の御牧と見られるのが、甲斐国の小笠原御牧である(15)。

　建暦元年（一二一一）五月十九日条には「小笠原御牧々士与二奉行人三浦平六兵衛尉義村代官一有二喧嘩事一、今日被レ経二沙汰一、対二如レ此地下職人一、称二奉行一、恣令二張行一之間、動及二喧嘩一、偏忘二公平一之所レ致也、早可レ改二義村奉行一之

由被㆓仰出㆒、被㆑付㆓佐原太郎兵衛尉㆒云々」とあり、小笠原御牧には奉行人が置かれ、その代官が現地に派遣されて、「地下職人」である牧士を指図して御牧の経営に当たったと考えられる。その奉行人は三浦義村であり、この事件によって改替されるが、後任も三浦一族の佐原景連であった。三浦一族が鎌倉幕府の御牧の経営を委ねられていたのである。

この小笠原御牧は、『西宮記』に「後院小笠原」、『北山抄』に「冷泉院小笠原牧」に見え、紀貫之の歌にも「都までなづけてひくはをがさはらへみのみまきの駒にぞ有りける」（『貫之集』三六八）と見えるから、十世紀前半には成立しており、十世紀後半には後院領の御牧となっていたことが知られる。建長五年（一二五三）の「近衛家領目録」には、請所の中に篤子中宮領甲斐国小笠原が見える。(16) 小笠原御牧は後三条天皇から女子篤子内親王に譲られ、篤子発願の証菩提院領として寺院とともに藤原忠通に委ねられて、摂関家領に編入され、鎌倉時代には近衛家領として伝領されていた。しかし、請所となっており、経営は幕府が行っていたと考えられる。

一方で、寿永元年（一一八二）八月十三日、源頼朝の子息誕生に際して、御家人たちから二百余疋もの馬が献上されていること、国衙との深い繫がりが見出せない渋谷重国らも奥州合戦以前に馬を献じていることは、国衙ルートのほかにも馬の流通経路があったことを示唆している。大江広元の馬所有については、奥州藤原氏を亡ぼした後の文治五年（一一八九）十一月、頼朝の使者として上洛する広元が、人々から餞別として馬百疋を贈られたという記事がある。広元がかなりの規模の厩を構えていたことは知られる（文治三年四月十四日条）が、さりとて百疋の馬を維持するのは困難であるから、当然、売却・分与などが行われたであろう。木曽義仲追討に向かう平山武者所季重が、道で行き会った上総介広常に「目糟毛」という名馬を所望して、これを手に入れた話が延慶本『平家物語』第二末に記されている。また、大江泰秀の「鎌倉第一名馬」も日頃から諸人が競望していたという（仁治二年三月十五日条）。いわゆる『北条重時家訓』[17]にも「人ノ給タラム馬ヲ、即無左右人ニアヅクル事スベカラズ。況ヤ人ニトラスベカラズ。（後略）」という一条があり、御家人たちの間でも日常的に馬の贈答、あるいは売買が行われていたと考えていい。

三　貢　馬

鎌倉殿が最大の馬供給者となるのは、奥州を支配下に置いたからといえるが、それ以前の文治二年（一一八六）、源頼朝から奥州の藤原秀衡へ、貢馬・貢金の京都への伝進を東海道惣官たる頼朝が請け負うことを打診し、秀衡が応じて、五月に三疋、十月に五疋が陸奥から鎌倉に送られ、さらに朝廷へと進上されている。これは単に奥州藤原氏が貢納する馬の伝達というのではなく、京都の朝廷に対しては、貢馬自体を頼朝が担うことを示したものであった。文治三年、後白河法皇の熊野詣に際して、頼朝は独自に十疋の貢馬を進めているし、同年十一月の貢馬は、千葉常胤・小山朝政・宇都宮朝綱が進めた馬を貢納したものであった。

秀衡時代の末期に鎌倉政権を介して朝廷への貢馬を行った奥州藤原氏は、泰衡の代になると独自の貢馬を再開する。貢馬は鎌倉政権下の東海道を利用して上ったが、大磯駅での抑留を打診した三浦介義澄に対して、頼朝は「有限の公物」であることを理由に抑留しない方針を伝えた。しかし間もなく、奥州藤原氏の滅亡により、奥州の貢馬は鎌倉幕府の管轄となり、毎年十月もしくは十一月に三〜八疋の馬が京都に進上された。建久元年（一一九〇）三月の公武交渉で二十疋を進上することになったが（三月十四日条）、鎌倉中期には十疋が定数となっていた[18]。『平戸記』仁治元年（一二四〇）十一月八日条には「今日関東進二恒例貢馬於内裏一」とあり、そのころには鎌倉幕府による貢馬が恒例化していたことがわかる。

文治三年十一月こそ使者は有力御家人の佐々木経高であったが、文治二年十一月十七日条には「貢馬御使生沢」とあり、雑色鶴次郎・御厩舎人宗重とともに京都から戻っている。以後は、御厩舎人平五新藤次（建久五年十月十一日条）、御厩舎人家重（建久三年十一月十五日条）、御使雑色（建久五年十月二十六日条）、和泉大掾国守（建久六年十月八日条）の名が見える。雑色と馬の飼育に当たる御厩舎人が一緒に使いを勤めており、鎌倉から京都への運送はきわめて実利的で、運送自体の儀礼的な意味合いは薄かったといえよう。

鎌倉における貢馬の選定については、建保三年（一二一五）三月二十日条に「今日被㆓仰下㆒云、京進貢馬者、其役人面々、以㆓逸物三疋㆒兼日令㆓用意㆒、可㆑入㆓見参㆒、撰定者可㆑有㆓御計㆒也云々」とあり、京進貢馬の賦課を受けた御家人たちが、優れた馬をそれぞれ三疋ずつ準備して鎌倉殿の御覧に入れ、鎌倉殿がその中から貢馬に適した馬を選び出すという形が出来上がっていたことが知られる。これが執権・評定衆以下が列参する中で鎌倉殿が貢馬を見る「貢馬御覧」「貢馬見参」という十月下旬ごろの幕府年中行事として定着していくのは、『吾妻鏡』によるかぎり、建長二年（一二五〇）ごろからである。大石直正氏は、貢馬を北奥をその支配下に収める政治権力の地位を朝廷との間で確認するために行った儀礼的貢納であると位置づけたが、将軍権力の低下した摂家将軍期の末期に、鎌倉における貢馬儀礼が成立したというのは、鎌倉殿が馬の産地東国の〝王〟であることを、鎌倉幕府、御家人社会で再確認する儀礼という意味をもったのだろう。

四　御厩と御厩別当

頼朝が鎌倉の御所に本格的な御厩を構えたのは治承五年（一一八一）であった（五月二十三日条ほか）。そこには生飡・薄墨などの名馬から「御厩第一悪馬」（文治三年八月十五日条）と称される馬まで、さまざまな馬が飼われていた。奥州合戦から戻った直後の文治五年（一一八九）十二月九日、十五間の御厩が新造され、奥州の優れた馬三十疋が御厩に立てられた。その後、建久二年（一一九一）三月の大火で幕府が類焼したため、六月に大御厩が三浦義澄の奉行で建てられ、七月には十間の内御厩が土肥実平・岡崎義実の負担で建てられた。建長三年（一二五一）に新造された大御厩は、葛西谷口河俣にあったという（二月二十日条）から、建久の大御厩もこうした郊外に建てられたのであろう。また、建久六年七月二十日には若公（のちの頼家）方の御厩に馬三疋が立てられている。御厩自体は小規模のものだったと考えられるが、父子で厩を異にしていた点は興味深い。承久の乱後に立てられた頼経の宇都宮御所の内御厩は当初三間の大きさしかなかった。文治五年の事例のように、一間当たり二疋の馬が立てられたとすると、頼経の御厩には六疋の馬しか立てられないことになる。頼朝時代の三分の一以下の規模にすぎなかった点は、先に述べた頼経時代以降に御家人への馬給与がほとんどみられなくなる点と無関係ではあるまい。(19)

貞応二年（一二二三）正月二十四日、北条義時から馬十疋が鎌倉殿三寅（藤原頼経）に進上され、三寅の御覧を経た後、馬は人々に分け与えられた。これを奉行したのが三浦義村であった。建保元年（一二一三）九月十二日にも馬御覧を奉行しているが、この日の記事は義村を「御厩別当」と注記している。建保二年十一月五日には実朝の御覧に供するために義村が御牧の馬を連れてきているのも、御厩別当としての職能と考えられる。御厩別当への就任は義村の幕府内における地位の高さを示すものであるが、義村は建暦元年（一二一一）まで小笠原御牧の奉行人を兼ねており、承元四年（一二一〇）九月二十日には佐々木広綱が近江国から進上してきた馬が義村に預けられているから、三浦氏の高い馬飼の能力も評価されていたのであろう。

御厩別当は文治五年の御厩新造のときに梶原景時が任じられたのに始まる。景時が正治二年（一二〇〇）に滅亡するまでその職を保持していたとも考えられるが、彼は侍所所司の職にもあったから、建久元年の頼朝上洛時の「御厩事」担当の奉行人は八田知家と千葉胤信が勤めている（九月十五日条）。また、建久二年の大御厩建立は三浦義澄が奉行を勤めているので、そのころまでに御厩別当の地位が三浦義澄に遷っていた可能性もある。頼朝時代の梶原景時、頼家の御厩奉行人比企氏、実朝時代の三浦義村、御厩の管理者である御厩別当はいずれも鎌倉殿がもっとも信頼を寄せる有力御家人が就任したとみていい。

ここに興味深い史料がある。近年発見紹介された西園寺家所蔵の「御厩司次第」という史料である。[20] 鎌倉時代から室町時代にかけて院の御厩司を代々相伝していた西園寺家が一門の今出川家との相論の過程で、自らの正統性を示すために作成したとみられる文書草案で、そこには院政期から室町期に至る院の御厩司とそのもとで実務を担う案主の名が記されている。その一部を引用しよう。

御厩司次第 河内国会賀・福地両御牧御知行、

鳥羽院　□□□橘頼里 寛治二年　最初御厩司、遂㆓両御牧検注㆒、被㆑定㆓置宿直人㆒畢、

　二位中将経実

崇徳院　右衛門督季通 通季ゝゝ　安主左兵衛尉宗時

近衛院　美作守忠盛　安主左衛門尉家貞　十年 自㆓康治二㆒、至㆓仁平三㆒、

同御宇　安芸守清盛　安主同　六年 自㆓仁平三㆒至㆓保元三㆒、

二条院　右衛門督信頼　安主左衛門尉貞能　一年 平治元、或説無㆑之、

同御宇　中納言清盛還任、　安主筑後守貞能　十一年 自㆓永暦元㆒、至㆓嘉応二㆒、

高倉院　左衛門督重盛　安主同　二年 自㆓承安元㆒、至㆓同二㆒

同御宇
右衛門督宗盛　　安主同　三年自二承安三一至二安元元一、
同御宇
右衛門督知盛　　安主同　四年自二安元二一至二治承三一、
同御宇
堤大納言朝方　　安主外記大夫　三年自二治承四一至二寿永元一、
安徳天皇
左馬頭義仲　　安主八島冠者　一年寿永二、
後鳥羽院
九郎大夫判官義経　　安主後藤兵衛尉小目代藤新大夫、　一年元暦元、
同御宇
右大将頼朝　　遠江守時政為御代官領之、小目代日向介、次南左衛門尉、　一年文治元、
同御宇
按察中納言光親　　三年自二文治二一至二同四一、
同御宇
左兵衛督能保自関東被進之、　安主安房刑部丞盛綱　二年自二文治五一至二建久元一、
同御宇
花山院左大臣　　安主刑部大夫仲国小目代藤治郎監物、　五年自二建久二一至二同六一、
同御宇
一条中納言能保還任、　安主後藤左衛門尉基清　一年建久七、
同御宇
左兵衛督高保　　安主同　二年自二建久八一至二同九一、
土御門院
西園寺太政大臣公経公、　安主左兵衛尉景経小目代左藤五、　一年正治元、
同御宇
三条坊門内大臣信清公、　安主同小目代同、　十八年自二建仁三一至二承久二一、
武蔵守泰時　　安主駿河次郎泰村　一年承久三六月ヨリ同閏十二月マテ、
承久三閏十二月関東使以二隠岐守行村・駿河守泰村両人一、御厩別当可レ令二
常磐井太政大臣実氏公、　安主石見守友景小目代筑後権守資忠、法名道禅、
管領一之由承畢、

（後略）

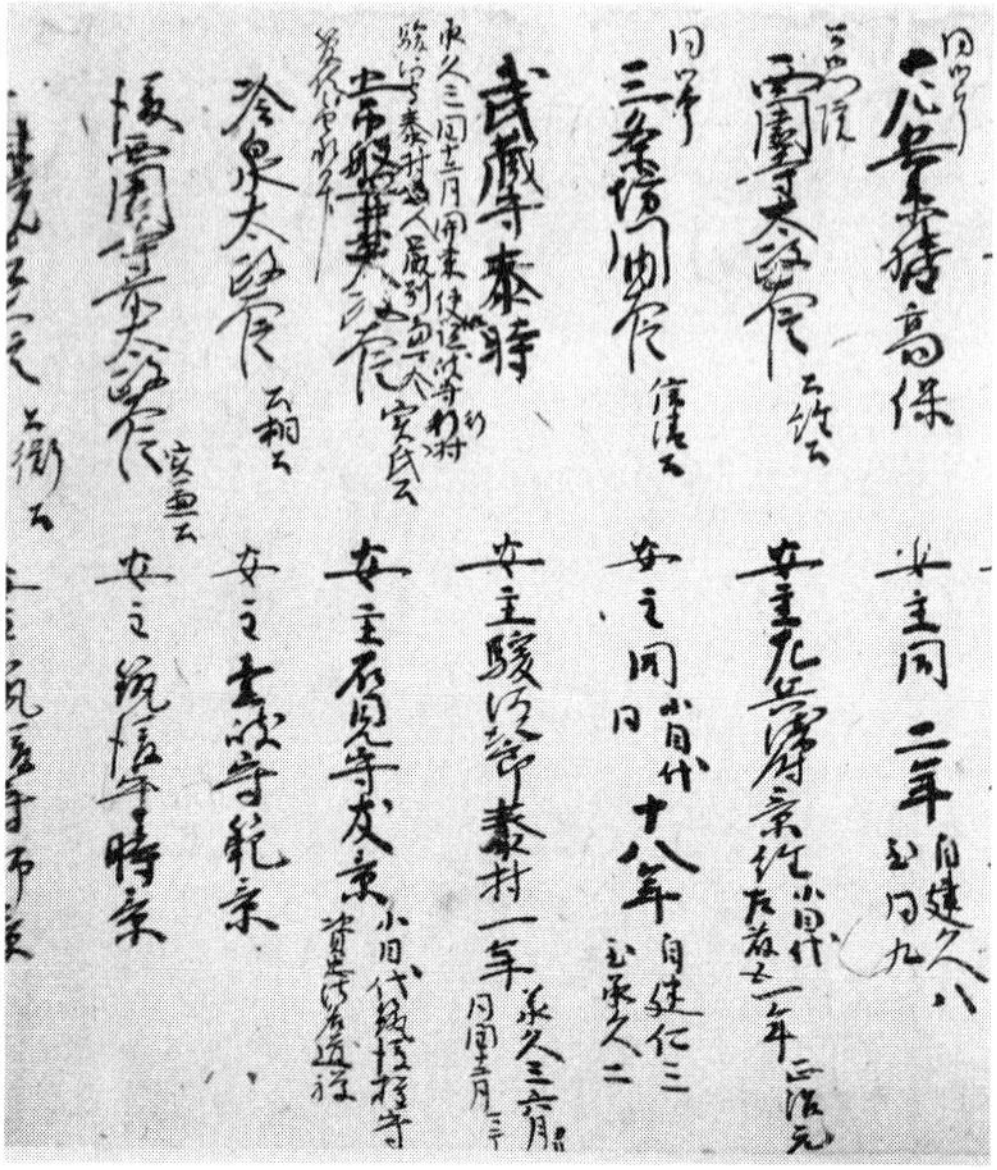

図4　「御厩司次第」（西園寺家文書，西園寺公友氏蔵，学習院大学史料館保管）

鳥羽院政下の平忠盛・清盛から、平治の乱の藤原信頼を挟んで、後白河院政停止の治承三年までの平氏（清盛・重盛・宗盛・知盛）、寿永二年の源義仲、元暦元年の源義経という顔ぶれは、院の御厩司が京都における武力の掌握と結びついていることを物語っている。義経の後、頼朝の代官として在京していた北条時政がいったん掌握し、文治元年十二月の朝廷改革で義仲の前任者按察中納言藤原朝方が頼朝の推挙によって還任し、文治五年には後白河院の意向もあって頼朝の縁者で京都守護でもあった藤原（一条）能保が就いている。後鳥羽院政下でも関東申次として幕府と朝廷を結びつける藤原（西園寺）公経・藤原（坊門）信清が相次いで就任しているのは、幕府の意向を強く反映したものだろう。信清は十八年の長きにわたり、その地位にあった。御厩司の下には安主（案主）が置かれていて、平氏時代には平家貞・同貞能という有力家人が就任し、後鳥羽院政期の藤原能保・高保時代には、有力御家人で検非違使も勤め、和歌にも通じていた後藤基清が安主になっている。

承久の乱後、京都を掌握した大将軍北条泰時が戦後処理の一環として御厩司に就任し、三浦泰村が御厩案主に就いて実務を担った。一年弱といえども、三浦泰村が院御厩の実務を担った点は注目される。これは承久の乱後の京都占領軍における三浦氏の役割の大きさとともに、義村の幕府御厩別当就任同様、三浦氏の馬飼の能力の高さが買われたのだろう。なお、同じく上洛していた幕府御厩別当三浦義村ではなく、子息泰村が案主に就任したのは、御厩司となった北条泰時との地位や年齢などのバランスを考えてのことであると考えられる。

承久三年閏十月鎌倉から二階堂行村と「駿河守泰村」の二人が使者にたち、院の御厩別当職を藤原（西園寺）実氏に託している。史料は「閏十二月」としているが、この年の閏月は十月である。このあたりの年に閏十二月はないことからも、閏十月の誤記であるとみていいだろう。また、使者の人名部分も、泰村ならば「駿河次郎泰村」、「駿河守」ならば「義村」と表記されるべきであるが、混乱を来している。二階堂行村の下位に名が記されていることからみると、泰村であったと考えた方がいいだろう。

「御厩司次第」には、院御厩司が河内国の会賀・福地という二つの御牧を知行することを職務としていたことが記されているが、三浦氏が宝治合戦で敗れるまで河内国の守護職を保持し、暦仁元年（一二三八）には泰村の弟光村が河内守になっていることも、その関連性を考えずにはいられない。天福元年（一二三三）四月二十三日、検非違使として賀茂祭に供奉した三浦光村の装束はすべて藤原公経が贈ったものであったし（『民経記』）、同年五月二十七日、光村は公経の河崎泉亭に招かれ、家司三善長衡から舞女十三人を伴う饗宴の接待を受けている（『明月記』）。公経と三浦氏との関係は、公経側が一方的に与えるだけの関係ではなく、義村からは馬が公経に贈られている（『玉蘂』暦仁元年二月二十四日条）。前太政大臣という雲の上の人物から光村は破格の待遇を受け、義村と公経も贈答関係を築いているのであるが、両者の接点として考えられるのが、この河内国の御牧の存在である。院御厩司の地位と河内の御牧が西園寺家によって管領されるようになっても、河内国を国守として、また守護としても掌握していた三浦氏が、両御牧になんらかの関わりを持ち続けていたことは考えられよう。

おわりに

鎌倉幕府は、東国国衙がもつ牧や御厩を掌握していた御家人たちからの馬の供給に多くを依存する一方、直営の牧を経営して馬の生産・飼育に当たっていた。また東国の支配者として、馬の名産地として名高い陸奥国から朝廷への貢馬を奥州藤原氏に代わって担うようになり、鎌倉殿は朝廷に対する最大の馬供給者となった。摂家将軍末期以降、将軍権力が衰退すると、有力御家人から献上された良馬を別の有能な御家人に還元して馬を活かす機能が縮小し、御家人等が列座する中で鎌倉殿が貢馬を見る「貢馬御覧」のみが馬を産み出す東国の〝王〟であることを御家人たちに示す儀礼として年中行事化していった。

そうした中で、三浦氏は義澄以来高い馬飼の能力を有し、義村は幕府の御厩別当として、また小笠原御牧の奉行人として活動し、泰村に至っては短期間ながら、院の武力を象徴する院御厩の実務を担う案主にまでなっている。そして院の御厩司が西園寺家に委ねられてからも、河内守護・河内守の地位を媒介として、御厩司が知行する会賀・福地御牧に関与した可能性がある。そうであるならば、三浦氏は陸奥を含む東国における馬の生産から、京都周辺における院・朝廷への馬の提供まで、一貫して関与したことになり、〝海のもののふ〟ならぬ〝馬のもののふ〟でもあったといえよう。

註

（1）石丸熙『海のもののふ三浦一族』（新人物往来社、一九九九年）、佐藤和夫『海と水軍の日本史　上巻　古代〜源平の合戦まで』（原書房、一九九五年）。

（2）以下、『吾妻鏡』による場合は史料名を記さず、年月日のみを記す。

（3）高尾一彦「淡路国への鎌倉幕府の水軍配置（上）」（『兵庫県の歴史』七、一九七二年）、佐藤和夫「鎌倉期関東水軍について」（『軍事史学』八―二、一九七二年）、野口実『坂東武士団の成立と発展』（弘生書林、一九八二年）、坂井孝一「婚姻政策から見る伊東祐親」（『曽我物語の史的研究』吉川弘文館、二〇一四年）。

（4）佐藤進一『増訂 鎌倉幕府守護制度の研究』（東京大学出版会、一九七一年）。讃岐守護については、これまで推定によるものだったが、「東大寺大勧進文書集」天福元年（一二三三）十二月十二日付け関東御教書写（『新市史補遺』二八六八号）の発見で、三浦義村の在任が確実になった。

（5）本書第四章「佐原義連とその一族」。

（6）『葉黄記』宝治元年（一二四七）八月十八日条。宗像神社文書、建長八年（一二五六）正月日付け大宮院庁下文（『鎌倉遺文』七九五八号。『新市史Ⅰ』一一八六号）。

（7）清雲寺（横須賀市大矢部）にある観音菩薩像（滝見観音）は、中国南宋時代に江南地方で制作された像で、日宋貿易を通じて三浦氏が入手したものと考えられる。

（8）中込律子「摂関家と馬」（『平安時代の税財政構造と受領』校倉書房、二〇一三年）、高橋昌明『清盛以前』（平凡社、一九八四年）、木村真美子「中世の院御厩司について」（『学習院大学史料館紀要』一〇、一九九九年）、大石直正「奥州藤原氏の貢馬」（『奥州藤原氏の時代』吉川弘文館、二〇〇一年）。

（9）盛本昌広「鎌倉期の馬献上の構造」（『日本中世の贈与と負担』校倉書房、一九九七年）。

（10）山本信吉・瀬戸薫「半井家本『医心方』紙背文書について」（『加能史料研究』四、一九八九年）。本書第二章「三浦介の成立と伝説化」参照のこと。

（11）引用は、新日本古典文学大系（岩波書店）により、一部読点を改めた。

（12）皆川文書、寛喜二年八月十三日付け藤原宗政譲状（『鎌倉遺文』四〇一一号）。なお、在庁官人と御厩別当については、竹内理三「在庁官人の武士化」（『律令制と貴族政権』Ⅱ、御茶の水書房、一九五八年）を参考にした。

（13）小山文書、寛喜二年二月二十日付け小山朝政譲状案（『鎌倉遺文』三九六〇号）。

（14）『日本荘園データⅠ』（国立歴史民俗博物館、一九九五年）。

(15) 小笠原御牧については、秋山敬「小笠原牧と小笠原荘」(『馬の文化叢書3　中世』馬事文化財団、一九九五年) を参照した。

(16) 『鎌倉遺文』七六三一号。『新市史Ⅰ』一三〇六号。篤子中宮領については、川端新『荘園制成立史の研究』(思文閣出版、二〇〇〇年) を参照した。

(17) 『日本思想大系　中世政治社会思想』上 (岩波書店) 所収。

(18) 大石直正前掲論文。以下、大石氏の見解は同論文による。

(19) 『寝殿造の研究』(吉川弘文館、一九八七年) の中で、太田静六氏も宇都宮辻子時代の鎌倉御所の厩が大倉御所に比べると小規模になったことを指摘し、その理由を公家将軍であったことに求めている。

なお、鎌倉殿の御所内には、「御厩侍」と呼ばれる空間があった。正治二年 (一二〇〇) 二月二日、侍所別当和田義盛は、捕らえられた梶原景時の余党勝木則宗を御厩侍で尋問している。容疑者が尋問を受けていることから、摂関家の御厩が家政機関職員の拘禁の場としても用いられたこと (元木泰雄「摂関家における私的制裁について」『院政期政治史研究』思文閣出版、一九九六年) が想起されるが、御所内の御厩侍はこうした使われ方はしておらず、建長四年十一月十二日には小侍所が出来上がっていないという理由で、御厩侍に将軍近習の御簡衆が着到しているなど、小侍の代用となる場であった。さらに「御厩侍上」があり、簾中に鎌倉殿が出御して、「御厩侍上」に着座した陰陽師からの報告を聞いたり (貞永元年閏九月五日条)、執権・連署・評定衆の議定が行われた (文暦二年八月二十一日条)。御厩侍は御家人の邸宅にもあり、宝治合戦を前にした三浦泰村の屋敷の御厩侍には鎧唐櫃が百二、三十合積み上げられていたという (宝治元年六月一日条)。

(20) 木村真美子前掲論文。『新市史Ⅰ』六七〇号。

第六章　三浦一族と上総国

はじめに

三浦一族と房総半島の関係は深い。安房国の安西氏を三浦一族と同族とする中世系図もあるし、延慶本『平家物語』第二末に「嫡子杉本太郎義宗ハ、長寛元年ノ秋軍ニ安房国長狭城責トテ、大事ノ手負テ、三浦ニ帰テ百日ニ満ザルニ、卅九ニテ死ニケリ」とあるように、長寛元年（一一六三）の安房国での合戦で義明の一男義宗が傷を受け死去している。海を隔てた安房国の長狭氏と相模国の三浦氏が直接対立していたのか、あるいは長狭氏と同国の安西氏などが対立し、安西氏と親族関係にある三浦氏が加勢したのかは定かでないが、源頼朝の安房国上陸に際して、真っ先に三浦義澄が平家方の長狭常伴を討っているのも、こうした十数年来の関係を前提にしている。また、和田義盛の子息朝夷三郎義秀の苗字は安房国朝夷郡に由来する。義秀は和田合戦で敗れた後、鎌倉から安房国に向けて船出したという（『吾妻鏡』建保元年五月三日条）。『吾妻鏡』宝治元年（一二四七）五月二十八日条の「自二安房・上総以下領所一、以レ船運三取如二甲冑一」という記事から、その後も三浦一族が安房や上総に所領をもっていたことがわかる。上総国においては、和田義盛、次いで三浦胤義が伊隅荘伊北方の地頭であったこと、土屋義清が武射北郷の地頭であったことが、史料から確認される。

本章では、九条家や広橋家に伝わった日記の紙背に残る上総国の三浦一族関係文書を読み解き、地頭である三浦一族と在地との関係、地頭と上総国衙との関係、さらに院や中央政府との関係などを考えてみたい。

一　請所化された国衙領とその地頭——九条家本『中右記』紙背文書を読む

上総国武射北郷に関する二通の文書が、宮内庁書陵部所蔵の九条家本『中右記』の紙背文書として伝来している。まずは二点の文書を提示しておく。

①建久三年（一一九二）八月二十一日付け鎌倉幕府奉行人奉書案

上総国武射北郷事、為請所、准布陸佰段、毎年無懈怠弁□〔済〕京庫、預返抄畢、其儀何可有変改哉、就中当郷近年為荒廃之地、見作僅捌町余云々、空□無足之弁、争改請所之号□〔哉〕、如元無相違可令沙汰者、依鎌□〔倉〕殿仰、執達如件、

□□〔八月〕廿□〔一〕日　民部□〔丞〕〈在判〉

土屋兵衛尉殿

［書き下し］

上総国武射北郷の事、請所として、准布六百段、毎年懈怠なく京庫に弁済し、返抄に預かりおわんぬ。その儀何ぞ変改有るべけんや。なかんづくに当郷近年荒廃の地たり。見作僅かに八町余と云々。空しく無足の弁を□。いかでか請所の号を改むるか。元の如く相違なく沙汰せしむべし、てえれば、鎌倉殿の仰せにより、執達件の如し。

八月二十一日　民部丞〈在判〉

土屋兵衛尉殿

②建保四年（一二一六）八月二十六日付け鎌倉幕府奉行人奉書案

上総国武射北郷事、自故大将□（家）御時、前地頭義清為請所、弁済准布陸佰端於京庫、経□（年）序了、云荒野開発事、云□（地）頭堀内事、被定仰了、而景□（盛）給其跡、更不可有相違者、□（依）鎌倉殿仰、執達如件、

建保四年八月廿六日　図書允清□（原）

謹上　藤九郎右衛門尉殿

[書き下し]

上総国武射北郷の事、故大将家の御時より、前地頭義清請所として、准布六百端を京庫に弁済し、年序を経おわんぬ。荒野開発の事と云い、地頭堀内の事と云い、定め仰せられおわんぬ。しかるを景盛その跡を給わり、更に相違有るべからず、てえれば、鎌倉殿の仰せにより、執達件の如し。

建保四年八月二十六日　図書允清原

謹上　藤九郎右衛門尉殿

1　九条家本『中右記』紙背文書の性格

そもそも、『中右記』は藤原宗忠（一〇六二～一一四一）が記した院政期を代表する日記である。鎌倉時代に九条家周辺で書写された本が、宮内庁書陵部に巻子本六巻と冊子本十五冊からなる九条家本『中右記』として伝来している。このうち、反故にされた文書裏面の白紙を使って書写されているのが三冊六巻ある。その紙背文書の中で、元永元年秋記の紙背文書は早くから紹介されており、『鎌倉遺文』（東京堂出版）に十三通の文書が翻刻され、①②を含む一部

が『千葉県の歴史　資料編　中世四』（千葉県）にも収録されている。そして最近になってようやく九条家本『中右記』の総数二百七十七点に及ぶ紙背文書が紹介されるに至った。その『図書寮叢刊　九条家本紙背文書集　中右記』（明治書院、二〇一五年）によれば、紙背文書がある冊・巻は以下のとおりである。

a巻七	元永元年四季下巻	巻子本	図書寮叢刊所収紙背文書	五点
b巻十二	大治四年夏秋下巻	冊子本	同	一一二点
c巻十三	大治四年冬巻	冊子本	同	三〇点
d巻十六	大治五年秋冬巻	冊子本	同	五四点
e巻十七	長承元年春夏上巻	巻子本	同	七点
f巻十八	長承元年春夏下巻	巻子本	同	八点
g巻十九	長承元年秋冬巻	巻子本	同	五点
h巻二十	長承二年夏秋巻	巻子本	同	四〇点
i巻二十一	保延元年春夏巻	巻子本	同	一六点

これまで「元永元年秋記」と称されてきた巻は、正確には「元永元年四季下巻」で、そこにはこの二通を含めて五通の紙背文書しかない。これまで元永元年秋記紙背文書として扱われてきた嘉禄元年（一二二五）十月二日の米返抄（『鎌倉遺文』三四一九号。『図書寮叢刊』二一一号）、嘉禄三年二月十七日の銭返抄（『鎌倉遺文』三五七〇号。『図書寮叢刊』二一二号）、嘉禄三年の周防国布施領給田注文（『鎌倉遺文』三五八九号。『図書寮叢刊』二一〇号）、同年閏三月十日の政所下文（『鎌倉遺文』三五八八号。『図書寮叢刊』二〇九号）などは、「長承元年春夏下巻」の紙背文書であった。

さて、中右記紙背文書のうち、年号のある文書には、a「元永元年四季下巻」の建保四年（一二一六）八月二十六日の②のほか、f「長承元年春夏下巻」の嘉禄元年・同三年の文書、h「長承二年夏秋巻」の嘉禄元年〜三年の文書と元仁二年（一二二五）の文書、i「保延元年春夏巻」の寿永二年（一一八三）・同三年の文書と建保二年の文書があり、このうち寿永・建保の文書は案文である。また、内容から年次が比定できるものとしては、寛喜二年（一二三〇）の陰陽師書状や行幸供奉請文、嘉禄二年・同三年の仮名暦がある。およそ嘉禄年間ごろの文書とそれに付随した案文、寛喜二年の文書が反故として利用されているといえよう。

文書の宛所としては、「新蔵人」宛てが九通ともっとも多く、「新蔵人」宛ての文書はb「大治四年夏秋下巻」、c「大治四年冬巻」、d「大治五年秋冬巻」、h「長承二年夏秋巻」の四巻に集中している。『図書寮叢刊』の解題は、この「新蔵人」を源康長に比定している。この四巻のうち「長承二年夏秋巻」を除く三巻には「参河前司」「九条侍従」など他の宛所をもつ文書が十一通含まれているが、そのうちの十通が康長を差出とするもので、もう一通は差し出しが読み取れない。宿紙に書かれた綸旨や書状が多く、蔵人としての職掌によって記した文書の書き損じとみられる。この三巻については、源康長のもとに集積された文書が利用されたとみていいだろう。

『図書寮叢刊』の解題は、康長を醍醐源氏長俊の男に比定している。長俊は六位蔵人から叙爵して但馬権守となり、藤原良通の職事（侍所別当）にもなっていた。彼は藤原基房の子家房の乳母子であるという（『玉葉』文治三年二月十日条）。康長自身も『明月記』に藤原教実の前駈として、『民経記』に蔵人としての記事がある。彼には蔵人という顔と、九条家の家人という顔があった。

h「長承二年夏秋巻」は康長宛ての文書一通を含むが、二四五号の「右衛門権少尉」書状は「三条左衛門大夫」宛て、二五四号の後堀河天皇綸旨（奉者藤原信盛）は「筑後守」宛て、二五五号の藤原資頼書状は「蔵人兵衛尉」宛て、二五六号の後堀河天皇綸旨（奉者不明）は「筑後守」宛てと、康長が関わっていない文書も含まれている。「筑後守」

（藤原仲房）宛てが二通あるが、前半の三巻では、康長が奉者となっている綸旨も含まれていたから、藤原仲房の文書が利用されたとは言い切れない。e「長承元年春夏上巻」、f「同下巻」、g「長承元年秋冬巻」、i「保延元年春夏巻」の四巻には康長宛ての文書はなく、二六五号の藤原資経奉書は「前木工権頭」宛て、二六九号の某書状は「大夫史」宛て、二七三号の維雅書状は「木工権頭入道」宛てというようにばらばらになる。後半五巻の文書は特定の持ち主の文書ではなく、複数の人物が持ち寄ったものが再利用されている可能性がある。

本章で取り上げるa「元永元年四季下巻」所収文書には宛所がなく、他の巻に関連する文書もないから、この巻についても利用された文書の元の持ち主は不明である。

また、紙背文書全体では、正税帳案など摂津国の勘会公文案、仮名暦、除目関係文書、請文・書状などの公事催促に関する文書がかなりの割合を占める。所領に関わる文書はa「元永元年四季下巻」に「阿波国名西河北御庄」の文書一通、上総国関係文書三通、f「長承元年春夏下巻」に周防国多仁荘関係文書三通、周防国石城宮関係文書二通、h「長承二年夏秋巻」に越前国志比荘関係文書一通、周防国多仁荘関係文書五通、i「保延元年春夏巻」に尾張国神戸・伊福部御厨関係文書一通、伊勢国猿曲御厨関係文書四通が含まれている。

このうち、尾張国神戸・伊福部御厨や伊勢国猿曲御厨は伊勢神宮領、越前国志比荘は後白河院の御願寺である最勝光院領、周防国多仁荘は崇徳天皇の御願寺である成勝寺領、名西河北荘は徳大寺家につながる藤原実定から鳥羽院に寄進された荘園である。『図書寮叢刊』の解題は、これらを「九条家領関係文書」として一括するが、これらの荘園の名は鎌倉時代中期の九条家領荘園の総体を示す藤原道家惣処分状をはじめとする九条家文書には見えない。多仁荘は弘安十年（一二八七）にその一部が藤原道家建立の東福寺普門院の所領となるが、この紙背文書が利用された一二二〇年代ごろの段階では九条家と関わりをもっていない。「名西庄」が見える紙背文書一通が九条家本『延喜式』に利用されているからといって、これを九条家領とすることもできないだろう。九条家やその管理下にある寺院の所領として九条家に持ち込まれた裁判（本所裁判という）の提出書類ではなく、おそらくは政務主宰者（治天の君と呼ばれる）の後堀河天皇のもとで行われた裁判の提出書類であろう。それが不要になった後、九条家の家人でもあった担当奉行によって再利用されたと考えられる。

また、ａ「元永元年四季下巻」の①②と隆覚書状（『図書寮叢刊』二号）は、上総国に関する文書である。隆覚書状は上総国の国務を行っている人物に宛てて出されているものであるから、訴訟に関する文書ではない。この廃棄文書群を所有していた人物が上総国務になんらかの形で関わった人物であったのだろう。ただし、これも鎌倉前期に九条家と上総国との関係は見出せないから、ひとまず、これらの文書も、九条家やその所領と切り離して考えた方がいいだろう。

2　武射北郷文書の検討

では、以上の史料群の性格を踏まえて、①②の文書の検討に移ろう。①の差出者は「民部丞」で、宛所は「土屋兵衛尉」、②は「図書允清原」が差出者で、「藤九郎右衛門尉」が宛所になっている。差出者が宛所に対して何かを伝えたわけであるが、いずれも「鎌倉殿の仰せにより、執達件の如し」という文末表現をとっている。つまり、彼らは伝言者にすぎず、本当の命令主体は「鎌倉殿」であった。鎌倉殿の仰せを実務官僚である奉行人が承って発給したこのような文書は、鎌倉幕府奉行人奉書と呼ばれている。承久の乱後には、鎌倉殿の仰せを執権である北条氏が奉じる形の関東御教書が登場するようになるが、鎌倉幕府奉行人奉書は、それに先立つ文書形式である。

②には建保四年（一二一六）八月二十六日の年月日が書かれているが、①は八月二十一日の月日のみである。②の

文書が、①の文書について「故大将家の御時」と説明しているので、①の文書の命令主体は「大将家」こと源頼朝である。頼朝は、正治元年（一一九九）正月に死去しているから、この文書は当然それ以前に出された文書ということになる。次の手がかりは「土屋兵衛尉」「民部丞」という二人の人名だろう。

①の文書の宛所の「土屋兵衛尉」が、②の文書に「前地頭義清」とある土屋義清である。義清は、三浦義明の弟岡崎義実の実子で、土屋宗遠の養子となって、その苗字を継承していた。土屋氏は西相模の中村氏系の武士団で、土肥・小早川氏などと同族に当たる。これまで一般的には三浦一族の中に含められていなかったが、和田合戦で和田義盛に与しているなど、三浦一族との繋がりが深く、血縁的には三浦一族といっていい存在である。

「土屋次郎」と称されていた義清が、「土屋兵衛尉」を名乗っている初見記事は『吾妻鏡』寿永元年（一一八二）八月十三日条であるが、『吾妻鏡』では文治五年（一一八九）六月九日条以後は再び「土屋次郎」と記され、建久元年（一一九〇）十一月七日の頼朝上洛記事から同六年の再上洛記事までは「土屋兵衛尉」、建久八年の相良家文書（『新市史Ⅰ』三八一号）にも「土屋兵衛尉」で出てくる。『吾妻鏡』の「土屋兵衛尉」初見記事については、頼朝がまだ謀反人であった段階の寿永二年八月に義清が兵衛尉の官職を有していたとは考えがたく、この表記は『吾妻鏡』の誤りの可能性が高い。そうなると、この文書は建久年間の文書であるとみていいだろう。

一方、①の「民部丞」であるが、民部丞の官職を有していた頼朝の奉行人には、平盛時と二階堂行政の二人がいる。『吾妻鏡』から確認できる盛時の民部丞在任は、文治五年七月から建仁三年（一二〇三）四月、行政の在任は建久三年六月から建久五年十二月である。ただし、『鎌倉遺文』に源頼朝家御教書あるいは関東御教書として収められている文書の実例では、盛時は諱（実名）の「盛時」もしくは「平」の署名をしており、「民部丞」の署名はみられない。「民部丞」の署名をしているのは二階堂行政の方である。行政は島津家文書の関東御教書案（建久三年十月二十二日付け、『鎌倉遺文』六三二号）に「民部丞」の署名をしているが、建久四年三月七日の政所下文（同六六一号）以降は「散位藤原朝臣」と署名しているから、その間に五位に叙爵されて民部丞を辞しているようである。したがって、①の文書は、行政が民部丞に在任していた時期である建久三年八月二十一日付けの文書と判断していいだろう。頼朝が建久三年七月二十六日に征夷大将軍の除書を受け取り、八月五日に征夷大将軍としての政所始を行ったばかりの時期に①の文書は出されていた。

②の文書は建保四年であるので、「鎌倉殿」は源実朝、発給者の「図書允清原」は『吾妻鏡』にもしばしば登場する清原清定、「藤九郎右衛門尉」は安達景盛に当たる。

さて、両文書の内容は、ともに上総国武射北郷に関する文書である。武射北郷は、上総国北東部にある武射郡の北部、武射郡が中世に武射北郡・南郡に分郡される武射北郡とほぼ同じものと考えられている。現在の千葉県山武郡芝山町付近で、成田空港の南側に位置する地域である。この地域には五百基を超える古墳があったといわれ、八世紀後半創建の伝承をもつ天台宗寺院観音教寺（芝山仁王尊）が所在していることから、古くから比較的開けていた地であったとみられる。延慶本『平家物語』第二末に、広常が「伊北・伊南・庁南・庁北・准西・准東・畔萩・堀口・武射・山辺ノ者共平家ノ方人シテ強ル輩ヲバ、押寄々々、是ヲ相具テ一万余騎ニテ上総国府ヘ参会」し、そこで頼朝の使者を迎えたと記されているように、平安時代末期には上総介広常の勢力が及んでいた。しかし、広常が頼朝の不審を買って、寿永二年（一一八三）に討滅されると、その遺領の一部は諸将に分配された。その中で、和田義盛が飯富荘・伊北郡の地頭職を、土屋義清が武射北郷の地頭職を獲得した。そして、土屋義清が和田合戦で滅んだ後、この地の地頭には安達景盛が補任され、②の文書が出されたのである。

①②の文書の内容は、以下のとおりである。

①上総国武射北郷のことについて。地頭請所として、准布六百段を毎年怠りなく京都の倉庫に納め、領収書を受け取っていました。そのやり方をどうして変更することができましょうか。なかでも武射北郷は近年荒廃している土地です。現在耕作している面積はわずかに八町余りということです。空しく狭い所領の弁済を□□。どうして地頭請所の号を改めることができましょうか。元どおり間違いなく取りはからうように、ということですので、鎌倉殿のご命令を伝えます。

②上総国武射北郷のことについて。故大将家（頼朝）のときから前地頭義清が地頭請所として、准布六百段を京都の倉庫に納めており、その慣例が長い年月を経ています。荒野の開発のことに関しても、地頭の堀の内のことに関しても、大将家が定め命じられておりました。そこで、景盛が義清の跡を賜っても、けっして以前と変わりないようにしなさい、ということですので、鎌倉殿のご命令を伝えます。

①②の文書の最大の眼目は、幕府による請所の確認、再確認である。請所（地頭請）とは、地頭が豊凶に関わりなく毎年一定額の年貢納入を請け負うかわりに、土地の管理権を事実上掌握したもので、鎌倉時代初期の東国にみられる地頭請は、幕府の仲介により、地頭がその権利を獲得することになったケースが多い。この武射北郷の事例では、毎年准布六百反を京都にある領主の倉まで運んで納める契約であった。「准布六百段」とは、年貢を麻布に換算した場合、六百反分になる額という意味である。現物の稲を京都まで搬送するのは難儀であったので、軽くて運びやすい布に換えて運ばれたのだろう。こうした方式で土屋義清が数年間支配してきた武射北郷について、おそらく領主側から請所解消の申し入れがあった。それに対して、義清は、契約した年貢納入を怠っているならともかく、毎年受け取っている証拠の領収書もあるのだから、どうして安定しているこの方式を変更することができようかと反論した。しかも、この地は近年荒廃して耕作地が少なくなっているにもかかわらず、年貢分を捻出していることを主張して、請

所を維持してほしいと幕府に働きかけた。そこで、幕府側も義清の主張を認め、武射北郷が地頭請所であることを確認したのが、①の文書である。そして和田合戦の後、地頭の交替にともなって、同様の問題が再び起こり、請所の再確認を行ったのが②の文書ということになる。

ここで一つ問題となるのが、武射北郷の領主は誰かという点である。『角川日本地名大辞典　千葉県』（角川書店）や『千葉県の地名』（平凡社）は、武射北郷の領主を九条家とする。しかし、鎌倉中期の九条家領の全貌を示す藤原道家処分状など、九条家文書として伝来する家領関係文書の中に「武射北郷」の名は見出せない。二つの地名辞典は、この史料が九条家本『中右記』の紙背文書として伝来していることから、そう考えたのであろうが、この紙背文書群と九条家をただちに結びつけることができないことは、先に述べたとおりである。では、誰が領主だったのか。

まず、考えなくてはならないのが、これが「武射北庄」ではなく、「武射北郷」となっていることだろう。この地は、所定の手続きを経て立荘された荘園ではなく、「郷」と呼ばれる国衙領であったということである。西国の事例ではあるが、貞永元年（一二三二）七月二十六日付けの関東下知状案（宗像神社文書、『鎌倉遺文』四三四八号）所引の地頭陳状には、宗像社修理領筑前国東郷について、「東郷事、自二親父親能入道之時一、為二請所一、以二米伍拾石・銭伍貫文一、済二国衙一之後、経二数十年一畢」とあり、鎌倉時代初期の中原親能が地頭であった時代から国衙領の請所化が図られ、年貢の国衙への調進が請け負われていたことがわかる。最終的に宗像社の進止という判決を下した幕府も、この請所の事実は認めている。同じ九条家本『中右記』紙背文書の隆覚書状（『図書寮叢刊』二号）にも、上総国の市東・市西両郡の郷が地頭千葉常秀の請所であったことがみえるから、上総国における国衙領の請所化はけっして珍しいことではなかった。筑前の事例の納入先が「国衙」で、上総国の場合は「京庫」となっている違いは、国守（あるいは知行国主）が在京しているかどうかの違いによるものかもしれない。建久三年の上総介（名目上、親王任国であった上総国の場合、介が最上位の国司であった）は平親長である。『公卿補任』によれば、建久元年正月二十四日に上総介となっており、後任の藤原親房が建久四年四月十四日の補任であるから、それまで上総介の任にあったことになる。その後、上総介には、藤原家隆・同秀康など後鳥羽院に近い人物が就任している。②の文書が出された建保四年段階の介は不明であるが、同じように後鳥羽院人脈の中の誰かが国司だったのだろう。したがって、武射北郷の「領主」は上総国司ということになる。

さて、①②の文書が、隆覚書状と関係がありそうだということを先に述べたが、その隆覚書状について説明をしておこう。隆覚という僧は、新任国司が行う一国検注のために、京都にいる上総介（あるいは知行国主）から命じられて検注使として現地に下った人物である。現地の状況説明を求め、検注についての指示を与えてきた上総介（あるいは知行国主）に対する返信が、この書状で、そこには一国検注に対する地頭や百姓の抵抗の様子が記されている。土地の面積をきっちりと測り、税額の算定をしたい国司側と、なんとか測らせずに古い面積のままで納税額を少なく抑えておきたい在地側とのせめぎ合いである。請所化されると地頭が土地の管理権をもつから、原則として領主側の検注を排除できた。例外なき「一国検注」を掲げ、なんとか検注使を入れようとする国司側に対して、一定の納入が約束されているので、検注の必要はないことを主張する地頭側が請所化の証拠文書として提出した書類が①②ではなかったか。

文書の内容に関しては、地域の荒廃が問題とされる中で、再開発の動きがあり、それを指揮した地頭の拠点である堀内の存在なども興味深い。また、和田合戦で没収された土屋義清跡は安達氏に給付されたが、三浦一族から安達氏へという所領の流れは、佐原氏の所領だった遠江国笠原荘とも共通性がある。

二　三浦胤義の検非違使就任と上総国伊北分──『民経記』紙背文書を読む

『民経記』は、日野流藤原氏の藤原経光（一二一二〜七四）の日記である。嘉禄二年（一二二六）から文永七年（一二七〇）の日記が現存しており、自筆の暦記・非暦日次記・別記、計四十八巻が広橋家・東洋文庫を経て、国立歴史民俗博物館に所蔵されている。そのうち、寛喜三年（一二三一）十月巻の紙背文書に三浦義澄の子息で、義村の弟に当たる胤義が登場する。

1　上総介清国書状の内容

③当国伊隅庄内伊北分造内裏米、地頭三浦判官胤義遅済之間、雑掌折紙如此、如状者、尤不便候、早可弁済由、可被仰下候歟、来月八日可葺檜皮事、如此対捍之、定及懈怠候歟、可然之様可披□〔露〕給候、清国恐惶謹言、

十一月廿五日　　上総介清□〔国〕

謹上　右中弁殿

［書き下し］

当国伊隅庄内伊北分の造内裏米、地頭三浦判官胤義遅済の間、雑掌の折紙かくのごとし。状のごとくんば、もっとも不便に候。早く弁済すべきの由、仰せ下さるべく候か。来月八日檜皮を葺くべき事、かくのごとくこれを対捍し、定めて懈怠に及び候か。然るべきの様披露し給うべく候。清国恐惶謹言。

十一月二十五日　　上総介清国

謹上　右中弁殿

三浦胤義の上総国伊隅荘伊北（千葉県夷隅町・勝田市）地頭としての行動を示す文書である。『民経記』寛喜三年十月の巻には、内裏造営に関する一連の文書が多く再利用されている。宛所である経光の父頼資の右中弁在任期間が承久二年（一二二〇）正月から貞応元年（一二二二）四月であり、胤義は承久三年六月十五日に承久の乱で敗れ自害しているので、年次記載のないこの書状は、承久二年十一月のものとみて間違いない。

まずはこの文書の内容を、口語訳しておこう。

上総国伊隅荘伊北分の造内裏米を地頭三浦胤義がなかなか納入しないので、雑掌が訴えてきた文書はこのようなものです。この文書どおりだったら不都合極まりありません。早く支払うようにお命じ下されたらよろしいでしょう。来月八日に行われる予定の殿舎の檜皮葺のことも、こんな具合に地頭が徴収に応じず、きっと実施できないでしょう。適切な処置をなさるようお伝え下さい。

以上のような内容の手紙を上総国の国司である「清国」が、中央政府の役人である「右中弁」藤原頼資に送った。文書の中に見える「雑掌の折紙」もこの書状に副えられていたと考えられる。なお、清国は現地に赴かない遥任国司で、自身は京都にいて、上総国には代官を派遣していた。

「当国」すなわち上総国の伊隅荘伊北は、伊隅荘を南北に分けたもう一方の伊南方とともに、鳥羽上皇建立の金剛心院を本家とする荘園であった。十二世紀末には上総介一族が荘官職に就いていたが、上総介広常の滅亡後は、和田義盛がこの地の地頭となり、和田合戦の少し前には彼自身もここに居住していた（『吾妻鏡』建保元年三月八日条）。しかし、義盛は和田合戦で敗死し、没収された伊北の地は恩賞として三浦胤義に与えられていたのであった（同五月七日条）。

2　内裏造営と費用調達

この書状の内容を正しく理解するには、その背景となった内裏の造営とその費用の徴収システムを踏まえて史料を読んでいく必要がある。

火災の多い京都にある内裏はしばしば被災した。内裏を再建するときには、上卿（大臣もしくは大納言）・行事弁（弁官）・行事史・官掌らから構成される造内裏行事所というプロジェクトチームがつくられ、費用の賦課や徴収などの実務にあたるとともに、完成までの事業を統轄した。殿舎の造営は、その造営費用を国ごとに割り当てる「国宛」という方法がとられることが多かった。造営を請け負った国では、国司が荘園・公領を問わず国内一律に税を賦課する「一国平均役」と呼ばれる形式で造内裏米を課し、建築の費用に充てた。

この書状が書かれた前年の承久元年（一二一九）七月にも、後鳥羽上皇に背いて、内裏の殿舎に籠もって自殺した源頼茂の放火で内裏の一部が焼失し、そのために内裏の再建が図られた。上総国もいずれかの殿舎の造営を割り当てられたとみられる。当然、伊隅荘の伊北分にも土地の面積に応じた税がかけられたが、地頭の三浦胤義がなかなか造内裏米の徴収に応じないので、徴税の雑務を担当していた雑掌は難渋し、紙を上下二つ折りにした「折紙」という形態の文書で、国司に訴えてきた。その報告を受けた上総国司清国は、このままでは予定されている十二月八日の檜皮を葺く工事もきっと遂行できないだろうから、早く胤義に弁済するように行事所から命じてくれと依頼しているのである。書状は清国から行事弁である右中弁藤原頼資に宛てて出されているが、清国が対処してくれることを期待しているのは頼資ではない。それはこの書状の文末表現が「披露」を依頼する形になっていることからわかる。国司クラスの清国が直接手紙を出せないほど偉い人物への伝達を頼資に頼んでいるのである。その相手は頼資の上司である上卿（行事所の長官）であろう。胤義の未済は国司では対応しきれない、大臣・大納言クラスの上卿が動いてようやく解決するかどうかという困難な問題だったのである。

『民経記』寛喜三年十月記には、この文書のほかにも三通の上総国関係の文書が利用されている。

④大殿御領当国菅生庄造宮米間、平次官請文五通・雑掌折紙、謹進ニ上之一候、自ニ去年一度々雖ニ催促候一、不ニ事行一候、重一日比驚申之処、如レ此事、当□〔時〕所労之間不ニ申沙汰一之由、次官被ニ返答一候、於レ今者、国司催難レ叶候、経ニ御奏聞一、可レ被ニ落居一候歟、所詮、京済難レ叶候、付ニ傍庄例一召ニ給庄□〔家〕下知之状一、可レ致ニ其沙汰一候、清国恐々謹言、

七月十六日　　上総介清国

⑤□〔上〕総国雑掌調成安謹言上、

近衛入道殿下御領菅生庄造宮米事、

□〔件〕造宮米切符、去年十一月之比、□〔付〕ニ申勘解由次官一之処、有ニ御下知一之由被レ出ニ請文一畢、其後去三月木作始之時、重催申之処、依レ為ニ関東知行一不ニ事行一之旨被レ申之間、然者早給ニ御下知之状一付ニ地頭一、可レ致ニ其沙汰一、且□〔院〕御領橘木庄・宣陽門院御領玉崎庄・□〔天〕台末寺中禅寺、依レ為ニ請所一、以ニ領家下知之状一、於レ国致ニ其沙汰一之由触申之処、以ニ此旨一可ニ申沙汰一云々、其後重四月之比、雖レ加レ催、請文同前、仍又一日之比、驚申之処、□此事依ニ所労一未ニ申沙汰一之［　　］」［　　］□〔中莫大之〕□□□□〔数〕□〔百余町〕□□□□也、有限分米及ニ遅々一者、造営懈怠之基也、京済難レ叶者、且任ニ傍庄例一、給ニ下知之状一、欲レ致ニ其沙汰一、仍粗言上如レ件、

⑥大内造宮米之間、当国周西郡地頭駿河入道にて候、於レ国相催候之処、代官申云、正地頭在京之間、可ニ京済一之由申□〔候〕、仍自ニ十二月比一、度々雖ニ相催候一、于レ今無ニ所済一候、仍雑掌折紙幷国司申状令ニ書進一□〔候〕、被レ副ニ御教書一

候て下給候哉、可レ遣二入道許一□且又可レ有二御計一候歟、兼又眼代申状、乍レ恐令二進上一候、御覧之後、可レ被二返下一候、如二申状一□〔者〕、諸地頭・公文・在庁以下、道々細々外才之輩ま□〔て〕、不レ可レ済之由令レ申候条、凡無二其謂一候、先日□〔令〕二進上一候国解事、中御門中納言殿へ被二驚申一候て、忩々可レ被レ下二宣旨一候、其上又被レ副二下院宣一候者、雖二少々一、何不レ済候哉、公事とは乍二申候一、恣申て候、只思給□（後欠）

④⑤は藤原基通領上総国菅生荘に賦課された造宮米（造内裏米）に関する文書で、④は伊隅庄内伊北分に関する③同様に上総介清国の書状、⑤はそれに副えられた雑掌の折紙である。

上総介清国は、承久元年十一月に雑掌を通じて造内裏米の弁済を現地に命じるように菅生荘の領家勘解由次官平某に依頼した。勘解由次官は承諾し、請文を提出していた。未済であったため、同二年三月の木造始に際して催促したところ、鎌倉幕府の勢力が現地を知行していてうまくいかないと弁解したので、雑掌は早く地頭に命じて弁済するように伝えた。四月、さらに先日と、領家とのやりとりを繰り返した。在京の領家からの徴収（京済）が無理だと判断した雑掌は、現地からの徴収を保証する下知状を発給してもらうように清国に働きかけた。そこで清国は、領家勘解由次官とのやりとりを示す五通の請文と雑掌の折紙を副えて、国司からの催促では徴収不可能なので、後鳥羽上皇の許可を受けて行事所が直接に解決してほしいと願い出たのである。③の書状にも、これまでの具体的な折衝を記す⑤のような雑掌の折紙が副えられていたのだろう。『吾妻鏡』元久二年（一二〇五）三月二十五日条によれば、菅生荘十二か郷は鎌倉の勝長寿院領となっていた。

⑥は次のような内容である。

大内裏造営米について。周西郡の地頭は駿河入道（源広綱か）です。上総国で徴収しようとしたところ、地頭代が、正地頭は在京しているので京済にしてほしいといってきました。そこで去る十二月ごろからたびたび催促しましたが、いまだ弁済されていません。そこで雑掌の折紙と国司の申状を作成し、御教書を副えていただけないでしょうか。それを地頭の許に遣わし、ともかくまた算段していただけないでしょうか。前もってまた目代の申状を恐れながら進上いたします。御覧を経た後、お返し下さい。目代の申状によれば、諸地頭・公文・在庁官人以下、下級の職人に至るまで支払うべきではないといっているというのは、まったく正当な理由のないことです。先日進上した国解のことは中御門中納言（宗行）殿にご報告いただいて、すぐに宣旨を発給してもらっていただきたいと存じます。その上また、院宣を副え下していただけたなら、少々であっても、どうして弁済しないことがありましょうか。公事とは申しながら、思うままに申し上げました。ただお考えいただいて（後欠）。

この内容から考えて国司が行事所の担当弁に宛てたものだろう。弁済しない地頭を動かすために、弁官から中納言クラスの公卿を通じて順徳天皇や後鳥羽上皇の文書を発給してもらおうとしている。これらの文書から、胤義が地頭だった伊隅荘伊北分のほかにも各地で同様の事態が起こっており、上総介は行事所を通じて上級権力者に働きかけ、徴収を実現しようとしていたことがわかる。

3　胤義と後鳥羽上皇

行事所から催促を受ける胤義はどこにいたのか。建保六年（一二一八）六月には鎌倉にいたことと承久三年（一二二一）五月十九日には京都にいることが『吾妻鏡』から確認できるが、その間、胤義は『吾妻鏡』にも登場せず、承久の乱までの動向はわからなかった。しかし、その間に出されたこの書状に、彼の居場所を示す一つのヒントが隠されている。それは「地頭三浦判官胤義」という肩書である。「判官」は検非違使の尉の異称である。宮崎康充編『検非違使補任　第一』（一九九八年、続群書類従完成会）は、『吾妻鏡』承久三年五月十五日条に胤義の在任記事が見えることから、承久三年に胤義を掲出しているが、この書状から、承久二年の段階ですでに京都の警察権を担う検非違使の尉に在任していたことが明らかとなる。鎌倉にいたまま検非違使に任命された可能性がまったくなかったとはいえず、また、京都で任命された後に鎌倉へ下向している例もあるが、胤義は少なくとも半年後には京都で活動しているのであるから、検非違使に任命された承久二年からすでに京都にいたとみるのが妥当であろう。

この書状から半年後、胤義は後鳥羽上皇の誘いに応じて、承久の乱で幕府軍と戦火を交えることとなる。彼が在京していたことに関して、『承久記』の古活字本は「大判ノ次デ在京シテ候ケレバ」と、大番勤仕のためであったとしているが、慈光寺本は「平判官胤義コソ此程都ニ上テ候ヱ」と記すのみで上洛の理由などにふれていない。胤義の在京と検非違使への就任とは不可分ではあるまい。胤義が承久の乱の半年以上前から京都にいて検非違使として朝廷の軍事・警察権を担う活動していたことを示唆するこの文書は、彼が後鳥羽上皇方に引き込まれた環境を考える上でも重要な史料となるのである。

胤義を後鳥羽上皇に紹介した院の北面藤原秀康[註]は承元四年（一二一〇）六月十七日に上総の国守になっていた。使者を入部させ、国務に干渉しようとしたことで在庁から訴えられている（『吾妻鏡』七月二十日条）。その後、秀康は河内守・伊賀守・淡路守・備前守を歴任し、承久の乱時には能登守であった。慈光寺本『承久記』によれば、承久の大極殿造営を課した六か国のうち越後国・加賀国は地頭が賦課を拒んでいた。その根元である北条義時を討ち、日本国を思うままに治めるようにという女房卿二位の勧めを聞いた後鳥羽上皇は、秀康を御所に召し、義時討伐の計略を諮った。それに対して秀康は「駿河守義村ガ弟ニ、平判官胤義コソ此程都ニ上テ候ヱ。胤義ニ此由申合テ、義時討ン事易候」と、胤義との相談を進言したという。秀康は自邸に胤義を招き、隠座で心静かに一日酒盛りをし、胤義を後鳥羽上皇方につけることに成功した。秀康は検非違使在任の経歴もあったし、上総の国守として関東の情報に接したこともあった。こうした経験から胤義の存在を知ったのであろう。

おわりに

貴族日記の紙背文書として偶然に残った三通の文書に、三浦一族の痕跡が残されていた。三浦一族が荘園や公領の地頭であった事実のみならず、所領をめぐる地頭方と領主方との駆け引き、一国平均に賦課された造内裏米をめぐる地頭・国守・行事所とのやりとりまでが浮かび上がってきた。ひっそりと眠っている日記の紙背に、まだまだ三浦一族に関する文書が隠れているかもしれない。

註

秀康の出自について、『尊卑分脈』は藤成孫のいわゆる秀郷流藤原氏としつつ、秀康の父秀宗に「実者和田三郎平宗妙子也、然而依レ為二秀忠外孫一為二嫡男一、仍改二姓藤原一相続｜」の注記を付し、秀郷流藤原氏の秀忠の娘と「和田三郎平宗妙」が結婚し、生まれた子である秀宗が秀忠の養子となって嫡子に立てられ、改姓したと説明する。浅香年木『治承・寿永内乱論序説』（法政大学出版局、一九八一年）、平岡豊「藤原秀康について」（『日本歴史』五一六、一九九一年）、関幸彦『敗者の日本史6　承久の乱と後鳥羽院』（吉川弘文館、二〇一二年）は、この「和田三郎平宗妙」を和田義盛の弟宗実と見て、秀康が血脈的には三浦氏と同族の和田一族であったことに胤義との繋がりを求めている。

しかし、和田宗実の後継者である娘津村尼と養子重茂の子孫、越後和田氏（三浦和田氏）の関係史料や系譜類には秀忠や秀康のことはまったく出てこない。『尊卑分脈』が秀忠の孫宗綱（父は僧俊賢）に「号和田」とあることや、秀康の基盤が河内国にあったことなどを考えると、別人の平姓を称する「和田三郎」であろう。平岡氏は、秀康の弟秀能の養子能茂の娘と三浦光村が結婚していること（『吾妻鏡』宝治元年六月十四日条）を傍証の一つとされているが、後鳥羽院の寵童出身の能茂は院の北面であるとともに、「常盤井入道大相国（藤原実氏）家祗候侍所司也」（『尊卑分脈』）であるから、この婚姻は、承久の乱後の三浦氏と西園寺家との繋がりを反映したものである。したがって、これをもって十二世紀後半であろう秀宗の類・軍記物にも見えず、秀康の出自については『尊卑分脈』の説を含めて確証が得られない。

時代の関係の傍証とすることはできない。なお、『尊卑分脈』が秀康の祖父・父とする秀忠・秀宗は、管見のかぎり、記録

第七章　三浦義村と中世国家

はじめに

「三浦義村と中世国家」という大仰なタイトルに、読者は首をかしげるかもしれない。しかし、十年にわたる横須賀市史の編纂事業の中でわかったことの一つが、三浦義村という存在の大きさであった。従来の義村に対するイメージは、相模国の最大級の御家人で、北条義時のライバル、鎌倉幕府内での権力保持のために一族の和田義盛や弟胤義を裏切り見捨てた悪役、実朝暗殺の黒幕など、およそダーティーなものであったろう。しかし、公家日記・寺社の記録などの博捜によって、三浦半島や鎌倉幕府という枠の中には収まりきらない存在であることがわかった。彼自身の立脚点は鎌倉幕府の中にあったが、その影響力は幕府を超えた存在であり、朝廷や中央寺社を含めた中世国家という枠組みでみていかないと、義村の本質がわからないという見解に到達している。

本章では、注目される史料を読み解きながら、従来の義村のイメージを再検討していきたい(1)。

義村を語るに当たって、最大の難点はその生年が明らかでないことである。延応元年（一二三九）十二月五日に亡くなっているが、そのときの年齢がわからない。では、生年を探る手がかりはないものか。その点から考えておこう。

彼が初めて史料に登場するのは、『吾妻鏡』寿永元年（一一八二）八月十一日条である。源頼朝室（のちの政子）の安産祈願のために、伊豆・箱根の両権現と近国の寺社に奉幣使を立てた記事の中に、安房国東条庤への使者として「三浦平六」の名が見える。初めて従軍したのは、元暦元年（一一八四）八月に鎌倉を進発した、源範頼を総大将とする平家追討軍である。治承四年（一一八〇）の頼朝挙兵直後の衣笠合戦などの合戦には参加していなかったことになる。ほぼ同世代と見られる北条義時は、長寛元年（一一六三）の生まれで、治承四年の石橋山合戦に十八歳で参加しているから、義時よりはやや年下ということになろう。『源平盛衰記』第三十七では、元暦元年の平家追討軍の構成に関して、「平家追討ノ軍兵今度上洛ノ時、鎌倉殿ノ侍所ニテ評定アリ。十五六ハ小、十七以上ハ可㆓上洛㆒ト被㆑定タリケルニ、小次郎ハ十六也、有ノ儘ニ申テハ御免アラジ、十七ト名乗テ父ガ伴セント思ケレバ、鎌倉ニテ其定ニ申。父モ我身ノ伽ニモセン、軍ヲモシ習ヘカシト思ケレバ、同十七ト申テ、西国マデ具シタリケレ共、一谷ニテハ、実正ニ任セテ十六歳トゾ名乗ケル」と述べられている。この追討軍への正式な参加資格は十七歳以上であって、十五、六歳の少年は参加資格がなかったというのである。そうであるならば、従軍した義村は元暦元年に十七歳以上だったことになる。寿永二年以前に従軍した形跡はないから、この年に十七歳になった可能性が高い。したがって、仁安三年（一一六八）生まれとみてよさそうである。

その後、鎌倉に戻ってからは、頼朝の勝長寿院供養に供奉したり（『吾妻鏡』文治元年十月二十四日条）、鶴岡八幡宮の放生会で射手を勤めた（同三年八月十五日条）。二十二歳で参加した奥州合戦でも活躍している。そして、建久元年（一一九〇）の頼朝上洛に供奉し、父義澄の勲功賞の譲りを受けて右兵衛尉に任官した（同年十二月十一日条）。

一　和田合戦から承久の乱へ

正治二年（一二〇〇）に父義澄が七十四歳で亡くなった後、三十三歳の義村が三浦一族を率いる立場となり、将軍家や北条氏と密接な関係をもちながら歩んでいく。その中で起きたのが、和田合戦という、鎌倉幕府史上最大の内紛事件である。義村・胤義兄弟は、同族である和田義盛の挙兵に同意しながら、途中で裏切り、北条義時方に寝返ったといわれている。

①『吾妻鏡』建保元年（一二一三）五月二日条（『新市史Ⅰ』五三九号）

陰、筑後左衛門尉朝重在二義盛之近隣一、而義盛館軍兵競集、見二其粧一、聞二其音一、備二戎服一、発二使者一、告二事之由於前大膳大夫一、于レ時件朝臣、賓客在レ座、盃酒方酣、亭主聞レ之、独起座奔二参御所一、次三浦平六左衛門尉義村・同弟九郎右衛門尉胤義等、始者与二義盛一成二一諾一、可レ警二固北門一之由乍レ書二同心起請文一、後者令レ改二変之一、兄弟各相議云、曩祖三浦平太郎為継奉レ属二八幡殿一、征二奥州武衡・家衡一以降、飽所レ啄二其恩禄一也、今就二内親之報一、忽奉レ射二累代主君一者、定不レ可レ遁二天譴一者歟、早翻二先非一、可レ告二申彼内儀之趣一、及二後悔一、則参二入相州御亭一、申二義盛已出軍之由一、于レ時相州有二囲碁会一、雖レ聞二此事一、敢以無二驚動之気一、心静加二目算一之後、起座改二折烏帽子於立烏帽子一、装二束水干一、参二幕府一給、而義盛与二時兼一雖レ有二謀合之疑一、非二今朝事一歟由猶予之間、於二御所一敢無二警衛之備一、然而依二両客之告一、尼御台所幷御台所等去二営中一出二北御門一、渡二御鶴岳別当坊一云々、

『吾妻鏡』の和田合戦記事は多くを『明月記』に依拠していることが知られている。[2] この部分は、記主藤原定家が院御所で藤原信能に聞いた「其近辺宿所者又左衛門尉聞レ之、即備二戎服一、発二使者広元朝臣一、于レ時件朝臣賓客在レ座、杯酒

方酣、亭主聞㆑之、独起座奔㆓参将軍在所㆒、相共逃㆓去其所㆒、赴㆓故将軍墓所堂㆒、去七八町、或云㆓二階堂㆒、此間義盛甥三浦左衛門義村本自与㆓叔父㆒違背、為㆓仇讐㆒、告㆓義盛已出軍之由㆒、依㆓両人之告㆒母儀・妻室等僅逃出」（五月九日条）という情報が原史料となっている。三浦義村が和田義盛の出軍を報告したという部分は『明月記』をもとにしているが、義村・胤義兄弟のやりとりは『吾妻鏡』の独自記事である。二人の会話を聞いていた人物の日記が原史料であるわけはない。原史料があるとすれば、事件後に二階堂行村・金窪行親を中心に行われた事情聴取の記録だろう。(3)

兄弟は、いったん義盛に内応したものの、「忽ちに累代の主君を射奉るは、定めて天譴を遁るべからざる者か」という理由で、内応を後悔し、義盛の挙兵を義時に告げたという。それがたとえ弁明であっても、義村・胤義兄弟が鎌倉殿を戴く体制を重視していたことがわかる。義盛は挙兵に際して、事前に将軍源実朝やその母である尼御台所（のちの政子）の身柄を確保する行動をとっていない。しかも、実朝の御所そのものも攻撃対象となっていた。義盛の行動は、執権北条義時を廃して、鎌倉幕府の体制を作り替えようとするものではなく、実朝を長とする幕府そのものを潰すことになる挙兵だった。そうした動きをみるなかで、同心の起請文に背いても義村兄弟は鎌倉幕府の体制を守ることを選んだ。

こうした判断が、義村の独断ではなく、胤義と「兄弟おのおの相議」しての結論であることも重要であろう。実朝暗殺事件の史料『吾妻鏡』にも一族を集めて評定を開いたと書かれているように、義村は兄弟や一族との話し合いや合意を重視する人物だった。『明月記』は、義村が義盛に背いていて、二人は「仇讐」の間柄であったと記しているが、そもそものような関係であれば、義盛が義村を誘うことも、義村が一諾することもなかったろう。この部分は誤報とみられる。

間一髪で実朝や尼御台所、義時らは難を逃れた。幕府方の隙を窺った義盛の挙兵が予定より一日早く、有力な与同者である横山党の合流が翌日になってしまったこともあり、義盛らは力尽きて討たれた。結果として、挙兵は失敗に終わり、幕府の体制は維持されることになった。

和田合戦での義村のこの行動は、のちに「三浦犬は友をくらふ」の逸話を生むことになる。

②『古今著聞集』巻第十五（『新市史Ⅰ』一〇〇二号）

千葉介胤綱、三浦介義村を罵り返す事

鎌倉右府将軍家に、正月朔日大名ども参りたりけるに、三浦介義村もとより候て、大侍の座上に候けり。その後千葉介胤綱まいりたりける。いまだ若物にて侍けるに、おほくの人を分すぎて、座上せめたる義村猶上にゐてけり。義村しかるべくおもはで、いきどをりたる気色にて、「下総犬はふしどをしらぬぞとよ」と云たりけるに、胤綱すこしも気色かはらで、とりあへず、「三浦犬は友をくらふ也」といひたりけり。輪田左衛門が合戦の時のことをおもひていへるなり。ゆゝしくとりあへずはいへりける。

橘成季の『古今著聞集』の「闘諍」の巻に分類されている話で、若い千葉胤綱が、三浦義村に対して「三浦犬は友をくらふ也」と言い放ったという逸話である。[4]最後に解説が施されているように、和田合戦で同族の和田義盛と敵対したことを念頭においた発言である。この逸話について石井進氏は、和田合戦に際しての義村の「裏切り」をめぐって、「いかにも鋭くその間の事情をえぐったものといえよう」と位置づけている。[5]しかし、この話からそれを読み取るだけでいいのだろうか。

そもそもこの話は、幕府の正月儀礼の場で、義村らが着座している中を、若い胤綱が遅れてやって来て、多くの御家人たちをかき分けるようにして座上に到り、義村のさらに上座に座ってしまったことに端を発する。それに気色ばんだ義村が「下総の犬は寝床を知らない」といったのに対して、胤綱は顔色一つ変えず、すぐに「三浦の犬は友を喰らう」といった。話そのものは、胤綱の切り返しを讃えているのであるが、森野宗明氏が、この話の背景に、序列の格付けの表象となる席次に寄せる御家人の並々ならぬ関心があり、義村が長幼の序にこだわり年長者を立てようとする面のある人物だったことを見て取っているように(6)、秩序を重んじ、そのためには同族をも切り捨てる義村の人物像と、その義村の行動を理解できない幼稚で不作法な胤綱の対比という見方もできるであろう。

次に幕府を襲った出来事は、承久元年(一二一九)の実朝暗殺事件である。実朝の右大臣拝賀の儀が行われている鶴岡八幡宮で、前将軍頼家の遺児公暁が叔父実朝を殺害した。この事件の黒幕として、北条義時や三浦義村の名をあげる作家や研究者もいる(7)。そこでまずはその点を検討しておこう。

鶴岡八幡宮で起きた出来事について、信憑性が高く、根本史料となるのは慈円の『愚管抄』である(8)。その書きぶりや内容からみて、この儀式のために鎌倉に下向して、事件を目の前で目撃した公卿の言説に基づいている。

③『愚管抄』巻第六(『新市史Ⅰ』六二九号)

コノ大将ノ拝賀ヲモ関東鎌倉ニイハイマイラセタルニ、大臣ノ拝賀又イミジクモテナシ、建保七年正月廿八日甲午トゲントテ、京ヨリ公卿五人檳榔ノ車グシツヽクダリ集リケリ、五人ハ、

大納言忠信内大臣信清息、

中納言実氏東宮大夫公経息、

宰相中将国通故泰通大納言息、朝政旧妻夫也、

正三位光盛頼盛大納言息、

刑部卿三位宗長蹴鞠之料ニ本下向云々、

ユヽシクモテナシツヽ、拝賀トゲケル、夜ニ入テ奉幣終テ、宝前ノ石橋ヲクダリテ、扈従ノ公卿列立シタル前ニ揖

> シテ、下襲尻引テ笏モチテユキケルヲ、法師ノケウサウ・トキント云物シタル、馳カヽリテ下ガサネノ尻ノ上ニノボリテ、カシラヲ一ノカタナニハ切テ、タフレケレバ、頸ヲウチヲトシテ取テケリ、ヲイザマニ三四人ヲナジヤウナル者ノ出キテ、供ノ者ヲイチラシテ、コノ仲章ガ前駈シテ火フリテアリケルヲ義時ゾト思テ、同ジク切フセテコロシテウセヌ、義時ハ太刀ヲ持テカタハラニ有ケルヲサヘ、中門ニトヾマレトテ留メテケリ、大方用心セズサ云バカリナシ、皆蛛ノ子ヲ散スガゴトクニ、公卿モ何モニゲニケリ、カシコク光盛ハコレヘハコデ、鳥居ニモウケテアリケレバ、ワガ毛車ニノリテカヘリニケリ、ミナ散々ニチリテ、鳥居ノ外ナル数万武士コレヲシラズ、此法師ハ、頼家ガ子ヲ其八幡ノ別当ニナシテヲキタリケルガ、日ゴロヲモイモチテ、今日カヽル本意ヲトゲテケリ、一ノ刀ノ時、「ヲヤノ敵ハカクウツゾ」ト云ケル、公卿ドモアザヤカニ皆聞ケリ、

現場の目撃者の証言によると、夜、実朝が奉幣を終えて社前の石段を降り、列立していた扈従の公卿の前に立ち止まって揖し、笏を持って束帯の下襲の裾を引きずって歩き出したところを、突然、僧形で兜巾をかぶった男が現れ、裾を踏みつけて実朝の動きを封じ、実朝の頭に一太刀浴びせ、倒れた実朝の首を掻き取った。このとき、男が「親の敵はこうして討ったぞ」といったのを公卿たちもはっきりと聞いていた。男が実朝の首をとると、男が飛び出してきた方向から三、四人の同じような装束の者が現れ、実朝の供の者を追い払い、前駈として火を持っていた源仲章を北条義時と勘違いして、斬り伏せて殺し、男たちは姿を消した。義時は太刀を持って実朝の傍らに供奉していたのであるが、実朝が中門に留まるようにと命じて、八幡宮の境内にいなかったのであった。境内では公卿以下が散り散りに逃げてパニック状態であったが、鳥居の外の数万の武士たちはこの事件にまったく気づいていなかったという。主犯の男は頼家の子、鶴岡八幡宮の別当で、日頃から宿意をもっていて、この凶行に及んだとみられている。その証拠が、実朝を討ったときの一言であった。目撃者の証言によるかぎり、実朝と義時を狙った公暁の怨恨による犯行、義時と

間違えて仲章を殺した三、四人が共犯者だったというのが八幡宮境内で起きた事件の実態である。

この鶴岡八幡宮での出来事をもう一つの史料である『吾妻鏡』はどう書いているのか。

④『吾妻鏡』承久元年正月二十七日条（『新市史Ⅰ』六二八号）

令レ入二宮寺楼門一御之時、右京兆俄有二心神御違例事一、譲二御剣於仲章朝臣一退去給、於二神宮寺一御解脱之後、令レ帰二小町御亭一給、及二夜陰一神拝事終、漸令二退出一御之処、当宮別当阿闍梨公暁窺二来于石階之際一、取レ剣奉レ侵二丞相一、其後随兵等雖レ馳二駕于宮中一、武田五郎信光進二先登一無レ処レ覓二讎敵一、或人云、於二上宮之砌一別当闍梨公暁討二父敵一之由被二名謁一云々、

夜、神拝が終わって石段の下で襲われたこと、公暁がそのときに「父の敵を討った」と発言したこと、犯行後に公暁が姿を消したことは『愚管抄』と同様であり、問題はない。大きく違っている点は、義時がにわかに心神違例の状態になり、御剣を持つ役を仲章に代わってもらい、退出し、帰宅したとしていることである。『愚管抄』の証言者は、実朝の命で義時は中門に留められたので、御剣を持って供奉していた者はいなかった、仲章は前駈として火を持っていたと証言している。『吾妻鏡』は、義時が退出した話を、後日さらに展開させる。事件の十一日後、二月八日条の「右京兆詣二大倉薬師堂一給、此梵字、依二霊夢之告一、被二草創一之処、去月廿七日戌剋供奉之時、如レ夢兮白犬見二御傍一之後、御心神違乱之間、譲二御剣於仲章朝臣一、相二具伊賀四郎許一退出畢、而右京兆者、被レ役二御剣一之由、禅師兼以存知之間、守二其役一人、斬二仲章之首一、当二彼時一、此堂戌神不下坐二于堂中一給上云々」という記事である。ここでは義時が心神違例となって退去した理由が、義時建立の大倉薬師堂に安置されていた十二神将の戌神の霊験譚として記述されている。④の義時の記述がこの霊験譚と一連のものであることは疑いがないだろう。④の義時の行動部分は、霊験譚にともなって改変が施されている可能性が高い。

『愚管抄』の証言者は、事件後に見聞したその後の経緯についても語っている。

⑤カクシチラシテ一ノ郎等トヲボシキ義村三浦左衛門ト云者ノモトヘ、「ワレカクシツ、今ハ我コソハ大将軍ヨ、ソレヘユカン」ト云タリケレバ、コノ由ヲ義時ニ云テ、ヤガテ一人、コノ実朝ガ頸ヲ持タリケルニヤ、大雪ニテ雪ノツモリタル中ニ、岡山ノ有ケルヲコヱテ、義村ガモトヘキケル道ニ人ヲヤリテ打テケリ、トミニウタレズシテ切チラシ〳〵ニゲテ、義村ガ家ノハタ板ノモトマデキテ、ハタ板ヲコヘテイラントシケル所ニテウチトリテケリ、

鶴岡八幡宮から姿を消した公暁は、鎌倉殿の「一ノ郎等」と思われる三浦義村の許に使者を送り、「私はこのように実朝を討った。今となっては私こそが大将軍だ。そちらに行こう」と伝えた。義村はこのことを北条義時に報告した。公暁は一人、実朝の首を持って大雪の積もった中、山を越えて、義村宅に向かった。義村は家に通じる道に人を遣わし、公暁を討った。公暁はすぐには討たれずに、討手を斬り散らして逃げ、義村宅の塀の羽目板のところまで来て、羽目板を越えようとしたところを討ち取られた。

これが、鎌倉にいた公卿たちが幕府関係者との交流の中で耳にした公暁のその後についての情報である。ここからわかることは、公暁の行動が単に父の仇討ちだけではなく、実朝とそれを支える北条義時を討つことで、自身が鎌倉殿の地位に就き、義村以下の御家人に支えられる体制をつくる野望にも発していたことである。しかし、その点での計画性があったとは思えない。最初に義村宅に向かおうとしたのも、彼が鎌倉殿の「一ノ郎等トヲボシキ」という理由だけであった。一方、『吾妻鏡』はこのあたりの事情を次のように記す。

⑥爰阿闍梨持二彼御首一、被レ向二于後見備中阿闍梨之雪下北谷宅一、羞レ膳間、猶不レ放二手於御首一云々、被レ遣二使者弥源太兵衛尉闍梨乳母子、於二義村一、今有二将軍之闕一、吾専当二東関之長一也、早可レ廻二計議一之由被二示合一、是義村息男駒若丸

依レ列二門弟一、被レ侍二其好一之故歟、義村聞二此事一、不レ忘二先君恩化一之間、落涙数行、更不レ及二言語一、少選先可レ有レ光二臨于蓬屋一、且可レ献二御迎兵士一之由申レ之、使者退去之後、義村発レ使、申二件趣於右京兆一、々々無二左右一可レ奉レ誅二闍梨一之旨、下知給之間、招二聚一族等一凝二評定一、闍梨者太足二武勇一、非二直也人一、輙不レ可レ謀レ之、頗為二難儀一之由、各相議之処、義村令レ撰二勇敢之器一、差二長尾新六定景於討手一、定景遂二雪下合戦一後、向二義村宅一、不レ能二辞退一、起座着二黒皮威甲一、相二具雑賀次郎西国住人、強力者也、以下郎従五人一、赴二于闍梨在所備中阿闍梨宅一之刻、闍梨者、義村使遅引之間、登二鶴岡後面之峰一、擬レ到二于義村宅一、仍与二定景一相二逢途中一、雑賀次郎忽懐二闍梨一、互諍二雌雄一之処、定景取二太刀一、梟二闍梨着二鈍絹衣・腹巻一、年廿云々、首一、是金吾将軍頼家、御息、母賀茂六郎重長女、為朝孫女也、公胤僧正入室、貞暁僧都受法弟子也、定景持二彼首一帰畢、即義村持二参京兆御亭一、々主出居、被レ見二其首一、安東次郎忠家取二指燭一、李部被レ仰曰、正未レ奉レ見二闍梨之面一、猶有二疑貽一云々、

備中阿闍梨宅での出来事など、独自の情報も入るが、公暁と義村とのやりとりについては、公暁が使者を義村に送り、自分こそが幕府の長であると宣言して、義村と事後について相談したいと伝えていること、義村がそれを義時に報告したこと、義村が討手を遣わして義村宅に向かう途中の公暁を討ったことは『愚管抄』と類似している。一方の当事者である義村の証言が事件後直ちに幕府関係者の間で共有されていたことを示すのだろう。ここでは義村を頼った理由として、義村の息駒若丸が公暁の門弟に列していることをあげる。

義村黒幕説の理由の一つとして、義村が公暁の乳母夫《めのと》であったことがいわれている。『吾妻鏡』建永元年（一二〇六）十月二十日条の「左金吾将軍御息若君、善哉公、依二尼御台所之仰一、為二将軍家御猶子一始入二御営中一、御乳母夫三浦平六兵衛尉義村献二御賜物等一」という記事がその根拠である。確かに義村が頼家息善哉の養育責任者である「乳母夫」だと記されている（義村の妻が乳母だったという意味ではない）。しかし、事件関係の記事では『愚管抄』も含めま

ったくこのことに言及していない。建暦元年（一二一一）九月十五日条では、善哉が鶴岡八幡宮別当の定暁のもとで出家し、公暁の法名が付けられたと記されているから、『吾妻鏡』においては善哉と公暁とは同一人物として書かれている。ただ、建永元年の善哉の着袴の儀で陪膳役を勤めていた義時子息の一人である泰時が、右の記事の末尾で、公暁の顔をまざまざと見たことはないと述べていること、『尊卑分脈』が異母弟の禅暁に「童名善哉」の注記を付していることなどを考え合わせると、義村が公暁の養育責任者だったという記事にはなんらかの混乱があるような気がしてならない。『吾妻鏡』を根拠とする義時あるいは義村黒幕説は、義時と義村が敵対するライバル関係にあったことを前提にしている。しかし両者はけっして対立する存在ではなく、政子・義時・義村・大江広元の連帯関係でこの時期の幕府政治は運営されてきた。いずれにしても黒幕説は成り立たないだろう。

殺された実朝の後継者選びについては、『愚管抄』が詳しい経緯を記している。それによれば、実朝在世中の建保六年（一二一八）に上洛した政子は、実朝に子がいないことから、後鳥羽上皇の皇子の東下を要請したが、将来日本国を二つに分けるようなことはできないという上皇の判断が下った。ただし、その返事には摂政・関白の子ならば申請に応じてもいいという言葉があったので、それをたよりに左大臣藤原道家の子を要請したという。『愚管抄』は「コレニトリツキテ、又モトヨリ義村ガ思ヨリテ、「此上ハ何モ候マジ、左大臣殿ノ御子ノ三位ノ少将殿ヲ、ノボリテムカヘマイラセ候ナン」ト云ケリ」と記しており、道家の子の東下は三浦義村のもともとの考えだったというのである。結局、「三位ノ少将」教実ではなく、外祖父藤原公経のもとで養育されていた二歳の若君三寅が選ばれたが、非常事態の中で、義村が九条流摂関家の道家の子息を鎌倉殿に迎えるという判断をし、それが実現されたことで、幕府は危機を乗り切ったのである。義村の役割はきわめて大きかった。

後鳥羽上皇は、源頼朝と後白河院・藤原兼実との間で確認された平時における幕府の役割、すなわち上皇の命のままに警固と経済負担を果たすだけの幕府の存続を望んでいた。(9) しかし、北条義時が上皇の地頭停廃要求を拒絶したことは、現実の幕府が上皇の望む幕府の姿ではなくなっていたことを示していた。そこで、上皇は、本来の幕府に戻すべく、義時の排除に動いた。全国の御家人・非御家人に義時追討を命じ、その結果起こったのが、承久の乱である。上皇は三寅を首長とする幕府を倒そうとしたわけではなかった。後鳥羽上皇御所における謀議に三寅の父道家も加わっていたこと（慈光寺本『承久記』）がそれを裏づける。北条義時に代わる存在として期待されたのが三浦義村であった。検非違使として在京していた弟胤義を通じて上皇の意志が義村に示された。しかし、義時と常に一体だった義村はこれを拒み、義時や政子に報じた。政子のもとに結集した幕府御家人は、上洛軍の派遣を決め、義村は東海道軍の大将軍の一人として進発した。

一方、後鳥羽上皇方に付いた弟胤義は、墨俣で敗れ、勢多でも敗れて京都に戻った。敗戦を上皇に報告すると、上皇は戦後処理に取りかかり、胤義は義村の手にかかって死のうと、三浦・佐原の軍勢がいる東寺に向かった。そこでの胤義と義村とのやりとりが、慈光寺本『承久記』に描かれている。

⑦慈光寺本『承久記』（『新市史Ⅰ』六六三号）

平判官申サレケルハ、「是コソ駿河守ガ旗ヨ」トテカケ向フ。「アレハ、駿河殿ノオハスルカ。ソニテマシマサバ、我ヲバ誰トカ御覧ズル。平九郎判官胤義ナリ。サテモ鎌倉ニテ世ニモ有ベカリシニ、和殿ノウラメシク当リ給シ口惜サニ、都ニ登リ、院ニメサレテ謀反オコシテ候ナリ。和殿ヲ頼ンデ、此度申合文一紙ヲモ下シケル。胤義、思ヘバ口惜ヤ。現在、和殿ハ権大夫ガ方人ニテ、和田左衛門ガ媒シテ、伯父ヲ失程ノ人ヲ、今唯、人ガマシク、アレニテ自害セント思ツレドモ、和殿ニ現参セントテ参テ候ナリ」トテ散々ニカケ給ヘバ、駿河守ハ、「シレ者ニカケ合テ、無益ナリ」ト思ヒ、四墓ヘコソ帰ケレ。

熱く義村に呼びかける胤義と、「馬鹿者と関わり合っても無駄だ」とその場を離れる義村の姿が対照的に描かれている。和田合戦に際しては胤義と相談し、実朝暗殺事件では一門と話し合って去就を決めたような、コンセンサスを図る義村とは違って、高度な政治判断の上に立った決断をしたならば、弟も切り捨てるという冷淡な義村の一面が表されている。

二　承久の乱の戦後処理

乱は幕府方の圧勝で終わった。入洛した幕府軍と朝廷との戦後交渉の様子が記録に残っている。

⑧『承久三四年日次記』承久三年（一二二一）六月十五日条（『新市史Ⅰ』六六六号）

辰刻大夫史国宗為二勅使一令レ向二軍陣六条川原一、官掌二人・使部二十人・弁侍二人相二具之一、主典代中宮権大属中原俊職被レ副レ之、是関東武士、為二故右府実朝公家司一、能令レ知二案内一之故也、其時武士不レ知二幾千万一、其中武蔵守泰時・駿河守義村・堺兵衛尉常秀・佐竹別当能繁等為二海道手一立レ面下馬、仰二勅定之趣一、義時朝臣追討宣旨可レ被二召返一之一事、更不レ可レ有二依違一、兼参二入帝都一不レ可レ有二狼藉一、大少事任二申請一、可レ有二聖断一之由也、各承レ仰、可レ停二止禁中参入一之由申二上之一、其上可レ見二知内裏・仙洞等在所一之由申レ之、進二武士一畢、其中駿河守義村別守二護宮中一之由、称レ有二関東命一、差二遣右近将監頼重等者一也、

朝廷からは勅使小槻国宗や院主典代らが六条川原の幕府方の軍陣に向かった。主典代の中原俊職は源実朝の家司を勤めたこともある、事情に通じた人物であった。幕府側は北条泰時・三浦義村・千葉常秀・佐竹能繁が下馬して勅使を迎えた。後鳥羽上皇からの申し入れは、a義時追討宣旨は撤回する、b幕府軍が京都で狼藉をしないように、c京

都における大事・小事とも占領軍の申請どおりに上皇が聖断する形をとる、という三点であった。幕府方もこれを承諾するとともに、内裏への人々の出入りを禁ずるように申請した。そして内裏や院御所の場所を確認したいといって武士を派遣した。なかでも駿河守三浦義村は特別に宮中を守護するように幕府の命を承っていると称して右近将監頼重らを宮中に派遣したと記されている。幕府軍の中にあって、義村が宮中守護という特命を、事前に幕府から受けていたことは、幕府軍における義村の役割を考える上で重要である。

京都を掌握した幕府軍にとって、最大の政治課題は、後鳥羽上皇の処遇と天皇の交代であった。幕府は、高倉天皇の孫に当たる茂仁を後堀河天皇として立て、皇位を践まず、しかも出家の身である守貞親王に院政を敷かせるという新儀でこの事態に対応しようとした。その後堀河天皇擁立の経緯について、賀茂社の神官である賀茂経久の記録が存在することが近年明らかになった(10)。

⑨『賀茂旧記』承久三年七月七日条（『新市史補遺』二八五六号）

同七月七日、するがの守北白河殿にまいりて、宮せめいだしまいらせて、おがみまいらせて、同九日御くらゐにつかせ給ときこゆ。

この史料について、杉橋隆夫氏は「身柄を強引に受け取り、懇請して天皇の位に即かせた」と解釈している(11)。しかし、「宮せめいだしまいらせて」とは、母子が住む北白河殿から茂仁を強制的に外へ連れ出す行為ではなかろう。それではこれから天皇に立てようとする茂仁に対してあまりに不敬に過ぎる。義村はそこまで秩序を無視する人物ではない。寝殿造の邸宅は、儀式や来客に対応する表とプライベートな奥から構成されており(12)、通常、子どもは表には出てこない。公卿の座あるいは出居などと呼ばれる来客空間にまで出座願って、そこで直接拝み倒したというのが、この『賀茂旧記』に記されている内容であると考えられる。

収公された後鳥羽上皇の所領を後高倉院に進上する使者を勤めたのも義村であった。

⑩国立歴史民俗博物館所蔵『公武年代記』裏書　承久三年条（『新市史Ⅰ』六七一号）

同七六戊子、院御二幸鳥羽殿一、同八日御出家、同十三奉レ移二隠岐国一、同廿順徳院守成、奉レ移二佐渡国一、同廿四日三品雅成親王号二六条宮一、但馬国、嘉禄元十廿二御出家、廿七才、同廿五無品頼仁親王号二冷泉院一、備中国、同閏十十土御門院為仁、土佐国、奉レ還二阿波国一、寛喜三十十一崩、（中略）以二先院御領所々一悉被レ進二高倉院一、但武家要用之時者可二返給一之由、以二義村朝臣一被二申入一了、則被レ許云々、

単に進上するだけでなく、幕府に必要が生じた場合には返していただきたいという留保を加えた上で、義村が申し入れ、それが許されたというのである。承久の乱後の宮中警固、新天皇擁立、皇室領進退という、京都を占領した幕府が抱えた最難関の課題の解決は、義村の手に委ねられていた。先の道家子弟の鎌倉殿擁立と天皇の擁立を含む、承久の乱前後の中世国家の再建は、義村の手によって行われたといっても過言ではあるまい。

義村が京都で貴族たちを相手にこうした役割を果たせたのも、彼の身分が五位の受領（駿河守）になっていたからである。承久の乱に先立つ承久二年に駿河守になっていた。駿河国は北条義時を事実上の知行国主とする関東御分国で、義村の前任は北条時房・泰時、後任は重時だから、北条氏の枠（泰時嫡子時氏の外祖父の立場）で受領になっているといっていいだろう。幕府は諸大夫層である頼朝一族が受領になることは認めていたが、侍層の御家人が受領になることを禁じていた（『吾妻鏡』承元三年五月十二日条）。これを踏まえると、北条氏に次いで、義村が駿河守になったのは、彼が侍身分を脱して、下級貴族に相当する諸大夫身分へと昇進したことを示している。治承・寿永の内乱期に、無位無官の北条時政が頼朝代官として上洛し、「北条丸」と蔑まれた[13]のとは、明らかに身分が違っていたのである。

また、貴族社会は所定の所作がとれないことを無礼と見なして許容しない[14]。義村はこうした礼を弁えた人物でもあっ

たのだろう。

三　朝廷・中央寺社と義村

承久の乱の戦後処理に重要な役割を果たした義村を、その後、京都の貴族たちはどうみていたのか。藤原定家の『明月記』には義村の動向がしばしば記されている。『明月記』における幕府関係の記事の主な情報源は、定家の主人である藤原（九条）道家（将軍頼経の父）、定家の妻の兄弟で、子息為家の養父でもある藤原（西園寺）公経とその子実氏であった。彼らは当時の朝幕関係の朝廷側の窓口になっている人物である。また、六波羅にも出入りしている医師などからの情報も記されている。『明月記』の幕府関係記事は、これら幕府から直接情報がもたらされる人物や六波羅で直接話を聞いた人物からの情報に基づいているから、単なる噂話と違って、信憑性が高い。

⑪『明月記』嘉禄元年（一二二五）十月二十八日条（『新市史Ⅰ』七五九号）

入レ夜中将来、参二安嘉門院一之次、相国付二宰相一云、（中略）関東御元服事、義村等之存旨猶難二測量一云々、可二得レ姓給一由有二議定之輩一、是深引二博陸之心一歟、

子息中将為家が定家のもとにやってきて伝えた情報である。藤原公経（相国）から聞いた話の中に、「関東御元服の事」、すなわち公経の外孫に当たる鎌倉殿三寅の元服に関する話題があった。三寅はこの年八歳。摂関家の元服の家例は十一歳で、父道家もその歳であったが、兄教実は八歳で元服していた。三寅の元服をいつ、どのように行うか、とりわけ三寅が源氏に改姓して、頼朝の「家」の後継者になるかどうかが、公武間の一つの関心事であった。これについて「義村等の存旨なお測量し難し」と記されている。公経も、義村らの意向がまだ計り知れないと述べたという

のである。朝廷側にとって、泰時でも時房でもなく、義村こそが幕府の顔であり、義村の意向で幕府側の意思が決まるとみていた。

⑫『明月記』嘉禄二年（一二二六）正月二十六日条（『新市史Ⅰ』七七〇号）

未斜中将来、下名明日云々、参㆓内・殿㆒、只今参㆓北山㆒、信綱今日参㆓関白殿㆒、可㆑申㆓将軍宣旨事㆒云々、叙位事聞申歟、不㆑聞㆓委旨㆒、又御姓事、信綱相㆓伴行兼㆒、参㆓春日御社㆒、可㆑申㆓請改姓可否㆒云々、推㆑之孔子賦歟、怪々、御名頼経㆒云々、藤氏之為㆓源氏㆒、未㆑聞事歟、此事又凶人之勧励歟、年来氏社・氏寺修㆓彼御祈㆒、今如㆑此、弥背㆓冥慮㆒歟、俊親依㆓義村之吹挙㆒、為㆓両国司之耳目㆒云々、定咄㆓追従横謀之詞㆒歟、可㆑悲之世也、

定家は公経の北山亭に赴き、在京する佐々木信綱が関白藤原家実のもとを訪れたさいの話を仕入れてきた。そのときの話題の中に「俊親義村の吹挙により、両国司の耳目となると云々」という話があった。俊親が三浦義村の推薦によって、鎌倉幕府の両執権、相模守北条時房・武蔵守北条泰時の目や耳のような働きを担うことになったというのである。定家はこれについて「定めて追従横謀の詞をはくか。悲しむべきの世なり」、すなわち、「きっとおもねった、人の道から外れた詞を吐いて取り入ったのだろう。悲しむべき世だ」との感想を洩らしている。俊親とは、藤原親経の子で、祖父俊経は近衛・高倉天皇二代の侍読を、親経は後鳥羽・土御門両天皇の侍読を勤めている学者の家の出身であった。俊親の母は藤原季行の娘で、前摂政藤原道家の祖母の姉妹に当たる。季行の曽孫親季を聟としている義村にとっても縁のある人物であった。俊親は前年の十一月二十三日、兼ねて道家周辺で問題となっていた三寅の名前選びにどの文字を選ぶか、学者として異議を申し立てたことがあった。このときも「我、関東において難を加えんと欲す」と、鎌倉に赴いてまで異議を唱えたいと述べたという（『明月記』嘉禄元年十一月二十三日条）。俊親は『吾妻鏡』には登場しないが、義村を介して鎌倉幕府との太いパイプをもつと自任する在京の中流貴族だったのであろう。三寅の

元服は嘉禄元年十二月二十九日に行われ、前春宮権大進俊道が選んだ頼経の名が付けられた（『吾妻鏡』）。

⑬『明月記』嘉禄元年十一月十九日条（『新市史補遺』二八六〇号）

参二室町殿一、（中略）実雅卿旧妻近日上洛、可レ嫁二通時朝臣一云々、義村為二知行庄之地頭一、年来不レ被レ訴、心操為二上郎一由成レ感、有二此婚姻之儀一云々、窃案、義村八難六奇之謀略、不可思議者歟、若依レ思二孫王儲王一用二外舅一歟、近日被レ聴二昇殿一云々、老幸之時也、後聞、昇殿僻事云々、

定家は、道家の邸宅室町殿に行って、藤原（一条）実雅の妻だった女性が近く上洛し、源通時と結婚する予定だという話を聞いた。実雅の旧妻とは北条義時の娘、通時は村上源氏で、通親の甥に当たる人物である。この縁談を取りなしたのは義村であった。義村は、通時が知行している荘園の地頭であったが、長年領主である通時から訴えられることがなかったために、通時を好人物と見込んで、この婚姻を結んだというのである。通時は四位の荘園領主で、五位の義村は地頭という立場にすぎないのであるが、「心操上郎たるの由感を成す」とは義村の方が上位に立っているかのような物言いである。この話を聞いた定家はこの婚姻を「義村の八難六奇の謀略」と称している。「八難」とは、『漢書』高帝紀の「以問張良、良発八難」を典拠とする言葉で、漢の劉邦の軍師張良の故事であり、「六奇」とは、『史記』陳丞相世家の「常以護軍中尉従攻陳豨及黥布、凡六出奇計」を典拠とする言葉で、知謀で知られる漢の陳平の故事である。定家は、義村のこの動きを張良や陳平の知略にたとえているのである。この年、後堀河天皇は十四歳で、春宮はいなかった。後鳥羽上皇の子孫が皇位継承から排除されている中で、「儲王」候補だったのが高倉天皇の皇子、故惟明親王の子交野宮だった。交野宮の母は通時の姉妹である。この状況で、定家は「もしくは孫王の儲王を思うにより、外舅を用うるか」、すなわち交野宮を春宮にすることを考えて、その母方のオジである通時と義時娘との婚儀を結ばせたのかと、推量したのである。義村は皇位継承問題まで視野に入れて行動している人物だとみられて

いた。

⑭『明月記』天福元年（一二三三）十一月二十三日条（『新市史Ⅰ』九〇九号）

巳時許興心房来談給之次聞、左中将源通時十一月廿三日於二関東一終命、候二安嘉門院一女子俄退出云々、姉妹姫宮春日局、今度除目可レ被レ補レ頭之由告送、使不二到着一死去云々、運之拙非二人力一事歟、大臣孫、大納言三男也、已五十余、為二義時聟一、而義村頻挙、遂不レ仮二公卿之名一、可レ悲事歟、

その後、通時は義時の娘と結婚し、鎌倉に下っていた。彼の死去の報を、定家は六波羅にも出入りしている医師興心房から聞いた。今回の除目で蔵人頭に補せられ、姉妹が鎌倉に使者を遣わしたが、その使者が到着する以前に死去していたというのである。蔵人頭から参議として公卿に至るのが通常の昇進コースであったから、大臣の孫、大納言の子でありながら、あと一歩のところで公卿に至らなかったことを定家も憐れんでいる。この蔵人頭の人事には義村の度重なる推挙があった。義村の意向は、蔵人頭という朝廷の重要人事にまで反映されたのである。

⑮『明月記』寛喜元年（一二二九）十月六日条（『新市史Ⅰ』八三八号）

日入以後詣二向幕府一、（中略）義村深遏二絶殿下御事一之由被二聞食一、恐惶無極、関東奉公之身寧可レ然乎、此事為二申披一有二上洛志一由申レ之、将軍依二抑留仰一慭止、次男猶令レ参由内々申レ之、此事被二伺問一之処、右京大夫有二此詞一之由有二其聞一云々、聞二食此事一、可レ有二勘当一、剰朝恩之条、有二事憚一云々、親房書二誓状一云々、依レ之親長又暫延引云々、人宿運、自他実可レ悲事歟、

これは、公経の子、右大将藤原実氏の許を訪れて聞いた話である。義村が「殿下」、すなわち関白の道家を深く「遏絶」したと書かれている。この史料について野口実氏は「将軍頼経の父関白九条道家が、義村に「深遏絶」されたということを聞いて「恐惶無極」という有様であったという記事がある」と解釈している。(15)野口氏は「深遏絶」が

示す内容については言及していない。『日本国語大辞典　第二版』（小学館）によれば、「遏絶」とは、たちきること、排斥することの意である。義村が関白藤原道家を「深く遏絶する」という行為は、ただ畏れ多いというばかりでなく、「関東奉公之身」＝陪臣である鎌倉幕府御家人の分際を超えるものと認識されている。このことから、天皇から任命された関白という地位に関するものと推測される。承久の乱後、幕府からの申し入れによって摂政・関白の更迭が行われるようになっていた。

さて、「恐惶」したのを道家と解釈する点は、どうだろうか。記主定家にとって道家は主人に当たるから、道家に関することは「御事」と表記し、その行為に対しては「被二聞食一」と最上級の敬語表現を用いている。もし道家が恐れたというのであれば「令恐給」（恐れしめ給う）などの敬語表現を用いるのが普通であろう。したがって道家を「恐惶」の主体とし、道家が義村を恐れたとは考えがたい。一方、「此事為二申披一有二上洛志一由申レ之」の主語を義村とみることに異存はないだろう。『明月記』における「無レ極」の表現を調べてみると、「恐無レ極」や「怖畏無レ極」などの表現が多く用いられているが、いずれも直前に書かれた事柄に対する定家の感慨を述べた箇所であることが判明する。「恐惶極まりなし。関東奉公の身なんぞ然るべけんや」すなわち「恐れ多いこと甚だしい。鎌倉幕府に奉公する身でどうしてそのようなことが出来ようか」という部分は、義村が道家の関白を停止しようとしたとの情報に接した定家の感慨である。

「被二聞食一」の主語が誰かという点も解釈の上では問題となろう。『明月記』では「被二聞食一」の主語は上皇（天皇）あるいは摂関である。この時期は十八歳の後堀河天皇が親政を行っていた時期で、院政は行われていない。直前の「被二聞食一」の用例である嘉禄二年四月十九日条が、「隆親越二上﨟二人一、可レ被レ叙二正三位一之由濫望、殿下不レ被二聞食入一」と「被二聞食入一」の主語を道家としていることなどをあわせて考えると、この寛喜元年十月六日条も「被二聞食一」の主語は道家と解釈した方がいいだろう。

そのあとの文章は「この事伺い問わるるの処、右京大夫この詞有るの由その聞こえ有りと云々。この事を聞こしめし、勘当有るべし。剰え朝恩の条、事の憚り有りと云々。親房誓状を書くと云々。これにより親長また暫く延引すと云々。人の宿運、自他実に悲しむべき事か」と続く。事情を説明するために上洛しようとしたが、頼経の引き留めで上洛を果たせず、代わりに次男（泰村もしくは光村）を行かせたいとの義村の内々の申し出を耳にした道家の反応を示す部分である。「被二伺問一」の主語は道家である。問題となるのは「伺問」の相手と、次の右京大夫の「此詞」が何を指しているかということだろう。「伺問」の相手を義村と解釈する余地もあるだろうが、この「伺」は「手がかりを求めて調べる」の意味であろうから、道家が周囲の者たちにこの件について尋ねたと解釈したい。「右京大夫」以下の部分について、稲村栄一氏は『訓注　明月記』の中で「右京大夫親房の言葉が原因で、義村が道家の排斥を行なうに至った意」との頭注を付している。[16]しかし、「此」と指示代名詞を用いていることを考えると、「此詞」に当たるものがその前の文章になくてはならないだろうが、「義村が道家の排斥を行なう」原因になった言葉は引用されていない。引用されているのは「義村深遏二絶殿下御事一之由」や「此事為二申披一有二上洛志一由申レ之、将軍依二抑留仰一憖止、次男猶令レ参由」といった義村の動向を伝える言である。おそらくはその情報を道家の周辺にもたらしたのが道家側近の右京大夫藤原親房であり、それが判明して、親房は不興を買ったのであろう。道家は、親房を勘当すべきであり、蔵人頭への就任を懇望する親房に朝恩を与えるのは憚りがあるとして、親房の昇進を見送った。これにより、親長の蔵人頭の任期が延引された。親房は誓状を提出することで、なんとか勘当は免れたようである。

この記事の一月半前、『明月記』の八月二十日条には「義村卒二数多之勢一入洛云々、是何料乎、不レ得レ心」という記事が書かれている。義村が大勢を引き連れて入京したが、なんのために来たのだか定家にはわからなかった。九月十日には子息の泰村が京都大番役勤仕のために鎌倉を発っている（『吾妻鏡』）。こうした義村や泰村の動きも、この関白更迭の噂と関連していたのであろう。(17)

義村は、子息たちを重要なポジションに就け、貴族たちとのパイプを築かせることも忘れていない。

⑯『明月記』同年五月二十七日条（『新市史Ⅰ』九〇三号）

金吾示送、今夕姫宮御行扈従、（直衣云々、）明日又日野詣、暑熱重役前世宿報歟、村民説云、此近辺旧泉（称二禰宜泉一、往年臨幸之地、近年前内府居住、）今年為二禅亭一加二修理一、昨日始宴遊、廻雪飄颻、終日以夜継、山岳淮洞、暮有レ賜、武士固レ門、禁二雑人一、夜深分散云々、大業江都之歓娯今在二斯処一、（中略）村民之説虚言也、禅亭近日無二遊宴一云々、長衡率二子息等一経営、儲二饗禄一招二請光村一、舞女十三人、仙楽歓娯之故、下人等披露、又有二其故一歟、明後日下向云々、

かつては天皇の臨幸もあったという、禰宜泉と呼ばれる古い泉を公経が修理し、昨日そこで宴会を開いたという話を村民の説として紹介している。舞女が素晴らしい舞を披露し、夜遅くまで大騒ぎをしていたという。定家はいったんこう記したあとで、そこには誤報があったとして正しい情報を書き直している。公経が宴会を主催したという部分が誤りで、正しくは公経の家司である三善長衡が子息たちを引き連れて催したものであり、三浦義村の子光村が二日後に関東に下向するのに先立ち、彼を招いて開いた宴会であった。上洛していた光村は京都における警察権を担う検非違使に補任され（『民経記』四月十一日条）、四月二十三日の賀茂祭では、華やかな行列に加わっていた。その装束をすべて用意したのも公経である（『民経記』）。光村は西園寺家が家業のように担っていた琵琶をたしなみ、「灌頂」と呼ばれる秘曲伝授も受けていた。灌頂を受けた人の名が記される『琵琶血脈』（『伏見宮旧蔵楽書集成　一』所収）によると、光村の師は藤原孝時で、実氏の子公相や、道家の子実経らと兄弟弟子であった。

多くの御家人の子弟が成功によって左衛門尉などの武官に任官する中、義村は子息をなかなか官職に就かせなかっ

た。子息の中では三郎光村がもっとも早く任官したが、それは単なる左衛門尉ではなく、検非違使を兼ねた左衛門尉であった。光村は天福元年五位に叙されるが、そのまま検非違使に叙留されるという特別な恩典を受けている。その後、四郎家村・五郎資村・八郎胤村は他の侍層の御家人同様に左衛門尉に任官している。それでもなお次郎泰村を左衛門尉にすることはなかった。泰村が最初に得た官は嘉禎三年（一二三七）九月十五日の掃部権助で、翌十月二十七日には式部少丞となり、十一月二十九日に叙爵して、十二月二十五日に若狭守となっている（『関東評定伝』）。その異動の速さから、掃部権助や式部少丞は在任することが重要だったのではなく、その官を経ることに意義があったと見ていいだろう。掃部権助を含む諸司の助・権助について『官職秘抄』は、「可レ任二良家子一、凡諸司助、以二公卿一一合一為レ最、是可レ任二式部丞一之故也」と説明している。「良家の子」すなわち諸大夫層が就く官職で、式部丞に任官するための待機ポストだというのである。また、式部少丞も『職原抄』の「式部者可レ然之諸大夫云二良家子一是也、任レ之」という記載から、然るべき諸大夫が就く官職であったことがわかる。義村は、侍層が就く左衛門尉ではなく、一ランク社会的身分が高い諸大夫の昇進ルートに泰村を乗せることに成功した。いったんは左衛門尉に任官していた四郎家村も、義村死後の仁治二年（一二四一）に式部丞となり、ひと月後には叙爵している。寛元元年（一二四三）二月二十五日、幕府は式部丞や諸司助を侍層の御家人が所望することを禁じる（追加法二〇四条）。御家人が諸大夫層と侍層に分化する中で、三浦氏は、源氏一門や北条氏と同じ諸大夫の家格を獲得したのである。

泰村が受領となった若狭国の知行国主は、天福元年には義村が擁立した後堀河天皇の母北白河院陳子、仁治二年には故後堀河天皇の皇妃安喜門院有子であった。泰村の若狭守就任は、義村と後堀河天皇周辺との人脈の中で実現したものと見られる。暦仁元年（一二三八）に光村が壱岐守から転任した(18)河内国も鎌倉幕府の力が及ぶ国ではなく、代々院の近臣の知行国となっていたから、やはり後堀河天皇や四条天皇に近い人脈を介して、河内守になれたと考えていいだろう。
義村は中央の寺社の中でも天台座主を輩出する青蓮院門跡に子弟を入室させていた。

⑰『華頂要略』巻五　門主伝第四（『新市史Ⅰ』八三一号）

妙香院大僧正法印大和尚位或号二飯室僧正一、
諱良快、
（中略）
寛喜元年己丑（中略）七月一日丙寅、為二拝堂一登山、先着二無動寺一、参二不動堂一、（中略）次講堂・中堂拝堂及二日鶏鳴一、御登山行粧専当八人、維那六人、二行羈移馬、（中略）御車、庇、殿下御車、御榻・雨皮・張筵・御笠、上童一人、駿河前司義村男、箱熊丸、御後侍一人、（下略）

藤原兼実の子で、天台座主に就任した良快が座主として初めて比叡山に登り、堂舎をまわる拝堂の儀礼が行われた。京都の町を出発した行列は大勢の見物人の前を進んだ。座主の牛車には「上童」と呼ばれる稚児が従ったが、良快の上童箱熊丸は義村の子息であった。見物人の一人であった定家の『明月記』同日条によると、箱熊丸の装束は縛の狩衣・袴で、銀を着ているかのようにきらびやかだった。これは藤原公経が調えたものだという。

野口実氏は「中央寺社勢力と三浦氏の関係については、寛喜元年七月一日、天台座主良快の拝堂登山の行列の中に上童として義村の子箱熊丸の名がみえる程度で、史料上特に所見はない」といわれる(19)。良快は藤原兼実の子息であるから、頼経との繋がりから青蓮院門跡の良快のもとに子息を入室させたとも考えられるが、近年の寺院の童に関する研究を参照すると、もう少し深い意味がありそうである。土谷恵氏によれば、行列の上童を勤めるのは、座主や御室などの最上級僧侶に近仕する特別な稚児で、寵童の役割ももっていた。房官の子が多かったが、院の北面の子息がいることが注目されている。[20] 義村の子息がこうした上童を勤めていたということは、従来、院の北面が果たしていたのと同様の役割を義村が担っていたともいえるだろう。義村が院の北面を勤めていたわけではないが、承久の乱後の三浦氏は泰村が院御厩の案主を勤めるなど、院の武力にも深く関わっていた。[21] 箱熊丸の兄弟に当たる駒若丸（のちの光村）が鶴岡八幡宮別当公暁の稚児であり、三浦氏出身の千手丸（のちの為俊）が白河上皇の寵童であったことも知られる。彼らが都で華々しい活躍をした理由の一つに当時の美意識に適う美しい容貌をもち、それを巧みに利用して政治的地位を獲得していったことが考えられよう。

また、三浦氏の武力が天台座主や青蓮院門跡を支えるものであったことについては、次の史料から明らかである。

⑱『門葉記』八十五（『新市史Ⅰ』八六八号）

寛喜三年二月二日、為二中宮御産御祈一、被レ始二修六字河臨法一、
阿闍梨法性寺座主法印慈賢、
　助修十二口、
　（中略）
河臨行事間、武士在二陸地一守二護之一、
良賢駿河前司義村子、・賢快等宇津宮入道子、郎従等百余騎也、

寛喜三年二月二日、道家の娘中宮藤原竴子の御産の祈りのために法性寺座主慈賢が鴨川で六字河臨法を修した。その間、陸地にいてこれを守護していた武士は、義村の子息良賢、宇都宮頼綱の子息賢快の郎従百余騎であったという。三浦氏出身の良賢や宇都宮氏出身の賢快は、僧侶としての「文」の側面と、出身一族の武士を従える「武」の側面とを併せ持っていた。

六字河臨法を修した慈賢も良快を門跡とする青蓮院の出身である。嘉禎三年（一二三七）七月、三条白河房を伝領した慈源（藤原道家男。良快の弟子）が外祖父公経の援助を受けて、熾盛光堂以下の堂舎を建立したとき、透中門を造進したのは良賢であった。『門葉記』百三十四は「三浦筥熊丸、良賢律師也」と記している（『新市史補遺』一八六九号）。二年前に箱熊丸と名乗っていた稚児が、出家して良賢になったのである。

鎌倉に下った良賢は、嘉禎元年六月二十九日の五大堂明王院供養に職衆として参加し、仁治元年（一二四〇）七月四日には祈雨法を勤仕している（『吾妻鏡』）。宝治合戦後は伊豆山に隠れ住んでいたが、弘長元年（一二六一）六月、謀反を企てたとして捕らえられた（『弘長記』『吾妻鏡』）。幕府が良賢の逮捕を六波羅探題に連絡しているのも、京都にネットワークをもつ良賢の存在の大きさを示している。

⑲『明月記』嘉禄二年二月二十五日条（『新市史Ⅰ』七七一号）

去比鴨前禰宜法師資綱、殺二害舎兄一禰宜資頼、事一定由、称レ有二証拠一、自二関東一重召取禁固之間、漏刻博士賀茂宣知縁坐、共被レ禁二河東一云々、資頼子男依レ為二義村縁者之夫一、被レ処二実犯一云々、

嘉禄元年、賀茂社の禰宜資頼（祐頼）が殺害されるという事件が起こった。すでに出家の身だった弟の前禰宜資綱が犯人だという証拠があるとの幕府からの申し入れで、資綱は賀茂宣知とともに捕らえられ、河東（六波羅）に拘禁された。欠員となった正禰宜職に補任されたのは摂社栘社禰宜に在任していた資頼子息であった。三月二十一日条には、資頼子息の正禰宜補任について「是即関東之吹挙也、義村之所為歟、」と記されている。その補任は、鎌倉幕府からの指名によるものであり、しかも義村の所為だろうとみられていたのである。それは、資頼の子が「義村縁者之夫」という関係にあったからであった。古記録における「縁者」とは婚姻関係で結ばれた姻族を指すことが多い。系図などからは窺えないが、三浦氏の親族ネットワークは京都の有力な社家にも及んでいたのである。

⑳『文机談』（『新市史Ⅰ』一〇〇四号）

かまくらにみうらのかしらにて、するがの守よしむらと申し人のあたりに、大学の民部と申し物かきは、もと久我殿に候けるひと也。宝治のみだれより後は出家して寺に入て、ゐんみやう房といはれ侍し人（後略）

鎌倉時代の琵琶を中心とした音楽説話集の記述である。清華家の一つである村上源氏の久我家に仕えていた人物が、右筆として義村に仕えていたと記されている。後鳥羽天皇時代に実権を握っていた源通親とその子孫の家が久我家で、通親の娘が泰村室だったという関係もある。また、『文机談』には北家藤原氏の墳墓の地である木幡の僧だった琵琶の名手播磨房が光村に仕えていたことも記されている（『新市史Ⅰ』一一九〇号）。三浦氏の政治力は、彼らのような中央に通じた家人によっても支えられていた。

四　上洛のパフォーマンス

暦仁元年（一二三八）、頼経が三歳で鎌倉に下向して以来、初めての上洛を果たした。もっとも大きな目的は氏社である春日社に参詣するためであったが、これにあわせて弟たちが天台・真言の両宗教勢力の頂点に立つことを示す天台座主就任儀礼や仁和寺御室への入室儀礼も行われた。頼経自身も上洛中に権中納言・大納言という議政官に任官し、京都の軍事・警察権をもつ検非違使別当に就任した。往復の行程を含めて十か月に及ぶ上洛は、行列の豪壮さと経済力で幕府の力をみせつけるとともに、頼経の父道家が政治・宗教を直接・間接に支配していることを示すものでもあった。また、幕府が朝廷政治の一端や警固を担う存在であることをあらためて確認する機会にもなった。

正月二十八日に鎌倉を出発し、二月十七日の夜、供奉の行列を整え、多くの貴族が見物する中で六波羅に入った一行の先陣は、随兵三十六人を従えた騎馬の三浦義村であった。随兵を従えた御家人は、御後に列した北条泰時・時房とこの義村以外にはいない。義村が特別な存在だったことは誰の目からみても明らかだったろう。六月五日の春日社参詣でも先陣は義村が勤めている（以上、『吾妻鏡』）。この上洛は頼経のハレの場でもあると同時に、義村のハレの場でもあった。その春日社参詣の様子を、頼経の父道家は次のように日記に記している。

㉑『玉蘂』同年六月五日条（『新市史Ⅰ』九八二号）

今日前大納言初参二詣春日社一、鶏鳴出洛、予密々見物、立二車於浄光院東西一、右府・左大将同レ之、随兵百騎在二輿前後一、大納言乗二肩輿一、伴二輿舁力者一、太政入道送レ之、相模守重時・駿河守時盛・民部少輔有時・右馬権頭政村・武蔵守朝直・左近大夫将監経時・右近大夫将監時定・北条五郎、、・遠江太郎光時・河内守光村・玄蕃頭基綱・周防前司親実、此外更不詳、委可二尋記一、此外修理権大夫時房朝臣相二具私勢数十騎一候二御後一、駿河前司義村昨日先陣、左京権大夫泰時朝臣・若狭守泰村・下野守泰綱、廷尉古老入道等為二京都留守一、天曙之後帰来、河内国守護設松屋於熱沼池辺、有昼駄餉事、午刻着二南都一、以別当僧正房宝乗院為二宿所一、予加二修理一、奉二仕儲一、僧正進二贈物一、円尋不動云々、将軍令被（ママ）レ引二馬一疋一、鹿毛、未刻参社、（中略）

随兵至二于社頭一、淡路守護義村以二私勢一囲二春日山一云々、

道家自身が行列を見物した話と、彼自身は見ていない路次や奈良での出来事が伝聞の形で記されているが、通常の摂関家の春日社参詣の記事と比べても、特記されているのは、河内国守護が途中の熱沼池のあたりに松屋を構え、そこで一行の昼の駄餉を用意したこと、淡路守護の義村が私勢を動員して広大な春日山を取り囲んだという記事だろう。河内国は三浦氏が守護を勤めており、河内守も光村であったから、河内国の国衙とその経済力を動員して事に当たったとみられる。また義村の私勢が春日山を囲んだという記事ではわざわざ淡路守護と書いているから、「私勢」というよりは、守護として淡路国の御家人を指揮して動員したのかもしれない。いずれにしても、この春日社参詣は、三

浦氏の経済力と軍事動員力を奈良や京都の人々に誇示する場となっていた。

おわりに

本章では、『吾妻鏡』に史料批判を加え、また『明月記』をはじめとする公家日記や寺社の記録、良質の軍記物語を用いることで、鎌倉幕府の枠組みに収まりきれない新しい義村像を紡ぎ出した。これによって、北条義時のライバルで、「保身の術にたけた策謀の士」(22)という従来のダーティーなイメージは覆されたと思う。

幕府・朝廷に大きな影響力をもった三浦義村は、上洛の翌年、延応元年（一二三九）十二月五日に急逝した。『吾妻鏡』は「頓死、大中風」と記している。「はじめに」で述べたように、仁安三年（一一六八）生まれだとすれば、享年七十二歳ということになる。その夜、北条泰時が義村邸を訪れ、子息たちを弔問した（『吾妻鏡』）。翌月、ともに北条泰時を支えた北条時房も後を追うかのように死去した。義村・時房の相次ぐ死を耳にした京都の人たちの反応が前参議平経高の日記に記録されている。

㉒『平戸記』仁治元年（一二四〇）正月二十八日条（『新市史Ⅰ』九九八号）
今暁関東飛脚到㆓来六波羅㆒云々、修理権大夫時房朝臣去廿四日俄卒去㆓云々、日来無㆓病気㆒、廿三日心神聊違例之由語㆑之、然而無㆓殊事㆒、仍家中不㆓驚固㆒、戌刻増気、廿四日戌刻遂閉眼㆓云々、時房朝臣者時政息、故義時朝臣舎弟也、於㆓関東㆒如㆓両眼㆒口㆓入世務㆒、承久已後已送㆓廿年㆒、今頓死之条可㆑奇、可㆑思、人口云、去年歳暮義村頓死、今年又時房頓死、偏是顕徳院御所為㆓云々、関東中偏以御顕現㆓云々、其上時房郎等男、称㆓進士右近将監㆒不㆑知㆓実名㆒、去年歳暮有㆓不可説之夢想㆒、是顕徳院・長厳僧正等、時房可㆑被㆓召取㆒之由也、果而有㆓此事㆒云々、彼是不

レ可レ不レ思、

義村に続く、時房頓死の報に接した京都の人々は、この二人の死が「顕徳院」すなわち後鳥羽上皇の怨霊の仕業であり、鎌倉の幕府中枢にその怨霊が現れていると噂した。時房の郎等が昨年の暮れに、承久の乱の張本である後鳥羽上皇と長厳僧正が時房を召し取る夢をみたという、まことしやかな話も伝わってきていた。義村は、かつての「治天の君」後鳥羽上皇が怨霊となって相対すると考えられたほどの大物だったということなのだろう。承久の乱後の朝廷と幕府、そして両者の関係は義村の手で再建、再構築されたといっても、けっして過言ではない。三浦義村という人物は、中世国家という枠組みでなくては捉えきれないというのが、本章の結論である。

野口実氏は「義村段階の三浦氏は一有力御家人としての範疇を逸脱しており、北条氏と対等に近い、国家的武家権門たる幕府を構成する「権門」として評価すべきではないか」という(23)。しかし、「権門」と呼んでいいかといえば、否である。「権門」を権力者・権勢家の意味で使うなら、事実認識としては大きな隔たりはない。しかし、筆者は、学術語としての「権門」は、院や天皇のもとで国家権力を直接的に分掌する権力体を指すべきものと考えている。たとえ朝廷に対して大きな影響力をもったとしても、直接的に国家権力を分掌していないかぎりは、「権門」と呼ぶことはできない。その意味で、鎌倉幕府は「権門」であるが、北条氏は「権門」ではない。ある程度定着している学術語としての「権門」の概念を混乱させるべきではなかろう。したがって、三浦氏を「権門」と呼ぶことには賛同しかねる。

義村の死から三年後の仁治三年には北条泰時が亡くなった。また朝廷でも後高倉院系の四条天皇が亡くなって、後鳥羽上皇の孫後嵯峨天皇が践祚する。朝廷も幕府も新しい時代を迎えることになっていく。

註

（1）従来の幕府内の枠組みによる三浦義村研究には、伊藤一美「三浦義村小考―その登場と幕府職制上の義村―」（『三浦氏の研究』名著出版、二〇〇八年、初出は一九九七年）などがある。義村と朝廷との関わりに着目した先駆的な研究には、野口実「執権体制下の三浦氏」（『中世東国武士団の研究』高科書店、一九九四年、初出は一九八四年）があり、本章もその視点を継承している。本章の初出後に発表された真鍋淳哉「三浦氏と京都政界」（藤原良章編『中世人の軌跡を歩く』高志書院、二〇一四年）は、筆者と同じく横須賀市史編纂の成果の上に立っており、本章と重なる部分は多い。

（2）益田宗「吾妻鏡の本文批判のための覚書」（『東京大学史料編纂所報』六、一九七二年）。

（3）本書第三章「鎌倉殿侍別当和田義盛と和田合戦」。

（4）石井進「『古今著聞集』の鎌倉武士たち」（『鎌倉武士の実像』平凡社、一九八七年）は、『古今著聞集』の鎌倉武士関係説話の情報源について、最後の一段に登場する小早川茂平が西園寺家領安芸国沼田荘の地頭で、西園寺家と著者橘成季との関係が想定できるから、この茂平が情報源だとみている。成季は『琵琶血脈』に名が載る人物で、藤原孝時を師としており、兄弟弟子には小山長村・三浦光村・二階堂行俊という三人の御家人がいる。こうした人脈も無視できないだろう。五味文彦氏は、足利義氏が猿を頼経の見参に入れた話（七一六段）を、このとき鼓を打った光村から入手した話としている（『古今著聞集』と橘成季」『平家物語』、史と説話』平凡社、一九八七年）。この話も光村から入手したと考えることは可能だろう。

（5）石井進前掲論文。なお、細川重男氏はこの出来事が起きた年を、「鎌倉右府将軍」実朝の死の直前、承久元年（一二一九）に比定している（「下総の子犬の話」『古文書研究』五二、二〇〇〇年）。

（6）森野宗明「下総犬と三浦犬―『古今著聞集』の三浦義村・千葉胤綱口論の説話をめぐって―」（『日本語と日本文学』八、一九八八年）。

（7）義時黒幕説をとるのは安田元久『北条義時』（吉川弘文館、一九六一年）、義村黒幕説をとるのは永井路子『炎環』（光風社、一九六四年）・石井進『鎌倉幕府』（中央公論社、一九六五年）である。ただし、近年の研究である山本幸司『日本の歴史09　頼朝の天下草創』（講談社、二〇〇一年）、坂井孝一『源実朝』（講談社、二〇一四年）では黒幕説は採用されていない。

（8）『愚管抄』がこの事件の最良の史料であることは、坂井前掲書などでもすでに指摘されている。平泉隆房「『吾妻鏡』源実朝暗殺記事について」(『皇学館論叢』二三―二、一九九〇年)や奥富敬之『吾妻鏡の謎』(吉川弘文館、二〇〇九年)は、この『吾妻鏡』の記事を『吾妻鏡』の編纂姿勢の問題として取り上げる。この『吾妻鏡』の史料論については、いずれ論じる機会をもちたい。

(9) 高橋秀樹『三浦一族の中世』(吉川弘文館、二〇一五年)。

(10) 尾上陽介「賀茂別雷神社所蔵『賀茂神主経久記』について」(『東京大学史料編纂所研究紀要』一一、二〇〇一年)。

(11) 杉橋隆夫「承久の兵乱と上賀茂社」(『上賀茂のもり・やしろ・まつり』思文閣出版、二〇〇六年)。

(12) 秋山喜代子『中世公家社会の空間と芸能』(山川出版社、二〇〇三年)。

(13) 『玉葉』文治元年(一一八五)十一月二十八日条。

(14) 『吉記』寿永二年(一一八三)七月二十八日条。

(15) 前掲「執権体制下の三浦氏」。なお、野口氏は、「三浦一族を読み直す―資料解説拾遺―」(『市史研究 横須賀』四、二〇〇五年)における筆者の指摘を受けて、「承久の乱における三浦義村」(『明月記研究』一〇、二〇〇五年)では、見解を修正されている。

(16) 『訓注 明月記 第五巻』(松江今井書店、二〇〇二年)。

(17) 義村が関白道家を更迭しようとしていると噂されたという、筆者の史料解釈に対して、安田直彦「三浦一族と京都の朝廷、貴族との関係に関する考察」(『三浦一族研究』一四、二〇一〇年)は、義村がいろいろと関係が深い道家をなぜ更迭しようとしたのか理解しがたいとして、道家の頼経に対する関与・影響力の排除を意味すると解釈し、それが義村の意思ではなく執権泰時を中心とする幕府としての動きであったとする。朝廷と幕府は対立する存在であるという先入観でこの時期の公武関係をみているのであろうが、前後の『吾妻鏡』を見ても、禁色装束調進(嘉禄二年三月二十三日条)、新車の調進(貞永元年二月二十日条)、ある僧の夢記の送付(寛喜二年五月四日条)、鶴岡八幡宮別当定豪の東寺長者への推薦(嘉禎二年十一月十五日条)などの記事があるように、道家は頼経を支える存在であり、鎌倉幕府の後ろ盾でもある。こうした立場の道家と頼経との関係を幕府が絶とうとしたとは考えがたい。さらに一言付言しておくと、筆者は、義村による関白道家更迭の動きは、噂として道家の耳には入ったものの、事実としては、こうした義村の動きはなかったと考えている。

(18) 壱岐は、検非違使・外記などの官人の巡任で任官することが多い国であるから、光村の場合も、検非違使の巡任であると考えられる。光村は壱岐守から河内守、そして能登守に転任しているが、国守を転任している御家人はけっして多くない。多くの御家人にとって国司への任官は、国司になること、侍身分を脱して五位の諸大夫層の家格を得ることが目的であったから、転任することはほとんどなく、「〇〇前司」と呼ばれ続けた。その子息たちも自らが受領となるまでは、苗字ではなく、その家格の家であることを示す父の任国を用いた名乗り（たとえば、駿河次郎左衛門尉など）を自称・他称した。それに対して、三か国を歴任している光村は、受領として在任することを重視していたとみられる。その光村が大国の河内国からランクの低い中国の能登に転任していることは、能登国が、泰村の任国だった若狭と並ぶ日本海交易の要衝だったことと無関係ではないだろう。

（19）野口実前掲論文。
（20）土谷恵『中世寺院の社会と芸能』（吉川弘文館、二〇〇一年）。
（21）本書第五章「三浦氏と馬」。
（22）森野宗明前掲論文。
（23）前掲「承久の乱における三浦義村」。

第八章　宝治合戦記事の史料論

はじめに

三浦義明・義澄・義村・泰村と続いた三浦介の家が滅亡した宝治合戦。北条氏に対抗し得る最大の有力御家人三浦氏が滅んだことで、北条氏の地位は不動のものとなったといわれる。影響は鎌倉幕府のみではない。朝廷で栄華を極めた藤原道家は、合戦前年の「寛元の政変」で失脚し、宝治合戦への関与も取り沙汰されて政治生命をほぼ完全に断たれた。

この宝治合戦についての主たる史料は『吾妻鏡』である。宝治合戦に言及する近年の概説書類も、ほぼ『吾妻鏡』に基づいて、安達氏が主導して三浦氏を追い込んでいったと叙述している(1)。筆者も『吾妻鏡』の記事を前提に、宝治合戦を北条氏の外戚安達氏による三浦氏の排斥と捉えてきた(2)。しかし、『吾妻鏡』の史料的性格を考えていく中で、『吾妻鏡』に全幅の信頼をおいて、『吾妻鏡』の言うなりにこの合戦を捉えていいものか、疑問をもつようになってきた。そこで、『吾妻鏡』の宝治合戦の記事が、何を原史料としているのか、どこにどの程度手が加わっているのかを分析し、『吾妻鏡』の記事にかかっているフィルターを外して宝治合戦について考えてみたい。

一　『吾妻鏡』宝治元年六月五日条の原史料

宝治合戦について記録している『吾妻鏡』の記事について、これまでその史料的性格に言及している研究がないわけではない。しかし、それは、安達氏にとってきわめて不利な記事を載せているのは、『吾妻鏡』の宝治合戦関係記事の編纂が弘安八年（一二八五）の安達氏滅亡以後であったためと述べていたり[3]、一連の記事にさまざまな人物が登場し、それぞれが名場面を演じていることから、『吾妻鏡』に先行する「宝治物語」のような軍記物の存在を想定する[4]程度で、各記事の原史料の性格を考えて史料批判を展開するようなものではなかった。そこで、本章では、『吾妻鏡』の宝治合戦当日の記事を中心に、その史料的性格について検討する。

それに先立ち、合戦直後に京都の貴族たちが把握していた情報についてみておこう。幕府が飛脚を送り、六波羅探題北条重時を通じて朝廷に報告した内容は、この合戦に関する幕府の公式見解を示すものだからである。当時の公武関係において重要な役割を果たしていた藤原（葉室）定嗣の日記『葉黄記』の宝治元年（一二四七）六月六日条に「入㆑夜武家之辺物忩之由有㆓巷説㆒、仍又帰㆓参御所㆒、重時朝臣子息左近大夫長時、依㆓将軍女房事㆒、去月下㆓向関東㆒畢、頗有㆓不審事等㆒、先触㆓子細於父之許㆒、飛脚去三日起㆓関東㆒、今日馳着、重時朝臣未㆑申㆓分明之子細㆒、只有㆓用心事㆒之由申㆑之歟」とある。将軍藤原頼嗣室（北条時氏女）死去のために関東に下向していた六波羅探題北条重時の子息長時からの飛脚が三日に鎌倉を発ち、この日六波羅に着いた。重時はただ用心するようにとの指示を与えただけだったようであるが、飛脚がもたらした情報によって六波羅周辺が騒がしくなったという記事である。その六波羅を騒がせた情報とは、『吾妻鏡』の二日条に記されている「近国御家人等、自㆓南北㆒馳参、囲㆓繞左親衛郭外之四面㆒、如㆑雲如㆑霞、各揚レ旗、相模国住人等者、皆張二陣於南方一、武蔵国党々幷駿河・伊豆国以下之輩者、在二東西北之三方一、已閉二四門一、輙無二推参之者一、又聚二雑役車一、為レ排二固辻々一」という状況の報告であろう。

次の情報は『葉黄記』の九日条に「申剋許退出之処、世上物忩、仍即馳参、自二関東一飛脚到来、重時申二子細一、去五日前若狭守泰村三浦是也、已揚レ旗打立、仍時頼参二将軍家一、亦遣二打手等一合戦、亦放レ火、風吹掩之間、泰村落了、各追二入頼朝卿墓堂一自害、巳午未三个時決二勝負一畢、泰村・光村泰村弟以下三浦一族皆被レ誅了、惣自害之輩及二三百人一云々、森入道日来為二時頼方一歟、遂同二意泰村一、同被レ誅畢云々、去年以後泰村弥繕二威勢一、今以如レ此、日来有二種々之巷説一、不レ及二信用一之処、果以如レ此」と記されている。鎌倉からの飛脚が六波羅に到着し、重時から朝廷に報告された内容である。五日に三浦泰村が挙兵したこと、時頼は将軍御所に参り、討手を差し向け、火を放ったこと、巳の刻からの六時間で勝負は決し、泰村は逃げ出して頼朝の法華堂に入り、光村以下の一族ら三百人とともに自害したこと、毛利季光は時頼方だったのに泰村に同意して殺されたこと、去年から泰村の威勢が目立ち、日頃からいろいろな噂があったことが述べられている。『吾妻鏡』が詳しく述べる安達氏の動きについては伝えられていないが、それ以外は『吾妻鏡』の情報と大きな齟齬はない。三浦泰村らによる謀叛に対して北条時頼は将軍頼嗣を守り、討手を差し向けて泰村らを頼朝法華堂に追い詰め、一族を自害させ、泰村に同意した毛利季光も殺したというのが、事件直後の鎌倉幕府の公式見解であった。この後、十日条には泰村の弟良賢律師ら在京の縁者を重時が捜索した話、十一日条には泰村縁者の女房が後嵯峨院御所から出された話が記され、十五日条には昨日鎌倉からの飛脚が到着したとして、上総介秀胤が誅伐された情報を載せている。

『百錬抄』も、九日条には謀叛事件、十四日条には秀胤誅伐のことをいずれも関東からの飛脚の情報として載せるが、『葉黄記』の情報の枠を出ていない。

これら京都にもたらされた情報も念頭におきつつ、『吾妻鏡』宝治元年六月五日条の記事構成を考えてみたい。この日の記事を場面構成ごとに分け、検討していこう。

①天晴、辰刻小雨洒、今暁鶏鳴以後、鎌倉中弥物忩、

冒頭には、天候記載がある。この日の記事の一部に日記的な記録が用いられていることを明示するものである。(5)『葉黄記』には戦闘は巳午未の三刻に行われたとあるから、小雨が降った辰刻は戦闘開始前である。『葉黄記』の冒頭に「申剋許退出之処、世上物忩」とあるのにも似た書きぶりで、この「今暁鶏鳴以後、鎌倉中弥物忩」の部分は、日記的な記述である。

②未明左親衛先遣二万年馬入道於泰村之許一、被レ仰下可レ鎮二郎従等騒動一之由上、次付二平左衛門入道盛阿一被レ遣二御書於同人一、是則世上物忩、若天魔之入二人性一歟、於二上計一者、非下可レ被レ誅二伐貴殿一之構上歟、此上如二日来一不レ可レ有二異心一之趣也、剰被レ載二加御誓言一云々、泰村披二御書一之時、盛阿以レ詞述二和平子細一、泰村殊喜悦、亦具所レ申二御返事一也、

この部分は、鎌倉全体が緊迫する中での未明から行われた時頼・泰村間の和平交渉を時頼側の立場から記す。二度目の盛阿（平盛綱）を遣わしての交渉部分には時頼書状の一部が引用されている。この書状は泰村室（源通親の娘）が大切に保管していて、事件後、泰村室から進められたことが十五日条に記されている。泰村が盛阿に返事を託した最後の部分は、盛阿から時頼に報告された情報に基づくものだろう。なお、「盛阿以レ詞述二和平子細一」の部分、吉川本のみが「盛阿以レ詞述レ和、不レ及レ談二申子細一」と記している。

③盛阿起座之後、泰村猶在二出居一、妻室自持二来湯漬於其前一勧レ之、賀二安堵之仰一、泰村一口用レ之、即反吐云々、

これは盛阿が帰ってからの泰村の行動であるから、盛阿は見ていない。この場面を目にし、証言することができた

のは泰村室か近侍していた者に限られる。泰村室は事件後の十四日に探し出されている。この部分が事実に基づくものであったとすれば、彼女に対する事情聴取の記録が原史料となったのだろう(6)。吉川本は②末尾の「也」から「持来湯漬於」までの部分を欠いている。

④爰高野入道覚地伝下聞被レ遣二御使一之旨上、招二子息秋田城介義景・孫子九郎泰盛、各兼着二甲冑一尽二諷詞一云、被レ遣二和平御書於若州一之上者、向後彼氏族独窮驕、益蔑二如当家一之時、慭顕二対揚所存一者、還可レ逢レ殃之条置而無レ疑、只任二運於天一、今朝須レ決二雌雄一、曽莫レ期二後日一者、

前段記事からの場面転換を図る「爰」という字句を置いて記述を始める。安達氏の甘縄亭において、景盛が子息義景・孫泰盛を呼んで、時頼・泰村の和平が実現すれば、安達氏はますます三浦氏の風下に置かれ、危機が訪れるであろうから、今朝軍事行動を起こすように諭す場面である。内容は密事というべきものであって、このやりとりを証言できるのは、当事者である安達氏の三人だけである。この事件が三浦泰村らによる謀叛であったとする事件直後の幕府の公式見解に反する情報である。宝治合戦前後の『吾妻鏡』に記された安達景盛の言動は、事件の鍵を握る記事であるから、それらとあわせて、後で改めて検討することにしたい。

⑤依レ之城九郎泰盛・大曽禰左衛門尉長泰・武藤左衛門尉景頼・橘薩摩十郎公義以下一味之族引二率軍士一、馳二出甘縄之館一、同門前小路東行、到二若宮大路中下馬橋北一、打二渡鶴岡宮寺赤橋一、相構盛阿帰参以前、於二神護寺門外一作二時声一、公義差二揚五石畳文之旗一、進二于筋替橋北辺一、飛二鳴鏑一、此間所レ張二陣於宮中一之勇士悉相二加之一、而泰村今更乍二仰天一、令二家子・郎従等防戦一之処、橘薩摩余一公員不レ着二甲冑一為二狩装束一者、自二兼日一懸二意於先登一、潜入二車排之内一、宿二于泰村近辺荒屋一、付二時声一進寄、小河次郎被二射殺一・中村馬五郎同相二並之一、皆為二泰村郎等一被二暴疾一焉、

甘縄から鎌倉中心部への安達軍の移動から戦闘開始までを記す。安達方の橘公義・公員の勲功譚を中心としており、

戦功の上申文書や報告をまとめた記録によるとみられる。[7] 安達泰盛らの先制攻撃によって合戦が始まったことは事実なのだろう。

⑥先レ之盛阿馳駕令二帰参一、雖レ申二事次第一、三浦一類有二用意事一之条者、雖二勿論一、旁依レ有二御沙汰一、被レ廻二和平之儀一之処、泰盛既及二攻戦一之上、無レ所三于被二宥仰一、先以二陸奥掃部助実時一令レ警二衛幕府一、次差二北条六郎時定一為二大手大将軍一、

時頼亭での出来事である。「先之」を置き、前段の戦闘開始の記事よりもやや時間がさかのぼることを示す。泰村亭に遣わされた盛阿が帰参し、事の次第を報告する。盛阿の帰参が戦闘開始よりも少し早かったということなのだろう。すでに戦闘が始まったことから、時頼はそれへの対応を指示している。

⑦時定令レ撥二車排一、揚レ旗自二塔辻一馳逢、相従之輩如二雲霞一、諏方兵衛入道蓮仏抽二無双勲功一、信濃四郎左衛門尉行忠決二殊勝負一、獲二分取一、凡泰村郎従・精兵等儲二所々辻衢一、発二矢石一、御家人又忘二身命一、責戦矣、

北条時定・蓮仏（諏方盛重）・二階堂行忠ら北条方と三浦方との戦闘場面。それぞれの勲功譚からなる。「発矢石」「忘身命」という合戦の場面には定番の表現が用いられ、末尾には不読の助字「矣」が用いられているなど、作文の性格が濃厚である。[8]

⑧巳刻毛利蔵人大夫入道西阿着二甲冑一、率二従軍一、為レ参二御所一打出之処、彼妻泰村妹、取二西阿鎧袖一云、捐二若州一参二左親衛御方一之事者、武士所レ致歟、甚違二年来一諾一訖、盍レ恥二後聞一平（ママ）哉者、西阿聞二此詞一、発二退心一加二泰村之陣一、于レ時甲斐前司泰秀亭者西阿近隣也、泰秀者馳二参御所一之間、雖レ行二逢西阿一、不レ能二抑留一、是非レ存二親昵之好一、且不レ却下与二同于泰村一之本意上兮、於二一所一為レ加二追討一也、尤叶二武道有情一云々、

西阿（毛利季光）の動きを記した部分である。前半の夫妻のやりとりと、「于時」以降の長井泰秀と西阿との話から

なる。「巳刻」という時刻表記があるから、まったくの創話とは思えない。[9]前半は事件後の西阿室の証言、後半は泰秀の証言に基づき作文された記事だろう。

⑨万年馬入道馳二参左親衛南庭一、乍レ令二騎馬一申云、毛利入道殿被レ加二敵陣一訖、於レ今者世大事必然歟、左親衛聞二此事一、午刻参二御所一、被レ候二将軍御前一、重被レ廻二奇謀一、折節北風変レ南之間、放二火於泰村南隣之人屋一、風頻扇、烟覆二彼館一、泰村幷伴党咽レ烟遁二出館一、参二籠于故右大将軍法華堂一、

時頼亭での万年馬入道による毛利季光の謀叛同意の報告と、時頼の将軍御所参入という時頼周辺の出来事が記されている。御所に伝わってきた泰村方の動きも記されている。時頼の参入時刻が記されており、かなりしっかりとした記録に基づいていると思われる。邸宅に火を放たれたことで頼朝の法華堂に移動したという泰村の動きは、『葉黄記』に記されている鎌倉からの一報に類似している。

⑩舎弟能登前司光村者在二永福寺惣門内一、従兵八十余騎張レ陣、遣二使者於兄泰村之許一云、当寺為二殊勝城郭一、於二此一所一相共可レ被レ待二討手一云々、泰村答云、縦雖レ有二鉄壁城郭一、定今不レ得レ遁歟、同者於二故将軍御影御前一欲レ取レ終、早可レ来二会此処一云々、専使互雖レ為二一両度一、縡火急之間、光村出二寺門一向二法華堂一、於二其途中一一時合戦、甲斐前司泰秀家人幷出羽前司行義・和泉前司行方等、依レ相二支之一也、両方従軍多被レ疵云々、

三浦泰村の弟光村の動きを記す。使者を介しての兄泰村とのやりとり、法華堂に移動するときの長井泰秀家人・二階堂勢との戦闘の記事からなる。光村が陣を張ったことは複数の証言者がいただろうが、泰村の発言内容まで証言できる人物は思いつかない。二人のやりとりはその後の行動から推定した創作かもしれない。

⑪光村終参二件堂一、然後西阿・泰村・家村・資村幷大隅前司重澄・美作前司時綱・甲斐前司実景・関左衛門尉政泰以下列二候于絵像御影御前一、或談二往事一、或及二最後述懐一云々、西阿者専修念仏者也、勧二進諸衆一、為レ欣二一仏浄

土之因㆒、行㆓法事讃㆒回㆓向之㆒、光村為㆓調声㆒云々、

頼朝の法華堂内での三浦一族の行動である。彼らはほとんど自害しているから、彼らの口から聞くことはほぼ不可能な情報である。唯一の目撃者は天井裏に隠れていた法華堂の承仕法師である。その申詞記の概要は八日条に引用されている。⑪の記事もこの承仕法師の証言記録からの引用であろう。

⑫左親衛軍兵攻㆓入寺門㆒、競㆓登石橋㆒、三浦壮士等防戦、竭㆓弓剣之芸㆒、武蔵々人太郎朝房責戦有㆓大功㆒、是為㆓父朝臣義絶身㆒、一有情之無㆓相従㆒、僅駕㆓疲馬㆒許也、不㆑着㆓甲冑㆒之間、輙欲㆓討取㆒之処、被㆑扶㆓于金持次郎左衛門尉㆒泰村方、全㆓其命㆒云々、

法華堂に籠もった三浦方に対する北条方の攻撃の場面である。北条朝房の勲功譚を記す。朝房の勲功申請書類・記録に基づく記述だろう。

⑬両所挑戦者殆経㆓三刻㆒也、敵軍箭窮力尽、而泰村以下為㆑宗之輩二百七十六人、都合五百余人令㆓自殺㆒、此中被㆑聴㆓幕府番帳㆒之類二百六十人云々、

戦闘の総括といってもいい部分である。戦闘が三刻に及んだことは、『葉黄記』に見える幕府から朝廷への報告にも記されていた。三浦方の人的被害数は、合戦後にまとめられ、二十二日に「去五日合戦亡帥以下交名」という形で寄合の席に披露された。そこには七日に討たれた上総介秀胤らを含めた百八人の名が「自殺討死等」の部分に記されている。『吾妻鏡』が引用する「去五日合戦亡帥以下交名」は抄録なのであろう。⑬の人数の記録は、「去五日合戦亡帥以下交名」のような合戦記に基づくとみていい。

⑭次壱岐前司泰綱・近江四郎左衛門尉氏信等承㆑仰、為㆑追㆓討平内左衛門尉景茂㆒、行㆓向彼長尾家㆒、作㆓時声㆒之処、家主父子者於㆓法華堂㆒自殺訖、敢無㆓防戦人等㆒、仍各空廻㆑轡、但行㆓逢子息四郎景忠㆒生㆓虜之㆒将参云々、甲冑勇

士等十余騎塞二壱岐前司之行路一、諍二先登一之間、泰綱雖レ問二其名字一、敢不レ能二返答一、而景茂等依レ不二所在一、無二合戦之儀一、剰彼勇士乍二名謁一逐電云々、

佐々木泰綱・同氏信の勲功譚である。これまでの記事同様、彼らの勲功申請の書類・記録に基づく。

⑮申刻被レ実二検死骸一之後、被レ進二飛脚於京都一、遣二御消息二通於六波羅相州一、一通奏聞、一通為レ令レ下二知近国守護・地頭等一也、又事書一紙同所レ被二相副一也、左親衛於二御所休幕一被レ申二沙-汰之一、其状云、

若狭前司泰村・能登前司光村以下舎弟一家之輩、今日巳刻已射二出箭一之間、及二合戦一、終其身以下一家之輩及余党等被二誅罰一候畢、以二此趣一可下令レ申二入冷泉太政大臣殿一給上候、恐々謹言、

六月五日　左近将監

謹上　相模守殿

追啓、礼紙申状云、

毛利入道西阿不慮令二同心一之間、被二誅罰一候畢、若狭前司泰村・能登前司光村幷一家之輩余党等、兼日令二用心一之由有二其聞一之間、被二用意一候処、今日五日巳刻、令レ射二出箭一之間、及二合戦一、其身以下一家之輩・余党等被二誅罰一訖、各存二此旨一、不レ可二馳参一、且又可レ相二触近隣一之由、普可下令レ下二知西国地頭御家人一給上之状、依レ仰執達如レ件、

六月五日　左近将監

謹上　相模守殿

事書云、

一、謀叛輩事、

為レ宗親類兄弟等者、不レ及二子細一可レ被二召取一、其外京都雑掌・国々代官所従等事者、雖レ不レ及二御沙汰一、委
　尋明、随二注申一、追而可レ有二御計一者、

ここに引用される二通の六波羅宛ての時頼文書と事書一紙そのものが原史料であり、地の文は、これらの文書から作文されたものである。『吾妻鏡』において、六波羅宛ての関東御教書が原史料となっている記事は少なくない。文書の形をある程度残しながら書かれているものもあれば、六波羅探題に伝えた、命じたという形で内容が要約されている場合もある。これらの原史料は、一紙ごとの形で編纂時に伝来していた文書ではなく、文書集のような形でまとめられていたものだったのであろう。これらの六波羅宛ての文書と飛脚の口頭伝達が『葉黄記』九日条にある北条重時の報告の情報源にもなっている。

このように宝治合戦当日の『吾妻鏡』宝治元年六月五日条を場面ごとに分析していくと、奉行人の簡略な日記、戦後の事情聴取の記録やそのさいに提出された書状、勲功申請の書類、後日まとめられた交名、六波羅宛ての文書が主たる原史料として用いられ、一部に原史料によらずに作文されたであろう文章が挟まれていることがわかる。

記事全体の中で原史料の性格がつかめず、もっとも違和感があるのが④の安達景盛とその子孫とのやりとりに関する部分である。この六月五日条以前においても、『吾妻鏡』は安達景盛の動きを特筆している。

承久三年（一二二一）六月七日から二十年以上『吾妻鏡』に姿を見せなかった景盛が突如出てくるのは、宝治元年四月四日条の「今日秋田城介入道覚地俗名景盛、藤九郎盛長息、自二高野一下着、在二甘縄本家一云々」という記事である。続く十一日条にも「日来高野入道覚地連々参二左親衛御第一、今日殊長居、内々有下被二仰合一事等上云々、又対二于子息秋田城介義景一殊加二諷詞一、令レ突二鼻孫子九郎泰盛一云々、是三浦一党当時秀二于武門一、傍若無人也、漸及二澆季一者、吾等子孫定不レ足二対揚之儀一歟、尤可レ廻二思慮一之処、云二義景一、云二泰盛一、緩怠稟レ性、無二武備一之条、奇怪云々」と記している。

この二日分の記事には天候記載はないが、景盛の鎌倉下着や時頼亭参入の部分は、奉行人の日記に基づくとみることは不可能ではない。しかし、十一日条後半の景盛による諷諫の記事は当事者のみが知り得ることであり、これを伝聞して日記に書き入れた奉行人がいたとは思えない。その点では五日条の④とまったく同質の記事である。

この後、四月二十八日条の後半に「今日秋田城介義景令レ造二立-供-養愛染明王像一、導師法印隆弁、是依レ有二殊願一也、即被レ修二秘法一云々」、五月五日条後半に「今日秋田城介義景祈請事等結願、阿闍梨退出之間、送二禄物等一云々」という記事を載せる。それぞれの日の前半記事は将軍御台所の邪気や、鶴岡八幡宮神事の記事であるから、『吾妻鏡』の通常の記事であるが、後半に、一御家人にすぎない義景の仏像供養の記事を載せ、しかも「殊なる願い有るによってなり。すなわち秘法を修せらる」とわざわざ書き加えているのは、何かの意図を感じさせる。

そして五月十八日には「今夕有二光物一、自二西方一亘二東天一、其光暫不レ消」という陰陽師の記録によるとみられる天変記事を記した後、「于レ時秋田城介義景甘縄家、白旗一流出現、人観レ之云々」という文章を載せる。「于時」はいかにも天変と符合するように付け足した調子である。この後、二十一日条の泰村を誡める簡が鶴岡八幡宮鳥居前に立った話、二十九日条の陸奥国津軽地方での怪異の話など、この後の宝治合戦を予感させる神意の啓示が逸話として挿入されている。もちろんこれらの記事は日記的な天候記述をともなわない。

こうしてみてくると、三浦氏による謀叛事件という、合戦直後に鎌倉幕府が朝廷に示した公式見解を結果としては否定するわけではないが、『吾妻鏡』では、あくまで和平工作を図ろうとする北条時頼と三浦泰村に対して、安達氏がそれを妨害し、三浦氏を追い詰めていくというストーリーに作り上げられていると考えざるを得ない。安達氏を中心に行われた三浦氏への先制攻撃という事実に、そこに至るまでのストーリーが加えられているのである。その点では、『吾妻鏡』の宝治合戦関連記事は一つの物語になっている。ただし、これは『吾妻鏡』が作った物語であり、細川重男氏が想定するような、『吾妻鏡』の典拠としての軍記物「宝治物語」の存在を示すものではない。頼朝将軍記の合戦記事やこの宝治合戦記事は、軍記物と同じ手法で編纂されているのである。もし、『平家物語』や『曽我物語』に類するような軍記物「宝治物語」が存在し、流布していたら、登場人物にまつわるさまざまな伝承が派生していてもいいはずであるが、その形跡はない。「和田左衛門尉平義盛絵七巻」が存在し（『看聞日記』永享十年六月十日条）、朝夷義秀や泉親平の物語を派生させた和田合戦とも異なる。

平泉隆房氏は、『吾妻鏡』の記事をすべて事実とみて、『吾妻鏡』が安達氏のために曲筆しなかったことから、この記事が安達氏が滅亡する弘安八年以後に編纂されたとする。編纂時期の問題はそのとおりであるが、『吾妻鏡』は安達氏のために曲筆しないどころか、安達氏を敵役にするストーリーを創作し、記事を構成していたのである。

二　寛元の政変と宝治合戦

『吾妻鏡』の宝治合戦記事がある種の物語であったとすると、安達氏が事件の主謀者であったというストーリー以外にも、別のストーリーに基づいて記事の一部が創作されているのではないかと考えずにはいられない。それは三浦氏にあって謀叛へと主導したとされる三浦光村をめぐるストーリーである。

宝治合戦関連の記事の中で、光村を強く印象づけているのは、合戦三日後の六月八日条の記事である。天候記載があるから、この記事の一部は日記的な記録が原史料であった。

天晴、於二常陸国一関左衛門尉政泰郎従等与二小栗次郎重信一致二合戦一、終彼郎従等雌伏、舎屋悉放火、余炎及二数町一、設刺有二数家一、凡村南村北、哭声尤多云々、今日被レ召二出法華堂承仕法師一人一、是昨日為レ備二香花一陪二仏前一之処、泰村以下大軍俄乱二入堂内一之間、失レ方三角于欲二遁出一、昇二天井一、聞二彼等面々言談一之由、達二上聴一之故也、仍平左衛門尉盛時・万年馬入道等召二問件子細一、令レ記二申詞一、及二披閲一云々、其大意、中山城前司盛時記レ之、窺二天井隙一之処、若狭前司泰村以下大名者、兼見二知其面一之間無二子細一、其外多以不レ知之類也、次申詞事、於二毎レ人事一者、堂中鼓騒之上、末席言談等不レ能二聞及一、而為レ宗之仁、称二一期之終一、語二日来妄念一、大半是泰村・光村等令レ執二権柄一者、以二氏族一兮飽極二官職一可レ掌二領所々一之趣也、就レ中光村万事有二骨張之気一歟、入道御料御時、任二禅定殿下内々仰旨一、即於二思企一者、可レ執二武家権一之条、不レ可レ有二相違一云々、慭依レ随二若州猶予一今匪三啻愁二愛子別離一、永欲レ胎二当家滅亡之恨一、後悔有レ余者、自取レ刀削二吾顔一、猶可レ被二見知一否問二人々一、其流血奉レ穢二御影一、剰令レ焼二失仏閣一、可レ隠二自殺穢体一之由結構、両事共可レ為二不忠至極一之旨、泰村頻加二制止一之間、不レ能二火災一、凡泰村於レ事有二隠便之気一、其詞云、思二数代之功一、縦雖レ為二累葉一、可レ被レ宥二罪条一、何況義明以来、為二四代家督一、又為二北条殿外叔一、輔二佐内外事一之処、就二一往讒一、忘二多年昵一、忽被レ与二誅戮之恥一、恨与レ悲計会者也、後日定有下被二思合一事上歟、但故駿河前司殿、自他門之間多申二行死罪一、彼子孫亡訖、罪科之所レ果歟、今已赴二冥途一之身、強非レ可レ奉レ恨二北条殿一云々、落涙千行、其音振而言語雖レ不レ詳、旨趣仮令如レ斯歟云々、

能登前司光村首事、被レ聞二食削レ面之由一、所レ散二御不審一也、於二四郎式部大夫家村首一者、于レ今無二在所一云々、至二件承仕法師一者、被レ返二遣本所一、此外承仕一人者、去五日依レ不レ避二本堂内一、奔二入大床下一之間、為二歩兵等一被レ取レ首之由、七旬老尼悲哭、而彼首実検之時出現云々、

頼朝法華堂の承仕法師の口から、三浦一族の最期の様子が語られている。死後に遺体を特定されないために、刀を執って自分の顔を削り、まだ自分だとわかるかどうかをまわりの人々に問う鬼気迫る光村の姿である。光村は和歌を

詠み、猿楽などの芸能も達者で、とくに琵琶の腕前は秘曲伝授を受けて『琵琶血脈』に名を載せるほどであった。[10]そうした本来文化的な光村を剛の者として印象づけることになっている。しかし、この記事はまったくの作り話ではない。なかでも「窺二天井隙一之処」から「仮令如レ斯歟云々」までは、平盛時と万年馬入道が承仕法師を尋問したときに作成された申詞記を中原盛時が漢文化して抄録した記録からの引用であり、三浦一族最期の生に近い姿が承仕法師の証言を通じて再現されている。

たとえそうした信憑性の高い記録が原史料であっても、他の記事同様に編纂時に手が加えられているのではないかという見方もあるかもしれない。しかし、『吾妻鏡』は、偽文書や質の低い原史料を使っている場合や、原史料を誤読して地の文を作文してしまっていることはあっても、引用史料そのものに大幅な手を入れて改竄する編纂方法はほとんどとっていない。したがって、この申詞記の部分は、漢文化にともなう若干の文飾が施されているものの、宝治合戦を考える上での基本史料となるべき性格のものだと考える。

この証言の中で、とくに注目されるのは、光村の発言として語られている「入道御料御時、任二禅定殿下内々仰旨一、即於二思企一者、可レ執二武家権一之条、不レ可レ有二相違一云々、愁依レ随二若州猶予一今匪三啻愁二愛子別離一、永欲レ貽二当家滅亡之恨一、後悔有レ余」の部分である。「藤原頼経の時代に、その父藤原道家の内々の仰せの通りに、すぐに思い企てていれば、幕府の実権を握れたであろうことは間違いなかった。心ならずも泰村のためらいを受け容れてしまったので、今になって愛する子と別れる悲しみを味わうだけでなく、永く我が家滅亡の恨みを残すことになってしまった。後悔しても後悔しきれない」と述べている。この宝治合戦の直接の契機ではないが、頼経の時代に、道家が北条氏を排斥して、三浦氏が北条氏に取って代わる形での幕府の再編を企てたことがあるというのである。「入道御料御時」は単に頼経の時代といっているだけなので、頼経の出家後に限定される話ではない。三浦義村から泰村に代替わりした仁治元年（一二四〇）から頼経が京都に送還される寛元四年（一二四六）七月までの六年半の間の出来事ということになるが、泰時時代ではないだろうから、仁治三年六月の泰時から経時への代替わり後、あるいは寛元四年閏四月の経時から時頼への代替わり後あたりが、その機会ではあろう。

『吾妻鏡』の編纂執筆者も当然そのことは認知していて、寛元四年五月に起こった、いわゆる「寛元の政変」と宝治合戦を結びつけようとしている。

「寛元の政変」は、『百錬抄』同年六月八日条が「関東騒動事風聞、明日飛脚参洛、入道将軍被レ発二叛逆一間事也」、『葉黄記』同六日条が「今日関東飛脚到来、入道将軍御所警固之後、近習者定員被レ召二籠一、越後守光時出家」と記しているように、事件そのものは、表面的には、出家していた頼経の御所が取り囲まれ、近臣の藤原定員の身柄が拘束され、名越流の北条光時が出家するという出来事だった。この事件に連座して、評定衆の後藤基綱・藤原為佐・千葉秀胤、問注所執事三善康持も解任されている（『関東評定伝』）。

前関白藤原（近衛）兼経の『岡屋関白記』は、この事件について「又関東有レ事云々、入道大納言廻二謀察一、相二触武士等一欲レ討二時頼一泰時朝臣末子、兄経時死去之後、執レ権之者也、又令レ行二調伏祈等一、此事発覚之間騒動、搦二取前兵庫頭定員一、令二拷問一之間、承伏云々、定員子息焼二彼間書状等一、自殺云々、可レ謂レ賢歟、入道被二幽閉一云々、使者輙不レ通、仍京都人不レ知二実説一、東山辺可レ有二怖畏一云々、（中略）定員子息事虚言云々」（六月九日条）、「或云、武士等鬱憤之間、来月十一日入道将軍自二関東一追二上京都一、令二彼入道上洛一本懐之由披露、但実追却儀云々、此騒動粗聞二人口一之処、入道将軍示二合東山禅閤一廻レ謀、相二語猛将等一、令レ討二故泰時子息等一、且以二僧徒一令レ行二調伏法一、又令レ呪二詛経時一、早世此故也、件奇謀発覚之間、及二此大事一、前但馬守定員者、入道将軍開二心府一之者也、召二取件男一、令二尋問一之処、一々露顕云々、京都風聞如レ此、但虚言等相加、太不レ可二指南一、近日事、皆天魔所為歟」（十六日条）と記している。京都での風聞には

虚言も混じっていると述べているが、十四日には鎌倉からの使者安達泰盛が上洛しているから（『葉黄記』）、十六日条の記事はその使節がもたらした情報が反映されていると見られる。京都の人々は、頼経と道家が謀議を凝らし、武士たちを誘って時頼を討とうとした事件であると認識していた。道家自身は何度も起請文を書いて自身が無関係であることを弁明している（九条家文書）。

この寛元四年の事件については、もちろん『吾妻鏡』も詳しく記している。ただし、吉川本にはこの年の記事がないので、北条本・島津本などに拠らざるをえないが、騒動と直後の時頼亭での動きを記した五月二十四日〜二十六日条にはいずれも天候記載があり、内容的にも記録類を原史料としたとみられる記事であって、作文が挿入されている気配はない。ここまでの一連の記事には三浦氏の動きは記されていない。三浦氏の動きが記されるのは事件から十日ほど経った六月六日条と十日条である。六日は「及二深更一、駿河四郎式部大夫家村潜入二来諏方兵衛入道蓮仏之許一、有二相談事一、蓮仏即達二左親衛之聴一、乍レ置二家村於座一、蓮仏参二入御所一、及二両三度一、有二御問答事一歟、暁更家村退出云々」（北条本）、十日は「於二親衛御亭一又有二深秘沙汰一、亭主・右馬権頭・陸奥掃部助・秋田城介等寄合、今度被レ加二若狭前司一、内々無二御隔心一之上、可レ被レ仰二意見一之故也、此外諏方入道・尾藤太・平三郎左衛門尉参候」（島津本）という記事で、いずれも天候記載はない。六日に三浦家村が時頼の被官諏方蓮仏のもとを訪れ、なにやら相談すると、蓮仏はそれを時頼に伝えるために、時頼がいる将軍御所に行き、両者の間を二三度往復したという記事である。家村の訪問が彼自身の意思ではなく、泰村の意向を受けてのものであろうことは想像に難くない。家村・蓮仏を介して、泰村と時頼との間で交渉が行われたことを記しているといえよう。その四日後に時頼亭で行われた「深秘の沙汰」にこれまでの構成員である北条時頼・政村・実時、安達義景に加えて、初めて泰村が参加した。寛元四年三月二十三日条の「深秘御沙汰」の記事をはじめ、これら時頼周辺の密事に関する記事の原史料はわからない。『吾妻鏡』は、この六月六日条・十日条を置くことで、五月の政変に三浦泰村は直接関与しておらず、六日の交渉で時頼を支える立場を明らかにしたことで、十日の「深秘の沙汰」に加わることになったというストーリーを描こうとしていることは間違いなかろう。

この後も宝治合戦当日まで、事態が深刻化する中でも、時頼と泰村が提携していこう、和平を実現させようと動いている姿を描くことは、『吾妻鏡』の一貫した叙述方針になっている。その一方で、戦乱に導こうとする動きを示す勢力として、先の安達氏同様に、役割を与えられているのが泰村の弟光村である。

七月の頼経の京都送還記事にその動きが記されている。十一日条の「天晴、入道大納言家御帰洛、今暁令二進発一給、晩頭着二御酒匂駅一云々」（島津本）に始まり、翌十二日の「鮎沢」以下、毎日の宿泊地を記す記事は、建久元年（一一九〇）の源頼朝上洛時や暦仁元年（一二三八）の頼経上洛時の帰路の記述に類似しており、「御上洛記」を原史料としている書きぶりである。七月二十八日の頼経入洛までを記した後、八月十二日条に再び頼経上洛関係の記事を載せる。「相模右近大夫将監自二京都一帰参、是入道大納言家御帰洛之間、所レ被二供奉一也、此外人々同還向、去月廿七日五更、廿八日分、経二祇園大路一、着二御于六波羅若松殿一、今月一日、供奉人等進発」の部分は、天候記載こそないものの、時刻や経路などが淡々と記されていて、日記を原史料としているとみていい。ところがそれに続けて「而能登前司光村残二留于御簾之砌一、数刻不二退出一、落涙千行、是思二廿余年昵近御余波一之故歟、其後、光村談二人々一、相構今一度欲レ奉レ入二鎌倉中一云々」（北条本）と記す。光村が頼経との別離を惜しむとともに、頼経を今一度鎌倉にお連れしたいと人々に話したというのである。この光村の思いが、宝治合戦につながったと解釈させるつくりである。この部分は、前半の「去月廿七日五更」以降、事実を淡々と記してきた書きぶりとはかなり異なる。宝治合戦での光村の行動を踏まえて、後から記事を付け加えているようにみえる。この発言を事実とみて、頼経を将軍に復帰させる計画とみる説もあるが[11]、頼経は寛元三年七月五日にすでに出家しているから、征夷大将軍になることはできない。できることがあるとすれば、「大殿」として頼嗣を背後からコントロールすることだろう。

　宝治合戦直前の宝治元年五月二十八日条でも「此程世上不レ静、是偏三浦之輩依レ有二逆心一之間、人性皆挿二怖畏一之故也、件氏族、云二官位一、云二俸禄一、於レ時雖レ不レ可レ成レ恨、入道大納言家御帰洛事、殆不レ叶二彼雅意等一、追レ日奉二恋慕一歟、就レ中能登前司光村自二幼少当初一奉二昵近一、毎レ夜臥二御前一、日闌退二座右一、起居御戯論、触レ折御遊興、毎レ事未レ禁二懐旧一之上、密々有下承二厳約一事上云々」と、「御前に臥す」ほどの頼経と光村の親近性を強調し、さらに、寛元四年八月十二日条の鎌倉再下向の話が二人の間に密々交わされた「厳約」であったかのような印象を与える書き方をしている。五月二十八日条のこの部分はなんらかの出来事の記載ではなく、編者のコメントとでもいうべき記述である。さらに、「凡当二于関東鬼門方角一、被レ建二立五大明王院一、賞二翫有験知法高僧及陰陽道之類一、又愛二譜代勇士等一給云々、衆人之所レ察、只濫世之基也、果而光村等存案之旨已可レ謂二発覚一」とコメントを続ける。頼経が鬼門の方角に明王院を建立し、高僧や陰陽師を賞翫したり、譜代の勇士を愛でたことが、乱世の原因となり、そのとおりに光村らの謀叛が発覚したと述べている。つまり、頼経と光村が宝治合戦に導いた張本だと位置づけているのである(12)。この日の記事の最後は、「就レ之左親衛今夜廻二御使於若狭幷親類・郎従等辺一、令レ窺二其形勢一給之処、面々整二置兵具於家内一、剰自二安房・上総以下領所一、以レ船運三取如二甲冑一、綷更非二隠密企一歟之由申レ之云々」と、三浦氏の動向を原因とする「この程世上静かならず」という状況に対して、時頼が行った調査活動と、その結果を記している。

　事件の戦後処理もほぼ終了した六月二十四日、『吾妻鏡』は「故能登前司光村染二自筆一遣二或所一状、有二献覧之人一、隠謀之企頗炳焉、仮令雖レ不レ載二于其詞一、旨趣足二推量一也云々」という記事を載せる。光村が自筆で書いた書状を提出した者がいて、その書状によって陰謀の企てがはっきりした、と。たとえそうした詞がはっきりとは書かれていなくても、その内容は陰謀の存在を推量するに足るものであったというのである。十五日条で泰村後家から時頼書状が提出されたという記事と比べると、誰に宛てた書状で、誰が提出したのかが不明な書きぶりで、光村首謀説を裏づける証拠能力は疑われるが、それでもこの記事をもって光村を主謀者として事件の幕引きを図っている。

おわりに

『吾妻鏡』の宝治合戦記事は、安達氏らが三浦氏を追い落とそうと仕組んだ事件で、三浦氏の方でも北条時頼と連帯関係を保とうとする泰村の意向に反し、前将軍藤原頼経に思いを寄せる光村が一族を挙兵へと導いたというストーリーに沿って組み立てられていた。

では、宝治合戦とはどういう事件だったのか。『吾妻鏡』にかかっているフィルターを外すと、どのような事件の性格がみえてくるのか。

頼経とその背後にいる道家は、北条時頼の排除という形での幕府の体制転換を図ろうとしていた。目指した幕府は、朝廷のもとで権門としての一定の権能を果たす本来の幕府であろう。そのために、北条光時や三浦氏に内々に協力を求めた。三浦氏への呼びかけは、頼経側近の藤原定員の供述に三浦氏の名が出なかったことからみると、頼経ではなく、道家から光村への示唆という形だったのかもしれない。泰村が躊躇しているうちに、頼経や光時の動きは発覚し、頼経は京都に送還され、光時は出家することになった（寛元の政変）。泰村は時頼への協力の姿勢を明らかにしたが、一族内にはそれに反発し、寛元の政変時に動いて北条氏に取って代わらなかったことを後悔する光村らの一派がいて、武器を集めるなどの動きをみせていた。北条氏に近い安達氏などは光村らの動きを警戒し、三浦氏側もさらに動きを明らかにしていった。その間には三浦氏に対する讒言もあったようである。時頼と泰村は不測の事態を避けるために、交渉を続けるが、六月二日には近国御家人が鎌倉に集まり、時頼亭を警固した。三浦一族のなかでも時頼の叔父に当たる佐原盛時・光盛・時連らの兄弟は時頼亭に参入した。四日には三浦方も諸国から集まっている。五日未明からの最後の和平交渉で泰村がひと安心したのも束の間、安達泰盛・大曽禰長泰らの先制攻撃で、合戦が始まってしまう。泰村亭には火が懸けられ、三浦一族は頼朝の法華堂へと移動した。和田合戦のときの義盛や義秀らの奮戦とは異なり、宝治合戦の三浦氏は防戦一方であった。そして法華堂で一族の自害という結末を迎える。幕府でも朝廷でも、最終的には泰村の謀叛という評価が下された。

こうしてみてみると、事件が起こるまでの経緯のうち、寛元の政変に至るところは、承久の乱によく似ている。承久の乱は、後鳥羽上皇があるべき権門体制下における役割のみを担う幕府に作り替えるために、北条義時を排斥しようとしたことから起こった。義時を排斥した跡には三浦義村を据えようと、検非違使として在京していた弟の胤義を取り込み、義村を誘おうとした。後鳥羽上皇の役回りが、徳政を志向していた藤原道家である。義時役は時頼、義村の代わりが泰村で、胤義と同じく検非違使を経験して京都の人々と深い繫がりをもっていた光村が三浦氏側の推進役であった。ただし、道家は義村役として、泰村と北条光時の二人を天秤にかけていたのかもしれない。光時を選んだところで、道家の企ては発覚し、その動きは潰えたかにみえたが、今度は三浦泰村を義村役に立てる形で再現しようとする動きが起こったのである。しかし、承久の乱のときと結末は大きく違っていた。胤義を見捨ててまで、義時との連帯関係、鎌倉幕府のいまの形での存続を選んだ義村に対して、泰村は同じように北条氏との連帯を志向しつつも、一族を割ってもそれを実現させる決断ができなかった。結局は「謀叛」の動きに引きずられ、自害を余儀なくされたのである。泰村は自害直前に「駿河前司殿、自他門の間に多く死罪を申し行う。かの子孫亡びおわんぬ。罪科の果たす所か。今すでに冥途に赴くの身、強ちに北条殿を恨み奉るべきに非ず」、すなわち、父義村が一族や他氏を結果としてたくさん殺し、それらの子孫が絶えてしまったことの報いで、今回の非業の死を迎えることになってしまったのであるから、けっして北条時頼を怨んではいけないと語っている。泰村には、義村の数々の決断の意図が理解できなかったのであろう。その器の違いが、結果の違いになってしまった。

およそ寛元の政変から宝治合戦に至る事件の流れに、『吾妻鏡』は安達氏の行動と光村の動きの創話を交えてデフォルメし、それと時頼・泰村の行動を対比するように描いた。それはなんのためか。やはり父祖からの譲りではなく、兄から跡を継いだという時頼の立場の弱点を補うためとみるしかないだろう。従来の言い方をすれば、北条氏のための「曲筆」ということになるが、『吾妻鏡』は原史料を改竄したり、火の気のないところに火を付けるような「曲筆」はしていない。時として、ある意図をもって事件のストーリーを作り、それに合うように都合のいい史料を並べ、不都合な史料には目をつぶる。デフォルメしたり、一言二言論評を書き加えることで、ストーリーを明確化して、特定の方向に印象づける。そんないつの時代にもありがちな編纂手法を『吾妻鏡』もとっていたにすぎない。

註

(1) たとえば、永井晋『鎌倉幕府の転換点』(日本放送出版協会、二〇〇〇年)、本郷恵子『全集 日本の歴史六 京・鎌倉ふたつの王権』(小学館、二〇〇八年)、高橋慎一朗『北条時頼』(吉川弘文館、二〇一三年)。
(2) 高橋秀樹『三浦一族の中世』(吉川弘文館、二〇一五年)。
(3) 平泉隆房「『吾妻鏡』所載「宝治の合戦」記事の編纂時期」(『史料』二二、一九八〇年)。
(4) 細川重男「宝治合戦と幻の軍記物」(『三浦一族研究』一九、二〇一五年)。
(5) 高橋秀樹「吾妻鏡原史料論序説」(佐藤和彦編『中世の内乱と社会』東京堂出版、二〇〇七年)。
(6) 高橋秀樹「いくさの情報と記録」(大三輪龍彦ほか編『義経とその時代』山川出版社、二〇〇五年)。

（7）高橋註（6）前掲論文。

（8）高橋秀樹「不読助字からみた『吾妻鏡』の史料論」（『年報　三田中世史研究』二二、二〇一五年）。

（9）高橋秀樹「歴史叙述と時刻―吾妻鏡原史料続考―」（佐伯真一編『中世文学と隣接諸学4　中世軍記物語と歴史叙述』竹林舎、二〇一一年）。

（10）真鍋淳哉「三浦光村に関する基礎的考察」（『市史研究　横須賀』八、二〇〇九年）。

（11）村井章介「執権政治の変質」（『中世の国家と在地社会』校倉書房、二〇〇五年、初出は一九八四年）。

（12）真鍋前掲論文は、「深堀左衛門尉能仲申勲功賞事、申状如レ此、相二尋子細一、可下令二披露一給上之状如レ件」の本文をもつ、深堀文書の十月二十三日付け北条時頼書下（『新市史補遺』二八七八号）が、「能登前司殿」（三浦光村）宛てに出されていることについて、「執権あるいはその職務代行者が、御家人の勲功賞を鎌倉殿に披露するというその最も根幹的な職掌を果たすにあたり、三浦光村にその仲介を求めているのである」とし、光村の政治的立場の高さを示すものであり、この文書が寛元三年のものであれば、藤原頼経と光村との関係の密接さがその地位を生んだもの、寛元四年のものであれば、幼少の将軍頼嗣の後見役のような立場にあったことを示すと見ている。しかし、この説は、家人は主人に対して直接文書を出すことができず、文書を出す場合は必ず申次役宛てに出さなくてはならないという、この時代の社会規範（書札礼）を踏まえていない点に問題がある。執権であるにせよ、家人である時頼が鎌倉殿側近の申次に宛てて文書を出すのは常態であり、このときは、光村がその役割を務めていたことを示すにすぎない。決して、光村が鎌倉殿を動かすような政治的権力を有していたわけではないのである。

第九章　相模武士河村氏・三浦氏と地域社会

はじめに

人はさまざまな人間関係を有している。その広がりの大小や質は、その人がもつ個性や立場に左右されることが多いが、人間関係の中に占める親族の重要性が、現代よりも近代、近代よりも前近代の方が高かったであろうことは、想像に難くない。

中世武士の間に、血縁や婚姻を介した人的な結びつきが網の目のように張り巡らされ、それがある程度機能していたことは、家を出た曽我兄弟が親族の間を止宿して廻ったことを記す真名の妙本寺本『曽我物語』に示されている。(1)そこに書き上げられている親族には名寄せ的な性格もあり、必ずしもすべてが事実とは限らないが、(2)伯母聟三浦介義澄、母方の伯母聟和田左衛門尉義盛、母方の従父聟渋谷庄司重国、母方親族の本間・海老名氏、姉聟渋美氏、父方の伯母聟早川氏、父方の従父聟秦野権守、伯母聟岡崎四郎義実らの名が見え、父方が伊豆の豪族伊東氏、母方が相模国の御家人であるという環境にあった曽我兄弟を、「北条・早川・鹿野・田代・土肥・岡崎・本間・渋谷・海老名・渋美・松田・河村・秦野・中村・三浦・横山の人々」へ、自身の姻族である畠山・梶原氏などが同心して支えようとしていたことが語られている。

これらの人々は、父系血縁者・母系血縁者・姻族を含む親類と呼ばれる関係にある人々である。親類は、「好《よしみ》」という対等な関係で結ばれており、日常的な相互援助を主な機能としていた。親類は、帰属意識や成員権を必要とされるような親族集団ではないので、家督や家長者のような統括者はいなかった。

一方、出自集団である一族（一門）も彼らを取り巻いていた。曽我兄弟にとっては実父方の伊東の「一門」がこれに当たる。一族は、系譜的連続性を基軸として祖先中心的に父系血縁者および擬制血縁者が結集した同族集団で、家督などと称される家長の統括により、所領保全のための相互扶助、意思決定機関としての評定などの機能を有していた。親族集団である一族は世代が下っても、そのまま集団としての機能を維持することが多いが、自己中心的な関係である親類は、世代が下るとまったく違った顔ぶれに変わってしまう。たとえば、祖父Aとその孫Bは同じ父系出自集団である一族に帰属しているが、Aが親類と見なしている母系血縁者や姻族の部分と、Bの母系血縁者・姻族とは顔ぶれが異なる。ましてやBの父方のハトコCの親類になると、Bの親類とは重ならない人が多い。一族と親類とで、父系血縁者の部分については重なり合う部分もあるが、両者はまったく異質な親族であった(3)。

武士たちが、どのように地域社会を形成し、その中で親族関係がどの程度の役割を果たしていたのか。一方で、地域社会や親族関係の形成・維持にはどのような限界があったのか。ここでは西相模の中小規模の武士河村氏と、東相模の豪族級の武士三浦氏を取り上げ、地域や領主としての規模による差異を踏まえつつ考えてみたい。

一　河村氏の場合

1　「河村系図」の史料的有効性

河村氏を取り上げる理由は、彼らの婚姻関係を詳細に復原できる系図が存在することによる。『続群書類従』に「秀郷流系図　河村」として収録されている「河村系図」である。

この「河村系図」は『諸家系図纂』巻十八下を底本としており、本奥書によれば、「野州佐野系図」以下七編の系図をまとめて『葛藟集』と名付けられていた「松村伯胤本」の系図集からの転写である。松村伯胤（清之）は水戸藩士で、『鎌倉志』の校訂者として知られる学者であった。水戸藩による『大日本史』編纂のための資料収集活動の中で、この系図が松村の手に入り、それを丸山可澄が『諸家系図纂』に編入したのであろう。河村氏の系図には『系図纂要』所収系図や川村章一『川村氏一族の歴史』[4]所収の「藤家河村系図」「河村系図」があるが、それと比べても続群書類従本の「河村系図」がもっとも世代間の矛盾などがない。川村章一氏が指摘しているように、第二世代の時秀の兄弟として記されている行時・清秀・秀重・行秀・秀通が、本来は第三世代の経秀の兄弟として記されるべきであるという誤りと多少の誤字を確認できるのみである。

この系図は、十二世紀末の人物である秀高から起筆され、その七世代後の子孫までを書き継ぐ。ただし、系図の形状から見ると、秀高の子息たちを第一世代とした場合の第五世代あたりまでをいったん書き上げ、親秀（第三世代）の系統を中心に数世代分を書き継いでいったものとみられる。河村氏の中でも、系図の末尾にくる秀直（第四世代）の子孫によって書き継がれた可能性が高い。第五世代に当たる秀久に対する安堵状（河村文書、『鎌倉遺文』二七八二六号）が元亨元年（一三二一）、第六世代の秀継から子息への譲状（同、『新潟県史』一五八三号）が観応二年（一三五一）の年紀をもっているので、原系図の成立は鎌倉末期～南北朝期までさかのぼると考えられる。同族である波多野氏・松田氏の系図が十二世紀半ば以前の部分に伝承的な人物伝をもたせるように操作しているのに対して、この「河村系図」は秀高から書き始めているために、そうした操作が行われていない。また、新潟県立歴史博物館所蔵『越後文書宝翰集』の「河村文書」との照合が可能な景秀系統の系譜関係に大きな誤りがないことも、この系図の信憑性を高めている。網野善彦氏によれば、鎌倉・南北朝期の古系図は室町・江戸期の系図に比べると女性の比率が高いという(5)。この「河村系図」も、母や女子の掲載など、女性が多く登場する系図である。この「河村系図」を中心に、続群書類従本の「秀郷流系図　波多野」「同　松田」や『系図纂要』所収系図の記事も参照して、河村氏の婚姻関係を抽出し、第六世代までの婚姻関係を書き込んだのが系図2である（二四八〜二四九頁参照）。これをもとに分析を加えることにするが、それに先だって、まずは河村氏について説明を加えておかねばなるまい。

2　波多野・河村系武士団の歴史的環境

西相模の内陸部、足柄上郡を根拠地とする河村氏は、波多野氏・松田氏と同族で、秀郷流藤原氏を称する武士団である。秀郷へのつなげ方は系図により異なるが、十二世紀以降の経秀、秀遠、遠義につながる系譜関係、そして遠義の子に義通、秀高の兄弟がいて、義通の子孫が松田氏、秀高の子孫が河村氏を名乗るようになることは系図間でほぼ共通しており、他の文献史料からみても確実である。秀遠（成親）・遠義（遠能）父子は蔵人所衆として在京活動をしていた徴証があり（『千載和歌集』巻十三、『永昌記』保安五年四月二十三日条）、その子義通は源義朝の側近として保元の乱・平治の乱に従っている。また、義朝と義通は妻同士が姉妹という関係にあった（『吾妻鏡』治承四年十月十七日条）。

これら波多野系一族の本拠地である波多野荘は、建長五年（一二五三）の近衛家領目録（近衛家文書、『鎌倉遺文』七六三一号。『新市史Ⅰ』一三〇六号）に「冷泉宮領内」の「波多野」として見える荘園で、同国三崎荘とともに小一条院敦明親王の娘冷泉宮儇子内親王からその養女らの手を経て、近衛流摂関家に伝来した所領であった。藤原忠実時代の摂関家政所の関係行事について記す『執政所抄』（『続群書類従』）には、十二月二十八日の「冷泉院殿御忌日事」すな

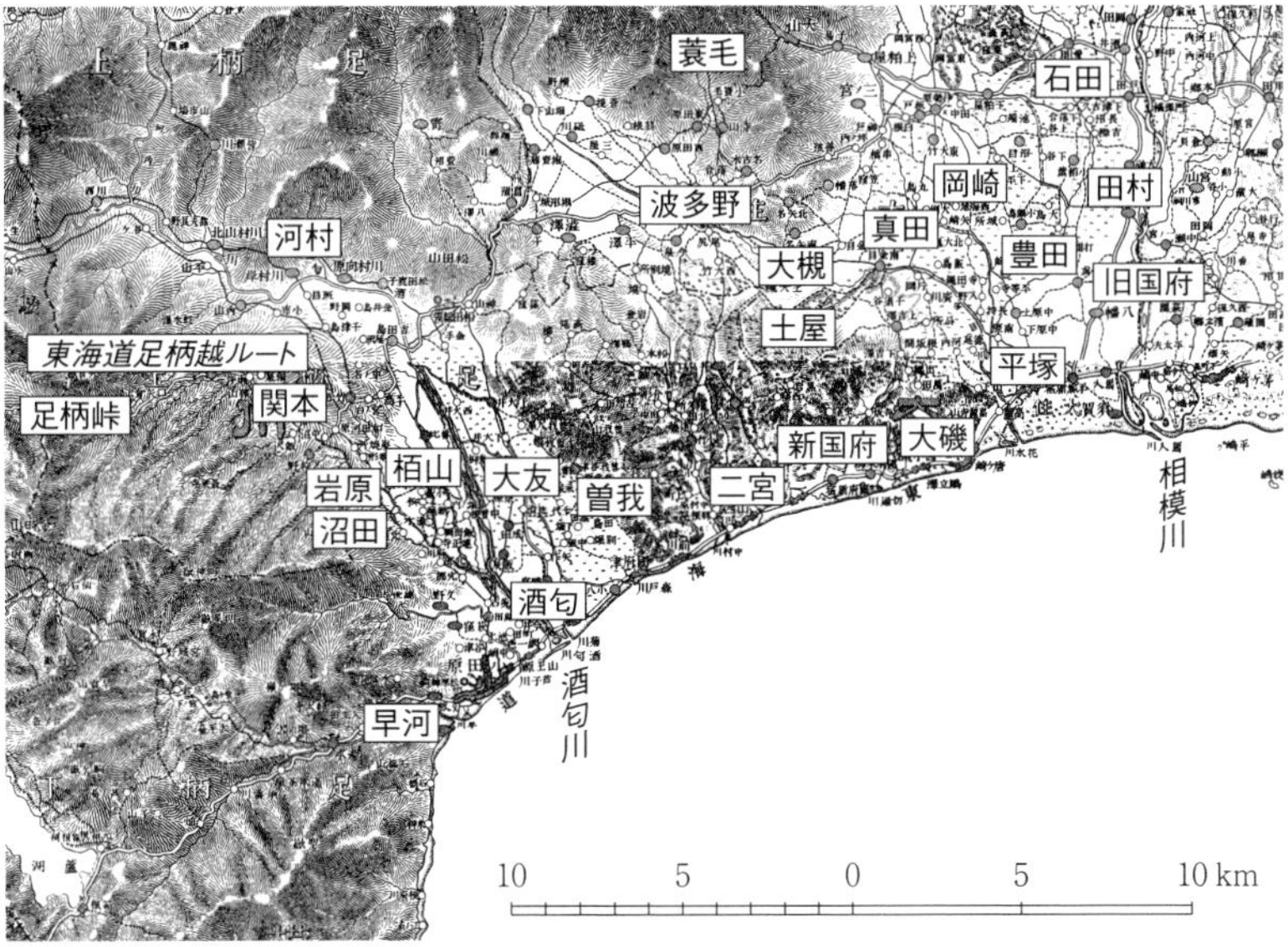

図5　西相模要図　輯製20万分1図（1886年）を縮小して加筆。

わち儇子の忌日仏事に用いられる素紙経二部を納める家領として「波多野」が見える（『新市史補遺』二九〇八号）。『尊卑分脈』が経秀の父として載せる経範は、『陸奥話記』によれば佐伯姓で、源頼義麾下の相模国住人であった。頼義は小一条院判官代で、長元九年（一〇三六）には相模守に任じられた人物であったから、彼を仲介として十一世紀前半ごろに冷泉宮領波多野荘が成立したのだろう。

『尊卑分脈』は、この経範を秀郷流の公光の男として記して、その母を佐伯氏とし、経範―経秀―秀遠―遠義とする。経範には「波多野」の注記と前九年合戦の勲功を記しており、流祖としての位置付けを与えている。『系図纂要』も公光―経範―経秀と続く系図と経範から始まる系図を載せ、経範の母を「佐伯経明女」としている。一方、続群書類従本「波多野系図」は「公光四男」と注記する公俊から起筆し、公俊―経秀―秀遠―遠義とつなげる。経秀以降は一致しているが、それ以前の系譜関係に異同がある。波多野荘の立荘過程から見て佐伯経範の存在は動かしがたい。後世、秀郷流藤原氏を称するようになったことで、佐伯姓の出自を秀郷流藤原氏に変換する系譜操作が行われたのであろう。母を佐伯氏とすることでその融合を図ろうとする『尊卑分脈』と、経範の存在を無視して秀郷流藤原氏を主張する「波多野系図」とで、その操作方法に違いがある。

湯山学氏は、宝賀寿男編著『古代氏族系譜集成　中巻』（古代氏族研究会、一九八六年）所収の「佐伯系図」(6)が「属二源頼信朝臣一、千葉合戦抽レ功、住二相模国一」との注記がある経資（相模目代佐伯権大夫）の子として経範を載せ、経範に「妻相模守藤原公光女、藤原公光為レ子改姓」とあることをもって、「本系図により経範は佐伯経資の子で、妻が公光の娘であったことが明らかとなった」とし、この系図に全面的に依拠した叙述を行い(7)、鎌倉佐保氏もこの湯山説に従っている(8)。経範が佐伯姓であるという点では事実を反映しているが、「妻相模守藤原公光女、藤原公光為子改姓」の注記については、これも他の系図同様に、子孫が秀郷流藤原氏を称するようになったことに対する後付けの説明である。「相模守藤原公光」が身分層の異なる目代に娘を嫁がせ、外孫を養子として改姓させるという説明は、当時の婚姻関係のあり方や養子関係のあり方からして説得力をもたない。経資が相模国の目代であったことなどを含めて、直ちに事実として認定するわけにはいかないだろう。いずれにしても、このように十一世紀半ば以前の系譜を東国の代表的な「つはもの」と結びつけた系図を創り上げることは、本書第一章で論じた三浦氏の事例と共通している。

その後、波多野荘は本荘と新荘に分かれたようで、『吾妻鏡』文治四年（一一八八）八月二十三日条によれば、本荘北方は保延三年（一一三七）に筑後権守遠義から二男義通に譲られ、嘉応元年（一一六九）に義通から義景に譲られたという。波多野荘の西隣が松田郷で、源頼朝挙兵時に敵対した波多野右馬允義常（義通の子）はこの地で自殺している（『吾妻鏡』治承四年十月十七日条）。さらに、その西の山間地にあるのが河村郷で、秀高の子義秀は頼朝挙兵時に平家方の大庭景親に与したために、河村郷を頼朝に没収されたが（同、治承四年十月二十三日条）、その後、義秀は弓馬の芸によって死罪を免れ、本領を還付された（同、建久元年九月三日条）。足柄上郡の河村郷は、丹沢山地南西部、足柄平野北西部に位置し、南端を流れる酒匂《さかわ》川は相模湾に注ぎ、さらにその南側には足柄山を越えて関本宿を通り酒匂宿に至る東海道足柄ルートが通っているという地理的環境にあった。

丹沢山系の南麓に展開した波多野・松田・河村の一族の周辺には、その南側の相模湾沿いに中村・土屋・早河などの中村系武士団や曽我氏など、東側には糟谷氏や三浦流の岡崎氏、鎌倉流の豊田氏などの武士団が展開していた。また、足柄峠を越えた隣国駿河には、藍沢氏などがいた。

3　足柄地域社会の形成

治承・寿永内乱期〜鎌倉初期に活動した第一世代の配偶者には、「曽我太郎祐信女」（政家母、時秀母）、「伊豆権介藤頼隆女」（清時母）が見える。祐信女に関しては、政家に「時秀一腹」の注記があるから、義秀と死別もしくは離別した後、弟の秀清に再嫁したことになる。曽我氏の苗字地である足柄下郡の曽我荘は、河村を通って相模湾に注ぐ酒匂川の下流左岸に位置しており、曽我祐信は曽我兄弟の継父に当たる。妙本寺本『曽我物語』が列記する曽我兄弟の親類の中に「河村」が含まれているのも、こうした関係によるのだろう。

「伊豆権介藤頼隆」と称される人物は他の史料に見えないが、「隆」と「澄」は頻繁に誤写される文字であるから、『吾妻鏡』文治三年（一一八七）四月二十九日条所引の「公卿勅使伊勢国駅家雑事勤否散状事」に「伊豆目代頼澄」と記される人物がそれに当たるとみられる。また、『吾妻鏡』には、伊豆で挙兵間近の頼朝に参候した「永江蔵人大中臣頼隆」が登場する（治承四年七月二十三日条）。彼は「是太神宮祠官後胤也、近年在二波多野右馬允義常之許一、近日有下背二主人一事上参上云々」と説明されており、義秀の従兄弟の波多野義常（松田郷在住）のもとに身を寄せていた人物であった。これらが同一人物で、「河村系図」が藤原氏とする「頼隆」が『吾妻鏡』の「大中臣頼隆」であり、「伊豆権介」は「伊豆目代」のことであった可能性は高い。

第三世代に三例、第四世代に一例の婚姻関係がみられる武氏は、もっとも重層的な婚姻関係を結んでいる非同族である。とくに盛秀系の河村氏と重層的な婚姻関係をもつ武氏は、河村氏のみならず、「波多野系図」「松田系図」にも両氏との婚姻関係を示す複数の記載がある。武氏は東相模の三浦氏の被官的御家人として『吾妻鏡』に登場するほかは、具体的な活動を示す史料はないが、江戸時代に編纂された『新編　相模国風土記稿』には、公暁に殺された将軍源実朝の首を武常晴が波多野荘に持ってきて、退耕行勇を導師として埋葬し、波多野忠綱が行勇を開山として実朝の菩提を弔う寺を建てたという伝承や、荘内にある寺山村の旧家庄右衛門の先祖の武和泉守が三浦郡武村の住人で三浦氏に仕えていた人物であり、室町期の文書を伝えていたことなどが載せられている。伝承の真偽はともかく、武氏が波多野系の諸氏と密接な関係をもっていたことは間違いない。次節で述べるように、三浦氏は国衙所在地である西相模の余綾郡大磯に所領をもち、同郡二宮や大住郡岡崎・真田・土屋・平塚にも一族を配していた。そうした中で、三浦氏被官の武氏が波多野荘内に所領をもっていたことも伝承の背景として想定できるだろう。武氏との重層的な婚姻関係は、三浦半島の領主との婚姻とみるよりは、波多野荘域内の領主との婚姻関係とみる方が理解しやすい。

鎌倉前期に当たる第二世代では、近隣の武士との婚姻として、岩原保高女の事例がみられる。その苗字地岩原は、関本宿の南を通って酒匂へと流れる狩川や、酒匂宿に向かう東海道（足柄越えルート）に接している要衝である。岩原氏と河村氏との関係は密接で、第三世代の行朝と朝宣は、岩原保朝の養子となっている。親族関係は婚姻だけではなく、養子関係によっても形成・強化された。『吾妻鏡』承久三年（一二二一）六月十八日条に載せる宇治橋合戦手負注文では、同じ苗字あるいは同族関係にある者がある程度まとまって記載されているが、十四日分に「河村藤四郎・岩原源八」と続けて記されているのは、彼らが軍事的にも共同行動をとっていたことの反映であろう。親類が「好」を通じて、共同の軍事行動をとることは珍しくなく、たとえば、『蒙古襲来絵詞』に描かれた竹崎季長は、姉聟三井三郎資長とともに行動している。第三世代と第四世代では岩原南隣の沼田氏、第四世代では酒匂川沿いの栢山氏との婚姻関係もみられる。沼田氏・栢山氏ともに波多野系の同族である。

第二世代の盛秀やその子僧に「関本遊君」や白拍子が配偶者として見えることも注目される。関本宿は東海道の坂本駅を前身とする宿場で、箱根越えルートよりも足柄越えルートが一般的であったこの時期には東西を往還する旅人が必ずといっていいほど宿泊した地であった。古くは『更級日記』に「ふもとに宿りたるに、月もなく暗き夜の、やみにまどふやうなるに、あそび三人、いづくよりともなく出で来たり」の記事があり、貞応二年（一二二三）に記された『海道記』は、「関下宿ヲ過レバ、宅ヲ双ブル住民ハ人ヲヤドシテ主トシ、窓ニウタフ君女ハ客ヲ留テ夫トス。憐ベシ千年ノ契ヲ旅宿一夜ノ夢ニ結ビ、生涯ノタノミヲ往還諸人ノ望ニカク」と、遊君を抱える旅宿が軒を連ねていた様子を語っている。相模国の海老名季貞のもとに身を寄せていた宮内判官家長が平塚宿の遊女夜叉王と契り、その娘虎御前が大磯宿の長者にもらわれ、大磯宿の遊君となって曽我十郎助成と馴染んだように（妙本寺本『曽我物語』）、また駿河国宇都谷郷今宿の傀儡の長者と預所代官が婚姻関係をもっていたように（宝菩提院文書、『鎌倉遺文』七〇九三号）、地域領主層やそのもとに寄生する人物と、宿の長者級の遊君が結びつくことは少なくなかった。

この地域の武士たちの結びつきを示す好史料が、『吾妻鏡』建久三年（一一九二）十一月二日条の「御堂供養来月可レ被レ遂二行之一、導師下向之間雑事以下、為二行政・盛時等奉行一、今日有二沙汰一、海道駅家事、国々被レ差二定奉行一、足柄山越兵士、沼田太郎・波多野五郎・河村三郎・豊田太郎・工藤介等可二沙汰一之由被二仰含一云々」という記事である。

鎌倉に建立された永福寺の供養導師として園城寺の大僧正公顕が下向することになり、その下向の間の雑事の沙汰

系図2　河村系図

（第1世代）（第2世代）（第3世代）（第4世代）（第5世代）

- 河村秀高
  @横山女
  @松田女
  @国分綱□女
  ※『吾妻鏡』は秀清母を京極局とする
  - 則実（柳川）
  - 義秀
    @曽我祐信女
    - 時秀
      @将軍家甲斐局
      @綱島女
      @江戸重時女
      - 景秀（荒川）
        @尾藤景保女
        - 秀氏
          @河村親秀女
          - 秀国
        - 小二郎
          - 女（長江八郎妻）
      - 信秀
        - 女（河村政秀妻）
      - 親秀
        @河村盛秀女
        @豊田源兵衛尉女
        - 秀方
          @佐藤政家女
          - 秀義
          - 女（河村秀胤妻）
          - 女（桂秀清妻）
          - 女（今井秀政妻）
        - 政秀
          @河村信秀女
          - 女（河村宗秀妻）
        - 宗秀
          @益戸行景女
          @河村政秀女
          - 師秀
            @河村秀朝女
          - 秀胤（秀方養子）
            @河村秀方女
          - 秀春
            @河村秀直女
          - 女（小磯彦次郎妻）
          - 女（南浮次郎妻）
          - 秀貫
            @河村秀直女
        - 秀朝
          - 女（河村師秀妻）
        - 秀直
          @早川祐頼女
          - 女（河村秀春妻）
          - 女（河村秀貫妻）
        - 女（長江頼秀妻）
        - 女（豊田和泉八郎左衛門尉妻）
        - 女（沼田重藤妻）
        - 女（河村秀盛妻）
        - 女（大槻朝義妻）
        - 秀範
          @河村実秀女
      - 女（波多野重朝妻）
      - 女（波多野忠義妻）
      - 秀行
        @出羽留守女
        - 秀清（桂）
          @河村秀方女
          - 秀長
    - 女（松田盛高妻）

- 盛秀（@関本遊君、@安木有忠女、@白拍子）
  - 秀家（@波多野刑部房女）
    - 秀継（@河村秀光女）
      - 秀澄
  - 女（武次郎兵衛尉妻）
  - 女（河村頼秀妻）
  - 保秀（佐藤）
  - 秀村（金村）（@武義重女）
    - 重秀（@河村景忠女）
      - 秀道
    - 秀政
    - 女（渋谷曽師平三郎妻）
    - 女（栢山小二郎妻）
    - 女（河村秀広妻）
  - 景忠
    - 女（河村重秀妻）
    - 女（武式部次郎妻）
  - 秀道（@関本遊君）
    - 秀元
  - 秀光
    - 女（秀継妻）
  - 為秀
- 女（大友義忠妻）
- 秀基（@岩原保高女）
  - 実秀（@武光茂女）
    - 秀継
    - 秀成（@河村親秀女）
      - 秀公
      - 女（小磯秀経妻）
      - 女（金子行範妻）
    - 女（山上秀綱妻）
    - 女（河村秀範妻）
  - 女（沼田家政妻）
  - 秀氏
    - 女（沼田種家妻）
    - 女（安積重保妻）
  - 行朝（岩原保朝養子）
- 行秀
- 秀清（@藤原頼隆女、@曽我祐信女）
  - 清時（@四方田弘綱女）
    - 経秀（@四方田遠綱女）
      - 秀盛（佐藤）
  - 政家（佐藤）（@安木有忠女、@松下殿女房和泉局）
    - 頼秀（鞍較）（@河村盛秀女）
    - 女（河村秀方妻）
    - 氏秀
    - 朝宣（岩原保朝養子）
    - 女（尾藤内左衛門尉妻）
- 秀経
  - 秀景
    - 秀信（河島）（@粟飯原右馬允女）
      - 義綱
      - 女（安藤五郎太郎妻）

※「秀郷流系図　河村・波多野・松田」（『続群書類従』）より作成。兄弟順は不同。人名の左の@は配偶者を示す。

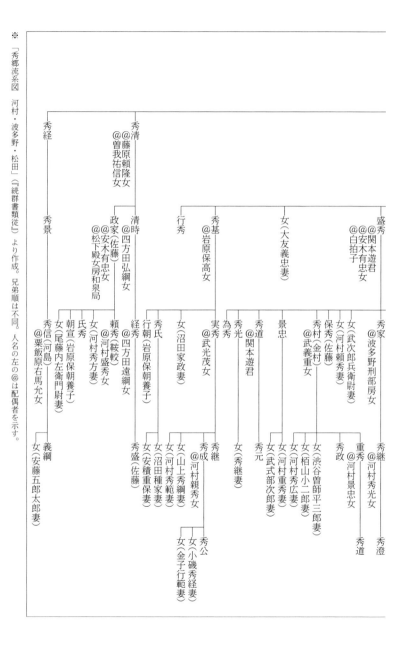

が行われ、東海道の駅家のことを奉行する者の東海道諸国への派遣が決められるとともに、足柄山越えの兵士役については沼田・波多野・河村・豊田・工藤（狩野）の諸氏に命じたという内容である。これは彼らがある程度日常的に足柄ルートの交通路の維持・管理に関与していたことを窺わせるものである。ここにあげられた五氏のうち、沼田氏・波多野氏・河村氏は同族であり、重層的な婚姻関係がみられ、大住郡豊田荘を本拠地とする鎌倉系氏族の豊田氏とも二例の婚姻関係がある。豊田荘は現在の平塚市豊田本郷付近にあって、足柄山から酒匂に至る足柄ルートからはかなり東に位置しているので、あるいは足柄ルートに近接する地に所領を有していたのかもしれない。

妙本寺本『曽我物語』には、頼朝が北関東の狩り場に向かう行程が書かれているが、最初の旅宿である武蔵国関戸の守護に当たったのは本間・渋谷・三浦・横山・松田・河村・渋美・早河・稲毛・榛谷・江戸・洲崎という相模・武蔵南部の武士たち、次の入間川の宿では仙波・河越・金子・村山という武蔵中部の武士たち、大倉宿・児玉宿でもそれぞれの地域の武士が警護に当たっている。こうした宿駅・交通路を媒介とした地域間の結びつきを維持強化する一つの手段が、父系的な同族意識や婚姻関係であった。

越後国奥山荘の三浦和田氏の場合も、北隣荒川保の河村氏やさらに北方の小泉荘の小泉氏、南隣加地荘の佐々木氏という近隣領主と婚姻関係を結んでいた(9)。それらの地を南北に貫く交通路は存在していたであろうが、彼らと宿駅や交通路との関わりは明確ではなかった。それに対して、西相模の場合には、東海道足柄ルートという明確な結合の核が存在しているのである。

4　地域社会における親族関係形成の限界

『吾妻鏡』に記された足柄地域の五氏のうち、河村氏と唯一婚姻関係がないのが工藤介である。この工藤介は、他の『吾妻鏡』の記事では狩野介と称されている狩野宗茂を指すとみられる。石橋山合戦で討ち死した茂光（宗茂の父）は工藤介を称していた。

沼田・波多野・河村・豊田の四氏が相模の御家人であるのに対して、工藤介は蓮華王院領伊豆国狩野荘を本拠地とする御家人である。その名乗りからみても伊豆国衙に深く関わっていた人物であり、鎌倉や伊豆国で平重衡・源範頼の身柄を預かって守護し（『吾妻鏡』元暦元年四月八日条・建久四年八月十七日条）、承久の乱に際しては、北条泰時・三浦義村・足利義氏・毛利季光らと並んで要衝地の守備に当たった（同、承久三年六月五日条）ほどの有力者であった。北条時政の駿河下向に際しての「御旅館以下事、仰二伊豆・駿河両州御家人等一、狩野介相共可下令二沙汰一給上之由含二御旨一」という記事があるから（建久四年五月二日条）、狩野介＝工藤介は単なる伊豆国御家人というだけでなく、伊豆・駿河の御家人たちを統率するような役割を果たしていた存在であり、足柄山越え兵士役についても、駿河方面の責任者だったのだろう。しかも、『吾妻鏡』養和元年（一一八一）正月六日条には、早河合戦で北条時政の息宗時を殺した平井紀六久重が行方をくらましたので、源頼朝が駿河・伊豆・相模の輩に命じて紀六を探させたところ、工藤庄司景光が相模国蓑毛あたりで捕らえたと記され、工藤景光が波多野荘内の蓑毛で警察権を行使していることがわかる。景光は「工藤二階堂系図」（『続群書類従』）によれば、工藤氏の一族で、景澄の子であるが、同系図のこの系統には「甲斐」の注記があり、治承四年（一一八〇）八月二十五日に安田義定・市河行房らとともに甲斐国を発って波志太山で平家方の俣野景久と戦っていることからも甲斐国の武士であったことが確認できる。狩野（工藤）氏は駿河・伊豆・甲斐・西相模の地域にネットワークをもち、この地域の交通路を縦横に活動していたようである。

将軍となる宗尊親王の鎌倉下向に関する雑事を記す『宗尊親王鎌倉御下向記』（『続国史大系　吾妻鏡』所収）の「御下向の御すく〳〵ならびにひるの御まうけの所」という部分に、

はゝなか　あの　　　　　　　　　きせがわ
さの　　　さのゝぢとう
あゆざわ　かいのくに
やまなか　せきもと　　　　　かのゝしんざゑもん
おゝいそ　みうらのすけ

との記載があり、足柄山中を指すと思われる「やまなか」での駄餉と関本での宿泊の手配を「かのゝしんざゑもん」（狩野新左衛門）が担当していたことがわかる。この狩野新左衛門について、関本宿の狩川を挟んだ対岸に「狩野」の地名があって、暦応四年（一三四一）八月七日付けの摂津親秀大間帳（美吉文書、『神奈川県史』三五五三号）に「相模国狩野庄」が見えることから、相模国狩野荘の地頭狩野氏が関本宿の設置者であったとする説がある。(10)しかし、相模国狩野荘の初見史料は南北朝期のものであり、この正体不明の「かのゝしんざゑもん」を直ちに相模国狩野荘の地頭と判断してしまうのには疑念も出されている。(11)

先の『吾妻鏡』の足柄山越え兵士役の記事を合わせて考えてみると、この「かのゝしんざゑもん」は、足柄ルートに関与した御家人中の最有力者である工藤介系統の狩野氏の可能性があるだろう。狩野氏のみが関本宿を設置していたというよりも、酒匂宿から関本宿・足柄山を経て藍沢に出るルートは、この地域の御家人たちの結びつきの中で維持・管理されていたと考えた方がよさそうである。

河村氏と狩野氏との間に婚姻関係がみられないのは、家格の違いと地理的な問題の二点に起因する。

狩野氏は、滝口を輩出するような御家人中の名家としてあげられている「小山・下河辺・千葉・秩父・三浦・鎌倉・宇都宮・氏家・伊東・波多野」（『吾妻鏡』寛喜二年閏正月二十六日条）のうちの「伊東」の一門に属し、平安末期には伊豆の有力在庁官人として「工藤介」を称した。鎌倉期には衛府の尉に任官している者も多く、なかでも狩野為佐は肥後守・大宰少弐を歴任し、評定衆に列していた。一方の河村氏は「波多野」の一門には属していたものの、ほとんどが無官であった。

河村氏は西相模の中小御家人とは密接な婚姻関係を築いていたのに対して、駿河・伊豆の御家人の名は婚姻対象としてまったく系図中に見えない。「波多野系図」や「松田系図」を見ても、伊豆の武士伊東祐継女と波多野義常との婚姻がみられるだけで、駿河国内を苗字の地とする武士との婚姻は皆無である。相模側の足柄ルートや酒匂川という交通路が武士たちを密接に結びつけているのに、駿河へとつながる同じ東海道が相模武士と駿河武士を日常的に結びつける役割を果たしていない。「四五日（里）かねて、おそろしげに暗がりわたれり」（『更級日記』）など、繰り返し「おそろしげ」と表現される足柄山が領主間の壁になっていたようである。先の『宗尊親王鎌倉御下向記』においても、足柄山の西側「あゆざわ」における駄餉の担当者はその地域領主ではなく、そこから須走・籠坂峠を越えた北側の甲斐国、その国衙となっている。足柄山の駿河側は、この時期には領主権力の希薄な地域だったのか、あるいは甲斐国に属すると考えられていたのかもしれない。

河村清時・経秀と父子二代にわたって婚姻関係をもっている御家人に四方田氏がいる。四方田氏との婚姻関係をもつ清時の父秀清には「住伊勢国」の注記があり、四方田氏も本領は武蔵国であるが、伊勢国にも所領をもっていることが明らかであるから（『吾妻鏡』文治三年四月二十九日条）、これは伊勢国における領主同士の繋がりによる婚姻と考えた方がいいだろう。ただし、伊勢国を本拠地とする在地領主や西国御家人との婚姻はみられない。網野善彦氏がいくつかの系図の分析から、西国に所領をもっていても、東国人は東国出身の人同士で結婚する傾向が圧倒的に強く、[12]中世の東国人と西国人の婚姻には、多少なりとも拒否的な力が働いていたことは間違いないと指摘していることが、この河村氏の場合にも該当する。

河村氏は伊勢のみならず、越後国荒川保など各地に所領を展開した。鎌倉中期の第三世代以降、出羽国の留守氏、陸奥国の津軽安藤氏・安積氏・南部氏など東北地方に所領をもつ御家人との婚姻関係が見られるのも、こうした新恩地への進出を背景としていると考えられる。南北朝期には河村氏が南朝側に立って安藤氏・南部氏と行動を共にしていることを示す史料もあるから[13]、進出した諸地域で近隣領主と結びついていたものと思われる。「河村系図」には記載されていないが、十三世紀末の越後国荒川保の河村浄阿は南隣奥山荘の和田茂長女と結婚している（三浦和田文書、『鎌倉遺文』二八〇九〇号。『新市史Ⅰ』一四五九号）。ただし、荒川保の河村氏の場合を見ても、苗字地である相模国の河村との関係は途切れておらず、鎌倉末期に至っても相模国河村内の田五段・在家二宇・畠十四町を有していた（『鎌倉遺文』二七八二六号）。第二世代の綱島・江戸氏（ともに武蔵国）など単発的に遠隔地とみられる婚姻事例もあるが、重層的に婚姻関係を結ぼうとしている対象は、遠隔地の御家人ではなく、やはり同じ地域の領主であった。中小規模の領主にとって、地域の枠組みを越えた広域的な人的繋がりの形成は困難であったと言い換えることもできよう。

鎌倉中期の第三世代では尾藤氏二例、粟飯原氏一例の婚姻関係がみられる。尾藤氏・粟飯原氏ともに得宗被官とされる人々である[14]。彼らとの婚姻関係は、同一地域の領主同士の関係を越えていると考えざるを得ない。中小規模の武士の場合も、時には婚姻関係が、中央の政治権力との間接的なパイプを形成する手段として用いられたことを示すものである。三浦和田氏の場合も、十三世紀後半には諏訪氏・葛西氏という地域を越えた得宗被官との婚姻関係が見られる。自身も得宗被官化したか否かという点では、三浦和田氏と異なるが、御家人としては同格程度である得宗被官への接近は、東国の中小規模御家人に共通の動向であったと考えられる。

「河村系図」の第三世代・第四世代には「加賀国住人山上為子」や「信州住人窪寺左衛門次郎為子」の注記をもつ

人物もいる。河村氏が加賀国や信濃国に進出していた徴証はないから、この二件の養子関係も同一地域の枠を越えていた可能性がある。加賀国住人の養子となった景忠の二人の女子は従兄弟の河村（金村）重秀と武式部次郎の妻となっている。遠隔地にある他家の養子となった子弟は実父からの所領譲与は受けなかったであろうから、その分、本領との関係が希薄になりやすい。そこで、次世代の婚姻関係を通じて、実家やその本領の地域との関係を維持したようである。

表1　河村氏の対象別婚姻数

	第1世代	第2世代	第3世代	第4世代	第5世代
族外婚	4(100)	6(50)	9(56.3)	9(40.9)	3(27.3)
広義同族婚	0(0)	4(33.3)	4(25)	4(18.2)	2(18.2)
狭義同族婚	0(0)	0(0)	2(12.5)	9(40.9)	6(54.5)
遊君・白拍子	0(0)	2(16.7)	1(6.3)	0(0)	0(0)

※　同族婚の場合，男子の世代に基づいた。
（　）内は％。

5　同族婚の増加

波多野・松田・河村の一族の多くは、西相模の大住郡・足柄下郡を中心に所領をもち、同族・親類としての関係を築いていた。『吾妻鏡』承元四年（一二一〇）六月四日条には、前日、相模国丸子川（酒匂川）で「土肥・小早河の輩」と「松田・河村一族」とが喧嘩し、両方の郎従が怪我をし、その後互いに城に籠るところまで発展しそうになったことが記されている。喧嘩の原因は、それぞれの一族ごとに納涼の逍遥をしていたところ、両者が雑談を交わすなかで、「先祖の武功の勝劣」を論じ合ったことにあった。この記事は、松田・河村の一族が「先祖の武功」に誇りをもち、それによって強く結びつき、時にはそのことで他の一族と喧嘩になることもあったこと、日常的にも一緒に納涼の逍遥を行うなど近しい関係にあったことを示している。また、頼朝の東大寺参詣の供奉人交名でも「波多野小次郎・同三郎、沼田太郎、河村三郎」が列記されており（『吾妻鏡』建久六年三月十日条）、幕府も彼らを一まとまりの関係者として把握していたらしい。

河村氏の場合、世代の降下とともに同族婚が占める比率が急激に高まる。波多野系の一族との婚姻を広義同族婚、河村秀高の子孫内の婚姻を狭義同族婚とした場合、第二世代では広義同族婚が三三・三%、第三世代では広義・狭義同族婚合わせて三七・五%だったのが、鎌倉後期の第四世代になると、広義同族婚一八・二%、狭義同族婚四〇・九%の合計五九・一%、さらに鎌倉末期の第五世代では広義同族婚一八・二%、狭義同族婚五四・五%の合計七二・七%を占めるに至る。この時期の同族婚の急増という現象は、次章で述べる三浦和田氏の場合も同様である。

波多野系との広義同族婚では、安木有忠の子孫のような特定の家系との重層的な婚姻関係がみられる一方、まったく婚姻関係がない家系もある。大友経家の外孫で養子となったとされる大友豊前守能直の系統と、波多野伊勢守義職の系統、六波羅評定衆となった波多野出雲守義重の系統である。これらの家系は、「波多野系図」「松田系図」などを見るかぎり、河村氏のみならず、他の波多野・松田系の諸氏とも婚姻関係を結んでいない。その理由としては、彼らの活動の場が、鎮西や伊勢・京都であったこともあるが、河村氏の中にも伊勢に居住した者もいるから、これだけが理由ではない。そこで諸系図に記された能直系や義重系の婚姻対象をみると、北条光時・北条重時・二階堂行時・佐々木長綱・佐原家連ら有力御家人の名が並んでいる。河村氏とは家格が異なる国司級の御家人たちである。婚姻を介した親族ネットワークの形成には家格による限界があったと考えざるを得ない。

広義同族婚がある程度一定の数字なのに対して、狭義同族婚の増加がことに著しい。第五世代では「イトコ婚」が狭義同族婚の八割以上を占めるようになる。河村氏の中でも、嫡流とみられる親秀の系統に狭義同族婚が多く、庶流の盛秀系でもその中の嫡系秀家の子孫に関わる狭義同族婚が多い。また、河村氏の女子の婚姻対象が河村系となっているケースは全世代を通じても四二・五%、第五世代の女子では五八・三%になる。これはしだいに薄れていく可能性のある一族関係を、婚姻を介した親類関係で補完し、維持していこうとしたこと、分割相続下での女系を介した所領の流出を防ぐことなどが期待されたことを示している。もちろん婚姻を介した近隣領主同士の結びつきの維持も引き続き図られていて、第四世代では、複数の子女のうち、ある者は同族と結婚させ、ある者は近隣領主と結婚させているケースが多く、うまくそのバランスがとられていた。

二 三浦氏の場合

1 三浦氏と相模国衙

東相模を中心に展開する豪族級武士団三浦氏一族の場合をみてみよう。三浦氏は相模の東端に突き出した三浦半島を本拠地とはしていたが、もう一つの拠点となっていたのが、相模国衙であった。

『吾妻鏡』承元三年（一二〇九）十二月十五日条によれば、三浦義村の祖父義明が天治年間（一一二四〜二六）に相模国の雑事に関わって以来、国衙との関係を有していた。相模国府は、当初大住郡（現在の平塚市四之宮付近）にあったが十二世紀半ばに余綾郡（現在の大磯町国府本郷）に移ったとされる。[15]『吾妻鏡』文治四年（一一八八）六月十日条には、奥州藤原泰衡の京進貢馬・貢金・絹糸などが大磯駅に着いたことを三浦義澄が頼朝に報告し、それを召し留めるべきかを問い合わせた記事があり、国衙に近接する大磯駅が三浦義澄の監督下にあったことを示している。

義澄が大磯駅に関わったことは、相模守護職とその検断権に由来するものではない。前節で提示した『宗尊親王鎌倉御下向記』の「御下向の御すく〴〵ならびにひるの御まうけの所」に「おゝいそ　みうらのすけ」とあるように、三浦氏は宝治合戦で相模守護職を失った後も大磯駅に関わっている。建武二年（一三三五）九月二十七日付けの足利尊氏下文（宇都宮氏家蔵文書、『新市史Ⅱ』一五五一号）によれば、国衙が所在する大磯郷そのものが三浦氏の所領となっていた。また、「相模国古国府」と呼ばれた大住郡の旧国衙の地も三浦氏の所領であったことが、『榊葉集』文永元年（一二六四）十一月二十二日付けの「三浦介」宛て関東御教書（『新市史Ⅰ』一三六九号）からわかる。

三浦介を名乗る家が新国府のある大磯や古国府を所領としたほかにも、一族がその付近の余綾郡二宮、大住郡岡崎・真田・土屋・石田・平塚を苗字地としている。三浦義継の子義実が大住郡に居住し岡崎を苗字にしたことについては、「三浦義明の弟で宗平の女婿として大住郡岡崎（伊勢原市岡崎）に居た岡崎四郎義実も中村氏の有力な一族であった」(16)、「三浦義継の四男義実が中村荘司宗平の娘と結婚し、近くの岡崎郷（平塚市岡崎）に岡崎城を構えて、岡崎四郎義実と称したのである」(17)のように、中村宗平女と義実との婚姻関係、その婿取婚的なあり方が契機であったように説明されることも多い。しかし、中村氏の本拠地は余綾郡であって郡を異にするし、義実に限らず、その兄弟である芦名為清の子が石田を称し、津久井義行の子孫も二宮・平塚を称していることや、この時期の婚姻形態が一般的に夫方居住婚であることを考えると(18)、宗平女子との婚姻以前から義実が大住国衙に近い地に所領を獲得していて、そこを本拠地としていたとみた方がいい。

入来文書の寛元三年（一二四五）五月十一日付けの渋谷定心置文（『鎌倉遺文』六四八五号）には「かまくら《（鎌倉）》のやち《（屋地）》は三郎にとらす、たゝしゐこん《（遺根）》なからんをとゝ《（弟）》にはすく《（宿）》せさすへし、他人をはやと《（宿）》せとも、をとゝにはかさぬ事、多くみるところ也、をやのめいをそむく事也、きひしくせいし《（制止）》せは、上に申すへし」という項目があり、鎌倉の宿所を兄弟が共用していた様子が窺われる。三浦半島に本拠をもつ三浦一族にとって、大住・余綾の国衙までは四〇キロ以上の道のりがあり、相模国衙の雑事を掌握して「三浦介」を称するようになる十二世紀半ば以前、国衙内に宿所を設けたり、古国府や大磯郷を所領とする以前には、国衙付近に宿所が必要であったろう。国衙にほど近い義実の岡崎の館を義明ら兄弟が利用していたことも十分に考えられるだろう。

2　関東国衙ネットワークの形成

十二世紀から十三世紀初頭の三浦氏が婚姻対象としたのは、相模の中村・早河氏や大友氏、伊豆の伊東氏・天野氏、武蔵の畠山氏・横山氏、房総の金田氏・千葉氏・安西氏、甲斐の武田氏などである。河村氏の婚姻対象が西相模の狭い地域にほぼ限定されているのに対して、三浦氏の通婚範囲は南関東一帯に及んでいる。しかもいずれも各国内の有力者で、国衙に関わっていた形跡のある武士たちである。

金田頼次の兄上総介広常や「上総権介」を称する千葉秀胤が上総国衙に関わっていたことは確かであろうし、中村宗平は三浦義澄とともに頼朝の命で相模国の貧民救済を沙汰していることから（『吾妻鏡』文治二年六月一日条）、国衙との関係が想定されている人物である。小早川遠平も中村系の土肥実平の子で、宗平には孫に当たる。武蔵では、秩父出羽権守重綱以来、「武蔵国留守所総検校職」という国衙の職を相伝してきたと称している秩父系の畠山氏とも婚姻関係を結んでいる。三浦義明の女を妻とした畠山重能の弟小山田有重の通称「小山田別当」の「別当」は国衙の「所」の別当に由来するものと思われる。三浦系の和田氏と重層的な婚姻関係をもった横山氏も「権守」を称している。また、挙兵後の頼朝が安房に上陸したとき、安西景益が一族と在庁官人を引き連れて参上したことが記されているから（『吾妻鏡』治承四年九月四日条）、彼も安房国衙に関わっていた人物であることは確実である。安西景益参上の前日、三浦義澄が安房で長狭常伴の頼朝襲撃の情報を事前に得ていて、「国郡案内の者」と称されているのも、安西景益との婚姻を通じた結びつきの所産なのだろう。

関東の国衙在庁有力者と婚姻関係を結んでいるのは三浦氏だけではない。千葉氏の場合も、常重は常陸大掾家の政幹女と婚姻関係を結び、常胤は武蔵の秩父重弘女を妻としているし（続群書類従本「千葉系図」）、伊豆の伊東氏は子息

系図3　三浦氏系図

- 三浦義継
  - 義明
    - 義宗（杉本）
      - 義盛（和田）　@横山時重女
        - 常盛　@横山時広女
        - 義秀（朝夷）
        - 女（加賀美遠光妻）
      - 義茂（和田）
        - 重茂（高井）　@和田宗実女
      - 宗実（和田）
        - 実常（由比）
    - 義澄（矢部）　@伊東祐親女
      - 義村　@小早川遠平女
        - 朝村
        - 泰村　@源通親女
        - 光村　@医王能茂女
        - 家村　@藤原景継女　@島津忠時女
        - 女（北条泰時妻　佐原盛連妻）
        - 女（小笠原長経妻）
        - 女（毛利季光妻）
        - 女（藤原親秀妻）
        - 女（備前守某妻）
        - 女（北条時盛妻）
        - 女（関政泰妻）
        - 女（北条政村妻）
      - 重澄（大河戸）
      - 友澄（三戸）
      - 女（大河戸広行妻）
      - 女（安西景益妻）
      - 女（天野政景妻）
      - 女（千葉秀胤妻）
      - 胤義
    - 義春（多々良）
    - 義秀（長井）
    - 重行（杜）
    - 女（畠山重能妻）
      - 重忠
    - 女（金田頼次妻）
    - 義久（大多和）
      - 義成（大多和）　@山内俊綱女
        - 女（村上修理亮妻）
        - 女（長井八郎入道妻）
    - 義連（佐原）　@武田信光女
      - 景連
      - 胤連（真野）

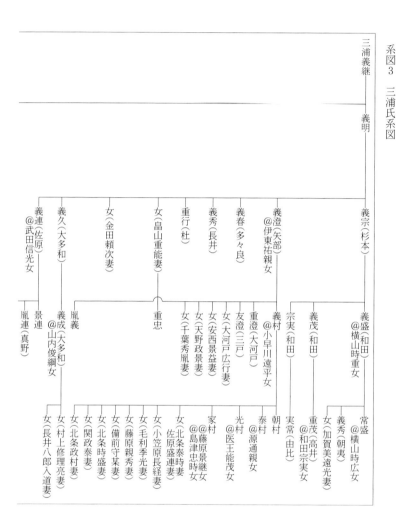

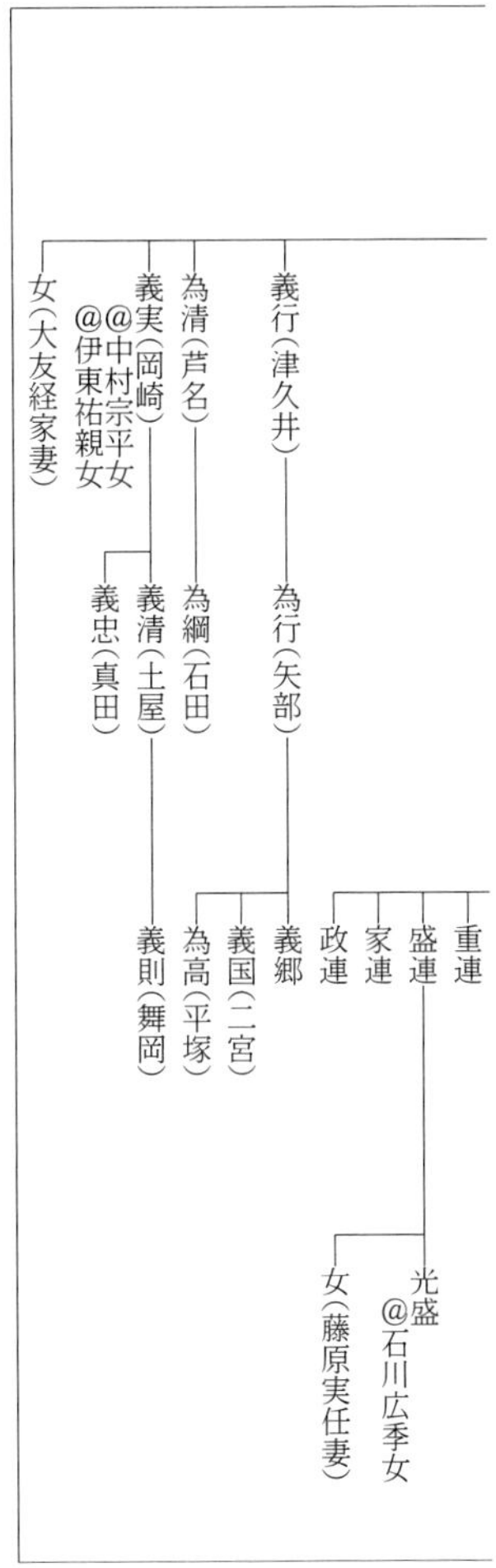

※「三浦系図」ほかの諸系図、『新横須賀市史　資料編　古代・中世Ⅰ』所収の史料より作成。人名の左の@は配偶者を示す。

助通の妻に同国狩野介茂光の孫娘を迎え、娘を相模国の三浦義澄と早河遠平に嫁がせている（妙本寺本『曽我物語』）。『吾妻鏡』寛喜二年（一二三〇）閏正月二十六日条に、滝口を輩出している東国の名家として列挙されている「小山・下河辺・千葉・秩父・三浦・鎌倉・宇都宮・氏家・伊東・波多野」の諸流の家々は、国衙に関与してきたような有力領主である。これまであげた婚姻事例のほかにも、北関東の小山氏と宇都宮氏には重層的な婚姻関係がみられるし、[19] 下河辺氏と千葉氏・宇都宮氏の間に婚姻関係があったことを記している系図もある（『古河市史　資料　中世編』所収「下河辺家系」）。十二世紀末ごろの関東では、「介」を称するような有力者が国の枠を越えた婚姻関係をもち、網の目のような結びつきを形成していた。その一つの核となっていたのは、間違いなく相模の三浦氏であった。

菱沼一憲氏は、伊東氏と三浦氏・早河氏との婚姻によって、駿河〜伊豆〜相模間の沿岸・主要港湾のほとんどを工藤・中村・三浦一族の連携により掌握することができたとし、[20] 坂井孝一氏も、伊東祐親が推し進めた婚姻は、海上交通を通じた連携をさらに強化するものだったと考えている。[21] 加賀国の雑事を書き上げた半井本『医心方』紙背文書に

「船所事」「国梶取事」「津々事」があげられていること、国衙が船舶・水手徴発権を有していたとする交通史研究の成果などを考え合わせると、国衙ネットワークの中で、この海上交通の問題も捉えることができよう。[22]また、坂井氏は、三浦氏・土肥（早河）氏が船で安房に逃れていること、祐親が鯉名泊に船を浮かべているところを捕らえられていることから、これらの武士団が水軍を保有し、海における戦いにもたけていたことを読み取っている。しかし、海や川に面した所領をもつ領主が、人や物の輸送手段としての船を有していることと、「船いくさ」を主とする水軍を有していることは、次元の違うことだろう。また、三浦義澄が壇ノ浦合戦に先立って門司関を見ているので、源義経から「案内の者というべし」といわれたことも（『吾妻鏡』文治元年三月二十二日条）、義澄の潮目を見る能力に限定される話ではなく、それをあえて水軍に引き付けて理解する必要もなかろう。一般には「海のもののふ」といわれる三浦氏でさえ、水軍を有して「船いくさ」をしていた証拠は何一つない。三浦氏が東国における馬の生産から鎌倉・京都での供給まで、馬については深く関与していたことを示す史料が多数存在する[23]のとは対照的である。そうしたことから、筆者は三浦氏を「海のもののふ」と評価することに疑念をもっている。

3　関東国衙ネットワークの限界

こうした結びつきは、平時には有効に機能していたと思われるが、親類関係はあくまで「好」に基づく対等な関係であったから、去就を決するさいの絶対的な絆とはならない。頼朝挙兵に際して、畠山重忠が平家方の動員を受け、母方の親類である三浦氏と由比ヶ浜・衣笠と二度にわたって戦い、ついには母方の祖父義明を討つことになったことに、それは端的に表れている。武蔵国は平治の乱後から二十年にわたって平家の知行国となっており、平家が国衙軍制を利用して伊豆・相模の反乱に対応できる国だったから、目代の命を受けた畠山氏は平家方の軍勢として頼朝方の三浦氏と合戦になり、さらに籠城する衣笠を攻めたのである。戦時に際して、日常的な相互扶助を主たる機能とする親族関係とは違う次元の論理が強く働いたからであった。

十二世紀末、東国の国衙を基盤にネットワークを形成していた武士たちの多くは、鎌倉幕府の成立とともに有力な御家人となり、在地を離れて都市鎌倉の住人となった。やや時代が下るが、建治元年（一二七五）の六条八幡宮造営用途注文（国立歴史民俗博物館所蔵文書、『新市史Ⅰ』一三七九号）では、毛利季光跡や三浦一族の佐原盛連跡などの相模出身者を含む百十一件が「鎌倉中」として書き上げられ、相模国の御家人は和田合戦・宝治合戦を通じて勢力を大幅に減退させた長江・中村・土肥・大多和などの諸氏三十二件のみであり、その負担額も「鎌倉中」の御家人たちは平均約四十貫文、五十貫文を超える者が二十五件あるのに対して、相模国は平均約五・七五貫文で、渋谷・山内の二十貫文を最高額にするにすぎない。この史料は、いかに有力御家人が鎌倉を本貫地とする都市住人になっていたかをも物語るだろう。

こうした都市住人化の流れの中で、三浦氏の婚姻対象も鎌倉に居住する北条一族や加賀美氏・小笠原氏・毛利氏などの有力御家人や、京都の有力貴族源通親や摂関家の家人でもある諸大夫クラスの貴族（権中納言藤原親季）、院北面の武士で西園寺家の侍であった者（医王能茂）などになり、南関東の国衙ネットワークという地域性は希薄化した。また、鎌倉前期の同族婚も義村女が佐原盛連に再嫁した事例と、和田氏に甥を養子にして娘と結婚させた事例があるのみで、同族関係を姻戚関係で補完しようとする動きもほとんどみられない。河村氏のような中小規模の武士が鎌倉末期になっても婚姻を介した地域領主間の関係を維持し続けたのとは大きな違いである。有力御家人にとって婚姻は地域間をつなぐものから、有力御家人間、朝幕間の高い政治性をもつものへと変質していたのである。

おわりに

西相模の河村氏のような中小規模の領主は、鎌倉時代を通じて、交通路を共有する狭小な地域で地縁的な領主間の結びつきを形成し、その維持・強化に親族関係を利用していた。一方、三浦氏のような有力領主は、十二世紀末には各国の国衙をつなぐように南関東から関東地方全域にも広がるような広域の結びつきを形成していたが、鎌倉の都市住人となってからはその繋がりを維持することはなく、より高い政治性をもって、有力御家人や京都の貴族との関係を築くようになっていった。こうした親族関係を通じた関係は、平時には相互援助的な機能を発揮したが、戦時などにおいては、絶対的な絆となるものではなかった。西相模の河村氏の親族関係形成をめぐる動向は、越後奥山荘の三浦和田氏とほぼ同様であるから、こうしたあり方は少なくとも中小規模の東国御家人の間では、ある程度共通していたものと考えられる。今後課題となるのは、西遷した御家人の場合、西国所領でどのような親族関係を形成したのかという問題であり、とくにその地域に従前より勢力をもつ領主たちの既存の関係の中に入り込んでいく形をとったのか、あるいは自己中心的に新たな関係を構築していったのか、そこに婚姻関係やそれによって形成される親類関係はどの程度介在したのかなどの点を解明していかなくてはならないだろう。いずれその機会をもつこととしたい。

註

（1）石井進『中世武士団』（小学館、一九七四年）。

（2）坂井孝一「婚姻政策から見る伊東祐親」（『曽我物語の史的研究』吉川弘文館、二〇一四年）。

（3）高橋秀樹『日本中世の家と親族』（吉川弘文館、一九九六年）。

(4) 川村章一『川村氏一族の歴史』(私家版、一九八二年)。
(5) 網野善彦「「若狭一二宮社務系図」―中世における婚姻関係の一考察―」(『日本中世史料学の課題』弘文堂、一九九六年)。
(6) 『古代氏族系譜集成』によると、出典は鈴木真年『諸系譜』第八冊(国立国会図書館所蔵)であるが、鈴木がどのような系図を採録したのか、あるいはどの程度手を加えているのかは定かではない。
(7) 湯山学『波多野氏と波多野荘』(夢工房、一九九六年)。
(8) 鎌倉佐保「十二世紀の相模武士団と源義朝」(『兵たちの時代Ⅰ 兵たちの登場』高志書院、二〇一〇年)。
(9) 本書第十章「越後和田氏の動向と中世家族の諸問題」。
(10) 奥富敬之「鎌倉末期・東海道宿駅地域の地頭」(『続荘園制と武家社会』吉川弘文館、一九七八年)。
(11) 福田以久生「相模国狩野庄と狩野氏」(『御家人制の研究』吉川弘文館、一九八一年)。
(12) 網野善彦『東と西の語る日本の歴史』(講談社学術文庫、一九九八年)。
(13) 遠野南部家文書、建武元年(一三三四)四月晦日付け多田貞綱書状(『岩手県中世文書』一一六号)。結城文書、年未詳四月二十日付け五辻清顕書状(『岩手県中世文書』一八六号)。東北地方での河村氏の活動については、本堂寿一「南北朝期河村氏関係史料の年序について―南朝方河村氏の活躍とその背景―」(『岩手史学研究』九四・九五、二〇一四年)がある。
(14) 佐藤進一『鎌倉幕府訴訟制度の研究』(岩波書店、一九九三年)。
(15) 石井進『鎌倉武士の実像』(平凡社、一九八七年)、木下良「相模国府の所在について」(『人文研究』五九、一九七四年)。
(16) 野口実『鎌倉の豪族Ⅰ』(かまくら春秋社、一九八三年)。
(17) 奥富敬之『相模三浦一族』(新人物往来社、一九九三年)。
(18) 高橋前掲書。
(19) 樋川智美「鎌倉期武家社会における婚姻の意義」(『鎌倉』六七・六八、一九九一年)。
(20) 菱沼一憲「婚姻関係からみる『曾我物語』」(『ぐんしょ』六五、二〇〇四年)。
(21) 坂井前掲論文。
(22) 新城常三「国衙機構の一考察―船所について―」(『対外関係と社会経済』吉川弘文館、一九六八年)。
(23) 本書第五章「三浦氏と馬」。

第十章　越後和田氏の動向と中世家族の諸問題

はじめに

三浦一族は、三浦半島を本拠地としつつも、平安末期には国衙と深い繋がりをもつようになって相模国中西部に勢力を扶植し、三浦半島対岸の房総半島にも通じた。鎌倉期には幕府からの新恩給与などによって各地に所領を得て全国的な展開をみせる。その中で、奥州に移って戦国大名にまで成長した佐原系の葦名氏と並んで著名なのが、越後国奥山荘の和田氏、いわゆる三浦和田氏である。

奥山荘とその領主和田氏に関する豊富な文献史料と遺物は、荘園故地に残る牓示石や譲状をもとに荘域の復元を試みた井上鋭夫氏の研究(1)と『奥山庄史料集』（新潟県教育委員会、一九六五年）の刊行によって研究者の注目を広く集め、一九六〇年代から七〇年代にかけて、惣領制研究を中心に商業史・鉱業史・信仰史などの研究(2)に貴重な素材を提供してきた。また絵画史料論の隆盛にともない、荘園絵図も注目を集めた(3)。

一方、和田氏などを素材とした惣領制研究によって育まれた中世の家族・親族に関する研究は、八〇年代以降、「家」研究、あるいは女性史研究という形で進展して多くの成果を上げたが、「家」研究についていえば、そのスタートが古代史研究からの刺激にあったこと、近年では貴族・官人や天皇の「家」成立を探る研究が多いこと、「家」研究の担い手が貴族社会論を視野に入れた研究者と村落社会論を基盤とする研究者とに分化していることなどから、現在の「家」研究のレベルに相応した在地領主の「家」や親族に関する研究は決して多くない。しかし、それでも父系的な一族を中心としていた惣領制研究に対して、婚姻を介した姻族に着目した新たな親族論が構築され、婚姻形態や婚姻関係のあり方についても一定の研究成果が蓄積されてきた(4)。

本章では、越後和田氏の動向を追いつつ、中世前期の在地領主層の婚姻や「家」をめぐる問題を考えてみたい。奥山荘と和田氏の動向という点では、羽下徳彦氏の『惣領制』をはじめとする諸研究を踏まえた『新潟県史　通史編2　中世』（新潟県、一九八七年）の記述が委曲を尽くしており(5)、屋上屋を架すの感がなくもないが、ひと味違った論点が提示できれば望外の喜びである。

一　鎌倉前期における奥山荘の伝領と養子聟

かつて奥山荘は越後城氏の支配下にあった。延慶本『平家物語』第三本「秀衡資長等ニ可レ追二討源氏一由事」には「越後城太郎平資長ト云者アリ。是ハ余五将軍維茂ガ後胤、奥山太郎永家ガ孫、城鬼九郎資国ガ子也」とあって、城資長の祖父永家が「奥山」を苗字地としていたことがわかるし、白河荘を本拠地とした城資職（長茂）は郎等「奥山権守」を従えている（同「城四郎与木曽合戦事」）。平安末期の奥山荘は下越地方を中心に勢力を張った城氏の拠点の一つだったのである。その城氏はいったん源頼朝に従った後、建仁元年（一二〇一）に滅亡した。

ところが、奥山荘と和田氏との関係を示すもっとも古い文書は和田宗実を奥山荘地頭職に補任した建久三年（一一九二）十月二十一日付けの将軍家政所下文（中条家文書、『新市史Ⅰ』二九九号）である。この下文は頼朝の政所設置にともなって発給されたものであるから、和田氏による奥山荘領有はそれ以前にさかのぼる。城氏は滅亡する建仁元年まで奥山荘に勢力を保っていたわけではなく、内乱期に木曽義仲に押されて敗退したときに支配力を失ったと考えてよかろう。奥山荘はその後、義仲の勢力下に入り、木曽義仲追討後の新恩給与によって和田宗実の所領となったとみられる。

建武三年（一三三六）二月日付けの和田茂実申状には「当所者、先祖和田二郎義茂、為㆓木曽殿追討之賞㆒、累代相伝知行」（三浦和田文書、『新市史Ⅱ』一五六八号）とあって、南北朝期の和田氏の中に宗実の兄義茂の拝領とする所伝があったことが知られる。これについて羽下氏は、義茂から宗実への譲与もあり得たという考え方と、宗実自身が拝領して重茂に譲ったものを重茂の子孫が義茂を家門の祖と意識したために奥山荘の最初の獲得者を義茂と伝えたという考え方の両様を想定し、後者にやや重きをおいた叙述をしている。

原文書はもちろん、伝存する多数の具書案の中にも義茂の領有を直接示す史料は見あたらない。義茂は源頼朝の側近の一人として活動していたが、『吾妻鏡』からは寿永元年（一一八二）十二月七日条を最後に突如として姿を消す。江戸時代に作られた『中条氏家譜略記』（『中条町史　資料編第一巻　考古・古代・中世』(6)参考資料一二）も重茂が幼少のときに義茂は卒去したと記している。しかし、相良家文書の中にある建久八年（一一九七）の源頼朝善光寺参詣随兵日記（『新市史Ⅰ』三八一号）に「和田次郎」が見えているし、建仁三年（一二〇三）十月八日の将軍源頼家元服儀の役送として重茂が選ばれたのは「父母見存」の条件を満たしていたのが理由であった（『吾妻鏡』）から、そのころ実父義茂が生存していたことは間違いない。『諸家系図纂』「和田系図」（『新市史Ⅱ』系図編八）の義茂の注記には「落馬死去」とあり、中条家の「三浦和田氏系図」（『新市史Ⅱ』系図編六）にも「寿永元年□〔由井浜ヵ〕□〔堂前ヵ〕落馬而死去」の朱書があるが、「平氏諸流系図」（『新市史Ⅱ』系図編一）は「和田次郎、高井兵衛尉、建暦三被㆑誅」と注記している。そこで、『吾妻鏡』の和田合戦の合戦注文を見ると、「御方被討人々」の「たかいの兵衛」（=重茂）とは別に、和田方で討ち死にした「山内人々」にも「高井兵衛」がおり、これが義茂と見られる。義茂は正治元年（一一九九）の頼朝の死去と前後して第一線を退き、苗字地「高井」に居を移して高井兵衛尉を称していたのであろう。(7)

それに対して宗実は元久二年（一二〇五）二月二十二日付けの関東下知状（中条家文書、『新市史Ⅰ』四六二号）に「故和田三郎宗実」とあるから、それ以前の死去が確実である。当該期の相続形態が直系相続を基本とし兄弟を含めた傍系相続は例外的であった点からみても、義茂―宗実間の兄弟相続は想定しがたい。義茂の木曽義仲追討賞というのは誤伝であろう。鎌倉時代末期に成立したと考えられている「平氏諸流系図」が宗実と猶子重茂を系線でつないでいるのに対して、南北朝期に成立したとみられる「三浦和田氏一族惣系図」（三浦和田文書、『新市史Ⅱ』系図編七）は義茂―重茂を系線で結んでいる。直系を重視するようになる鎌倉期から南北朝期への系譜意識の変化を示すものであろう。室町期に書かれた「奥山庄三浦和田氏一族系図」（『町史資料』参考資料五）は重茂から起筆されているから、羽下氏のいうように義茂が「家門の祖」と意識されていたかどうかは疑問であるが、南北朝期になって直系的な系譜関係が強く意識されたことが、この所伝を生む原因となったことは確かであろう。(8)

義茂の子重茂は叔父宗実の猶子（養子）となっていて（「平氏諸流系図」）、宗実から相模国南深沢郷と奥山荘の地頭職を譲られた。また、重茂は宗実の娘（のちの津村尼）と結婚しており、宗実の聟でもあった（表2①）。重茂は養子であり、聟でもあるから、この関係は婿養子のようにみえるし、『中条氏家譜略記』にも「義茂卒去之砌、依二幼少一叔父宗実猶子為レ聟継二家督一」と記されている。近年の研究においても『中条町史　通史編』はこれを「婿養子」としている。しかし、『中条氏家譜略記』の記述は江戸時代の「家」のあり方を前提とした解釈であり、そのとおりに受け取ることはできない。

系図4　越後和田氏系図

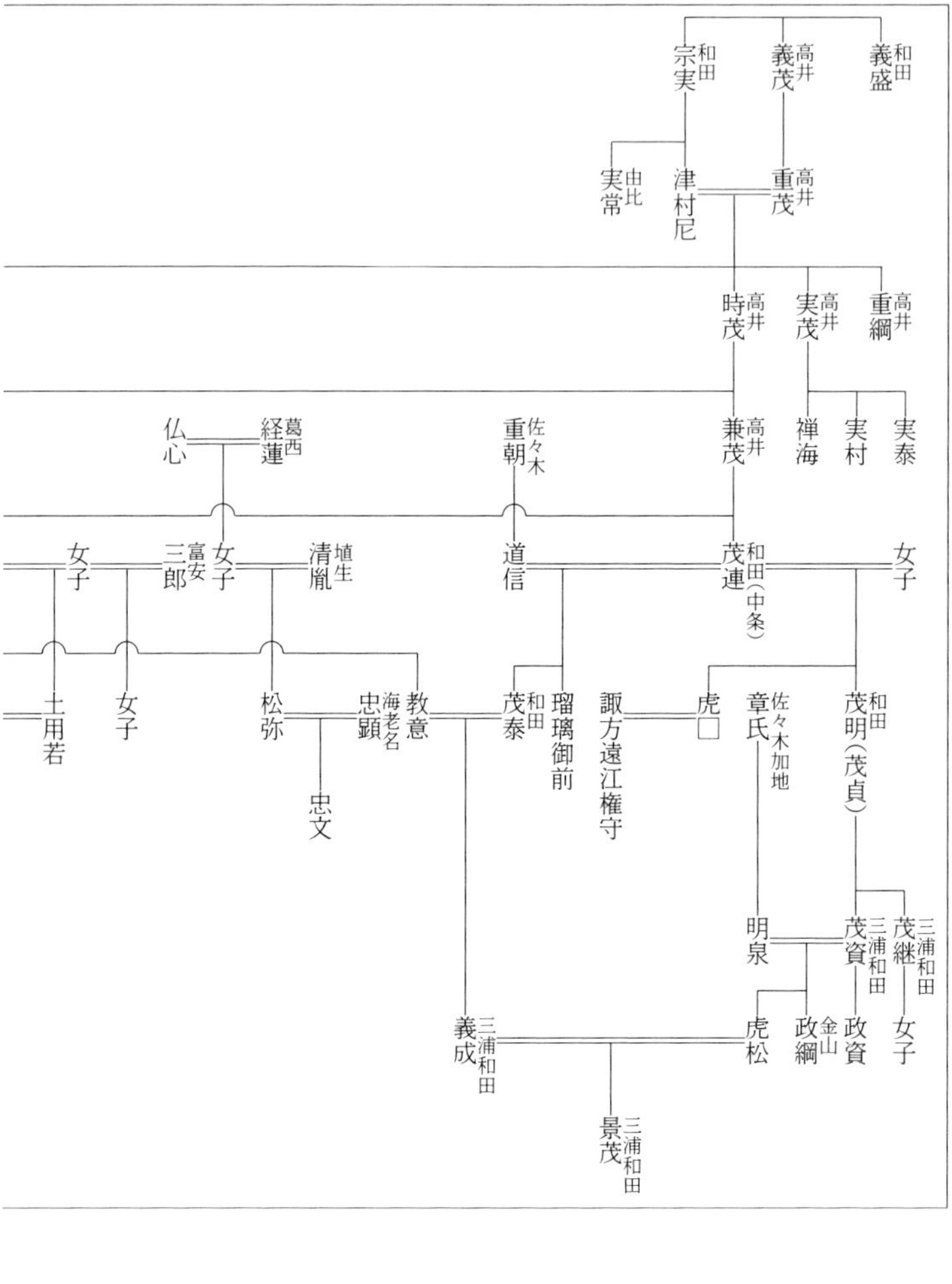
和田義盛
高井義茂
和田宗実
高井重茂
津村尼
由比実常
高井重綱
高井実茂
高井時茂
実泰
実村
禅海
高井兼茂
佐々木重朝
葛西経蓮
仏心
女子
和田(中条)茂連
道信
埴生清胤
女子
富安三郎
女子
和田茂明(茂貞)
佐々木加地章氏
虎□
諏方遠江権守
瑠璃御前
和田茂泰
教意
海老名忠顕
松弥
女子
土用若
忠文
三浦和田茂継
三浦和田茂資
明泉
女子
政資
金山政綱
虎松
三浦和田義成
三浦和田景茂

※『新潟県史　通史編　中世』所収系図を参考に加筆・修正を施した。

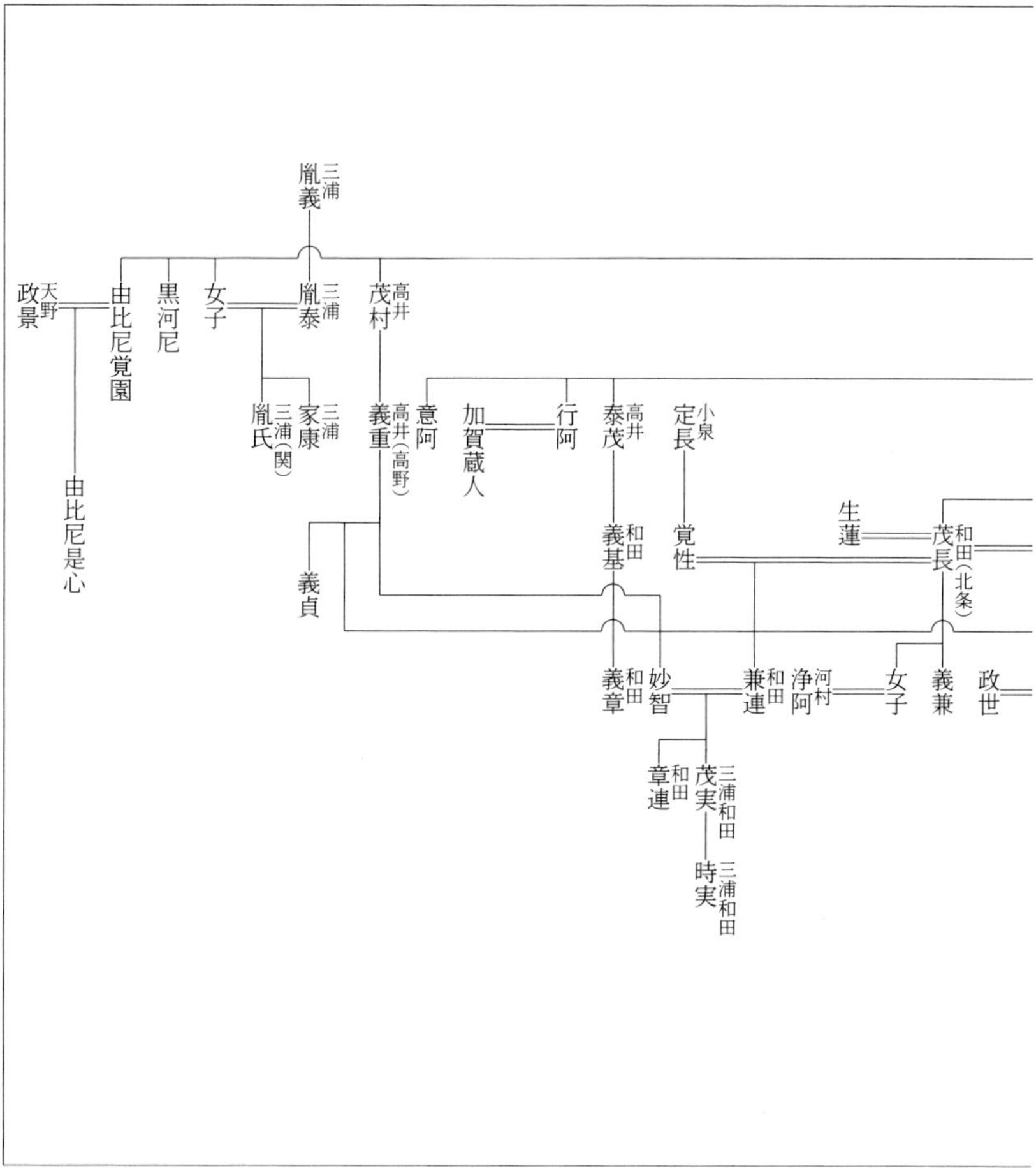

表2　越後和田氏の婚姻関係

	男	女	出典
①	高井重茂	和田宗実女	三浦和田氏系図(『新市史Ⅱ』系図編6)
②	天野政景	高井重茂女(由比尼覚円)	続群書類従本和田系図
③	三浦胤泰	高井重茂女	続群書類従本和田系図
④	加賀蔵人	高井時茂女(尼行阿)	続群書類従本和田系図
⑤	和田茂連	佐々木重朝女(光女・尼道信)	『町史資料』22号・『新市史Ⅰ』1444号・『新市史Ⅱ』1686号
⑥	和田茂長	小泉定長女(尼覚性)	『新市史Ⅰ』1457号
⑦	和田茂長	尼生蓮	『新市史Ⅰ』1473号
⑧	和田茂長	葛西清経女	『新市史Ⅰ』1469号
⑨	諏方遠江権守	和田茂連女(虎□)	三浦和田氏一族系図(『町史資料』参考資料4号)
⑩	河村浄阿	和田茂長女	『新市史Ⅰ』1459号
⑪	政世	和田茂長女(土用若・玄法)	『新市史Ⅰ』1468号
⑫	和田兼連	高井義重女(寿命・尼妙智)	『新市史Ⅰ』1422号・『新市史Ⅱ』1626号
⑬	和田茂泰	高井義重女(千歳・尼教意)	『新市史Ⅱ』1521号・1686号
⑭	和田茂資	加地章氏女(彦松・尼明泉)	『町史資料』112号
⑮	和田茂資	和田茂継女	平氏諸流系図(『新市史Ⅱ』系図編1)
⑯	三浦和田義成	三浦和田茂資女(虎松)	『町史資料』112号

※『新市史』未掲載資料は，『中条町史　資料編』(『町史資料』と略)により資料番号を示した。

中世における婿養子については中田薫氏がいくつかの事例を挙げているが、(9)比較家族史学会編『事典　家族』(弘文堂、一九九六年)において井ヶ田良治氏は、婿養子とは「縁組と同時に養親の娘と婚姻する養男子」のことであり「養子縁組ののちにその家の娘と婚姻するのは婿養子とは称されなかった」と厳密に定義した上で、この制度は江戸時代以来みられると述べている。そこで、中世、とくに鎌倉時代に「婿養子」が存在したのかどうか検討しておこう。

まず「婿養子（智養子）」という言葉であるが、『日本国語大辞典　第二版』(小学館、二〇〇一年)が載せる用例は『矢島十二頭記』(十七世紀前半成立か)、『昼礫』(一六九五年成立)、『関八州古戦録』（一七二六年成立）、『政談』（一七二七年ごろ成立）という江戸時代の書物、および『和蘭皿』（一九〇四年成立）という近代小説である。『古事類苑』が引用する史料も近世の成立にかかるものばかりであり、中世の古辞書類にも「婿養子」は見えない。そのかぎりにおいて、中世に「婿養子」という言葉は存在していなかったと思われる。では、実態としてはどうだったのか。重茂のように、養子でもあり、かつ聟でもあるという人物は存在しているから、養子関係の設定と婚姻が同時であるのかどうかが問題となってくる。

　中田氏があげている事例のうち中世前期のものは延慶四年（一三一一）三月五日付けの相良蓮道置文（相良家文書、『鎌倉遺文』二四二二六号）のみである。

　ことものなかニ、もしなんしなくハ、きやうたいのこをやうしゝて、あとハとらすへし、によしあらハ、きやうたいのこをむこにとりて、ゆつるへし、たもんニゆつらん時ハ、そうりやうをさくへし、

相続人に男子がない場合、兄弟の子を養子として所領を譲るべきで、女子のみの場合は兄弟の子をその女子と結婚させて彼に譲るべきであると蓮道は書き記している。第一項が「子なくば」ではなく「男子なくば」としていることから、男女ともいない場合には第一項のみが適用され、女子のみの場合には第一項・第二項の両方が適用されると解釈できよう。兄弟の子を養子にすることと、彼を女子の聟とすることとの時間的な関係は、素直に読めば、養子とした後さらに聟とするという意味であろうが、直接的な言及はない。そこでほかの史料からこれらの時間的関係を探っていこう。

　文永四年（一二六七）に発布された鎌倉幕府追加法に次のような条文がある。

　一、以二所領一和二与他人一事

　右、閣二子孫一譲二他人一之条、結構之趣、甚非二正義一、不レ謂二御恩私領一、向後可レ被レ召二彼和与之地一也、但以二一

族幷傍輩子息一、年来令二収養一者、非二制之限一焉、

（『中世法制史料集　第一巻　鎌倉幕府法』追加法四三四条）

子孫・配偶者以外で相続を認められたのは、一族や同じ御家人の子息で、年来の収養という条件を満たす者のみであった。つまり、相続をともなう養子には年来の養育関係が必要であった。この法令は文永七年にいったん破棄されたが、同十一年に「但兄弟叔姪之近類者、非二禁制之限一、又雖レ為二傍官幷遠類之子息一、年来為二猶子一令二収養一者、不レ及二子細一矣」と、三親等内の傍系親への譲与についての制限を緩めた形で再発布された（追加法四六一条）。しかしそれ以外の一族・他人に対しては年来の養子関係が必要とされたことは変わっていない。他人和与は所領の没収という罰則をともなっていたから、この幼少時よりの養子関係設定は遵守された。譲状に譲与の理由として「自二幼少之時一依レ為二養子一」（『鎌倉遺文』一一三四四号）、「自二襁褓中一□、令二収養一之間、如二実子一」（同、一三七三〇号）、「うふやのなかより養子としてやしないたるあいた」（同、一八七八一号）などと記されている例は枚挙に遑がない。

一方、婚姻の方は、『吾妻鏡』建久五年（一一九四）二月二日条の北条泰時と三浦義澄孫女や、『明月記』嘉禄二年（一二二六）七月六日条の泰時子息と宇都宮泰綱女のように、幼少時に婚約がなされるケースもあったが、通常は成人後に初めて婚姻関係が結ばれていたと考えられる。鎌倉中期、若狭国太良荘をめぐる相論の中で、乗蓮は十九歳で開発領主雲厳の養子となり、二十三歳より太良保に居住、養子たりながら聟となって雲厳の私宅に同宿し、所領を譲与されたと主張している（『鎌倉遺文』八七八九号）。この相論の訴人である中原氏女は雲厳には杉若二郎康清法師妻室一人のほか男女子息がまったくなく、養子ながら聟であるというのは虚言であると否定しているから、事実関係には疑問もあるが、乗蓮の主張の中から養子関係の設定とその後の婚姻という時間経過を見て取ることはできよう。

聟と養子との関係をめぐってはこんな事例もある。信濃国の御家人中野忠能の後家蓮阿は重代相伝の所領を娘釈阿

に譲与していたが釈阿が母に先立って死んでしまった。そこで蓮阿は釈阿の夫である聟市河重房を養子にして、彼に所領を譲与した。しかし幕府は幼少よりの「取養之儀」がないとしてこの譲与を認めず、他人和与と認定して所領を闕所としてしまった（『鎌倉遺文』一三一七〇号）。したがって、幼少時に養子関係の設定と娘との婚約が同時に行われた可能性までも否定することはできないが、鎌倉時代の武家法社会においては、成人後に養子縁組と同時に養親の娘と婚姻する、いわゆる「婿養子」は認められていなかったといえよう。

宇佐八幡宮大宮司宇佐公房嫡子公方の解状には、大宮司職の伝領について「爰公房無二男子一之間、於二公方一者為レ甥上、自二幼少之当初一令二養子一、適依レ相二具公房之嫡女一、所レ令レ譲二得当職一也」と記されている（『鎌倉遺文』一三七四号）。公房の「家」を体現している大宮司職継承の正統性の要件は、まず第一が甥という父系血縁者であること、第二が幼少より養子となっていたことであり、聟となっていたことは「たまたま」の儀であった。嫡継承が希求される「家」は成立しているものの、いまだ嫡継承が確立していない十三世紀段階の「家」継承の要件がここに見事に示されている。養子と聟という二つの関係のうち、より重要なのは養子になっているということだった。時間的にもまず養子関係が先行しており、婚姻関係は後から付随するものだったのである。

「婿養子」とは異なる「養子縁組ののちにその家の娘と婚姻する」ことに対しては、これまで特定の名称が与えられていないが、「舟木氏系図」（『続群書類従』）の「翌年文和元年、頼夏以二別腹子兵庫助頼尚一移二美濃国土岐庄一、令レ属二一族土岐家一、頼尚曽為二清原氏之養子聟一、有下嗣二其家一之意上、故叙二従五位下一、改二源姓一為二清原一、然有レ故不レ継二其家一、遂解官復二本姓一、称二舟木一」という記事中にある「養子聟」という名称がまさに適当であろう。

鎌倉時代以前においては、養親に男子があるかないかに関わりなく、養子関係が設定されていたから、実男子がいる場合でも「養子聟」は存在した。そうしたケースの「養子聟」は「家」の継承者と目されたわけではない。実は和田宗実の養子聟重茂の場合もそうであった。宗実には実子由比太郎実常がいた。宗実から重茂が相続した津村屋敷・手作がのちに「ちうたいのほりのうち」（中条家文書、仁治二年二月十七日付け津村尼譲状、『新市史Ⅰ』一〇二九号）といわれたからといって、重茂が家督継承者に擬されたとすることはできない。津村屋敷はあくまで津村尼の「ちうたいのほりのうち」なのであって、由比など複数あったであろう宗実の屋敷の一つにすぎない。鎌倉外に位置する南深沢の津村と、実常が相続した鎌倉中の由比と、地理的にみてもどちらに重きがあったかは自明であろう。重茂は養子とされた時点で家督継承者に擬されたわけではなかったのである。これも家督の継承を主たる目的とした「婿養子」との違いである。

二　「家」の動揺と親族ネットワークの形成

建保元年（一二一三）五月、和田義盛が一族親類とともに兵をあげた。高井兵衛尉義茂や由比太郎実常は和田方として討ち死し、高井兵衛尉重茂はいかなる理由によってか一族中で唯一北条側に立ち、武勇の名を馳せる従兄弟の朝夷義秀と組み合って討ち取られた（『吾妻鏡』）。重茂には太郎重綱・二郎実茂・三郎時茂・四郎茂村の四人の男子と数人の女子がおり、重茂の遺領奥山荘と南深沢郷は未処分地として子息重綱が「給預」った。それに対して後家尼は自らの知行を幕府に訴え、後家の管領を認めさせた（中条家文書、承久二年十二月十日付け関東下知状、『新市史Ⅰ』六三七号）。天福二年（一二三四）には遺領の配分をめぐる「和与状」が兄弟間で作成され、南深沢郷内の津村屋敷と奥山荘政所条・黒河条は時茂に継承されることとなり（中条家文書、仁治二年五月一日付け将軍家政所下文、『新市史Ⅰ』一〇三〇号）、さらに奥山荘の高野条が後家より四郎茂村に譲られた（中条家文書、仁治二年十一月十四日付け津村尼譲状案、『新市史Ⅰ』一〇四〇号）。他の兄弟は南深沢郷・奥山荘の他の一部や和田合戦の恩賞で得た地を知行することになったのであろう。津村尼一期の後、南深沢郷と奥山荘を伝領することになっていた重綱について、津村尼の譲状でもまったく触れられていないことを考えると、重綱は早世した可能性もある。

藤原定家の日記『明月記』の寛喜二年（一二三〇）六月八日条に次のような記事がある。

大谷斎宮尼戸部来、彼斎宮女房伯卿妹、言家旧妻、年来有㆓濫吹之聞㆒、自㆓去冬㆒為㆓件駿河次郎郎従高江次郎之愛物㆒、去月相㆓具其夫㆒、下㆓於越後国㆒云々、

定家のもとに、斎宮潔子内親王の元女房である民部卿尼がやって来た。斎宮の女房である神祇伯資宗王の妹（藤原言家の元妻）が、昨年の冬から三浦泰村の郎従高江次郎の愛人となって、先月高江次郎に連れだって越後国に下向してしまったというのである。同年閏正月二十二日条には彼女が言家と離別後に潔子内親王に仕えるようになったこと、在京している三浦義村の二人の息子のうちの弟の方と深い仲になって同居しているとの情報を得て日記に書いていた。六月の記事では、義村の子の愛人となったという情報は訂正され、郎従高江次郎の愛人であったとされている。この高江次郎は越後国ゆかりの者とみられる。定家は音で「たかゑ」と聞いてそれを「高江」と表記した。「高江」は「高井」の誤りで、重茂の子次郎実茂に当たるとみていいだろう。実茂は御家人身分をもちながらも、泰村の被官化していたのである。宝治合戦において実茂が泰村らとともに法華堂で自害しているのはこうした関係からであった。この『明月記』の記事は越後和田氏の史料としてこれまでまったく注目されてこなかったが、越後和田氏の在京活動、貴族層との交流を物語る貴重な史料である。

『諸家系図纂』の「和田系図」によれば、そのころ重茂の娘の一人は天野和泉守政景と結婚している（表2②）。政景は遠景の子息で、頼朝挙兵以来の御家人として信頼も厚く、元久二年（一二〇五）閏七月の牧の方陰謀事件の際に

は源頼朝後室政子の命を受けて長沼宗政・結城朝光・三浦義村・同胤義とともに将軍実朝を守っている（『吾妻鏡』）。尊経閣文庫所蔵「天野系図」[10]や『諸家系図纂』の「三浦系図」は、三浦義澄女を政景の妻としてあげており、重茂女が庶妻的な女性だったのか、義澄女の没後に婚姻関係が結ばれたものかは判然としない。尊経閣文庫の「天野系図」には政景の女子として金沢実時の母「六浦殿」や「由比尼」など八人が記されている。「由比尼」は、おそらく重茂女子由比尼覚円の所生であろう。娘の由比尼こそ、奥山荘金山郷を称名寺に寄進した実時孫女平氏の養母で、金山郷の本主といわれる由比尼是心である[11]（三浦和田文書、貞和二年七月十九日付け足利直義裁許状案、『新市史Ⅱ』一六八〇号）。

承久三年（一二二一）、承久の乱が起こった。六月十五日、後鳥羽上皇方に属した三浦胤義は、鎌倉より上洛した兄義村・叔父義連の軍と戦い、西山木島で子息重連とともに自害した（『吾妻鏡』）。慈光寺本『承久記』には、ともに戦った子のほかに、三浦に九歳・七歳・五歳の子を残していたと記されているが、その一人は成人して四郎胤泰を名乗り、高井重茂の娘と結婚した（表2③）。

宝治元年（一二四七）、三浦氏・和田氏は再び存亡の危機に瀕する。宝治合戦の勃発である。三浦胤泰とその子家康は兄義有・高義らとともに三浦方に立って参戦した。和田氏からも実茂とその子息三郎実泰・四郎太郎実村が加わっている。『吾妻鏡』所載の「自殺討死等」交名は義有・高義・胤泰・家康と実茂・同子息二名の計七名をまとめて記しており、彼らが集団行動をとっていたか、少なくとも交名の書き手がそのような認識をもっていたことは間違いない。もちろん義有兄弟と和田氏との紐帯は胤泰と重茂女との婚姻関係ということになる。それに対して時茂は行動に与せず沈黙を守った。宝治合戦での行動や文書に残された状況から見ると、このころの和田氏は二つのグループに分裂していたようである。一つは重茂後家津村尼を中心に子息時茂やその姉黒河尼、弟茂村を構成員とするグループ、もう一つは文暦元年の和与状で袂を分かった実茂とその姉妹にあたる重茂女子のグループである。後者は婚姻を介して胤泰やその兄弟と結びついている。聟胤泰は姑津村尼の統制下に包摂される存在ではなく、父系親族と姻族の要の役割を果たす自立的な存在であった。

実茂や胤泰は三浦泰村らと運命を共にして滅んでいったが、静観の姿勢をとった時茂は「捨免御教書」を賜り、罪科を蒙ることはなかった（胎内市役所所蔵文書、三浦和田氏文書目録、『新市史Ⅰ』一一七八号）。そればかりか、鎌倉の地・阿波勝浦山・讃岐真野勅旨・出羽常牧郷などを獲得し、奥山荘も金山郷などの一部を除いて多くが時茂の領有に帰した。これらの新所領は実茂らの闕所地であった可能性もある。謀叛人となった胤泰や実茂の遺児は、その後、時茂の「家」支配のもとに置かれることとなった。

時茂（法名道円）が弘長四年（一二六四）三月、建治三年（一二七七）四月、同十一月の三回にわたって作成した譲状（中条家文書、胎内市役所所蔵文書、三浦和田文書、『新市史Ⅰ』一三六八・一三八〇〜八二・一三八四・一三八五号）や後年の訴訟関係史料から窺える時茂の「家」は次のような構成をとる。子息兼茂・泰茂は早世しており、兼茂の子茂連・茂長と泰茂の子義基という三人の孫と娘意阿を主たる構成員としている。三人の孫相互の関係は公事配分の「御くうしハ、三人のまこ同しほとたるへし」（『新市史Ⅰ』一三八四号）に象徴されるように対等な関係であった。その次に弟茂村の子義重と三浦胤泰の子胤氏という二人の甥が位置する。この二人の所領は茂長所領の領域内に所在しており、公事は茂長を惣領として義重は茂長の三分の一を、胤氏はさらにその半分を配分された。配分に従わない場合は茂長の沙汰とするという強力な権限が茂長には付与されていた。この譲りはそれまでの義重の領有箇所に変更を加えるものであったが、義重は「こ入道殿かゆいこんをそむくへきにも候はねハ」と述べて、領有していた所領の一部を茂長に去り渡している（三浦和田文書、建治四年正月二十二日付け高井義重去状、『新市史Ⅰ』一三八七号）。彼らが時茂の強力な「家」支配権のもとに属していたことは明らかであろう。兄弟と強い繋がりをもち、おそらくは母方から所領を譲得していて経済的にも自立していた三浦胤泰が時茂らと対等な関係を保っていたのと比べると、オジ時茂に依存せざるを得ない胤氏の立場には大きな違いがある。そのほか、兼茂の後家で、茂連の母に当たる女性もいたようであるが（中条家文書、永仁四年十一月二十四日付け関東下知状案、『新市史Ⅰ』一四一九号）、家長時茂の陰に隠れてしまっており、表には登場しない。一般に後家は亡父の地位を代行し、「家」を代表する存在ともなったが、このケースの時茂のように「家」を代表する尊属（夫の父など）が現存する場合にはそのかぎりではなかったのである。

『諸家系図纂』の「和田系図」には時茂の女子として「加賀蔵人妻、法名行阿」が見える（表2④）が現存の文書からは確認できない。あるいは意阿のことを指すか。夫の「加賀蔵人」についても不明である。『吾妻鏡』に見える「国名＋蔵人」の名乗りをもつ人物の多くは、将軍とともに東下してきたと見られる諸大夫層の官人であり、彼らと地頭クラスの武士との婚姻は摂家将軍や皇族将軍がもたらした時代の所産の一つであろう。

建治元年（一二七五）の鎌倉幕府御家人交名とでもいうべき性格をもつ六条八幡宮造営用途注文（国立歴史民俗博物館所蔵文書）の相模国の項に「高井兵衛三郎入道」と記されているとおり、時茂は相模国南深沢郷を本貫としていた（『新市史Ⅰ』一三七九号）。その所課金額は五貫文で、同族の「大多和次郎跡」と同額、かつて三浦氏の家人だった「長江四郎入道跡」の六貫文よりも少額である。相模国の平均が約五・七五貫文であることからすると、やや小規模の御家人にすぎなかった。

それでも、時茂の「家」には「数輩之右筆」をはじめとする家人も属していた。宝治合戦で謀反人となった高井実茂の子僧禅海もその一人で、所領の給付は受けていなかったが、時茂から所領内で生活することを許され、庇護を受けていた（『新市史Ⅰ』一四一九号）。また、奥山荘では地頭時茂のもとで、「一庄勘定使多々良次郎入道々願」（『新市史Ⅰ』一一七八号）や「横須賀二郎胤茂」（中条家文書、永仁二年六月十二日付け和田茂連譲状案、『新市史Ⅰ』一四一四号）など、三浦半島所在の地名を苗字とする人々も活動していた。「胤茂」はその諱から考えて、三浦胤義の子孫であろう。南北朝期には「和田又次郎家人三浦平四郎」も見える（三浦和田文書、建武元年二月五日付け越後国国宣写、『新市史Ⅱ』一五二四号）。和田合戦・宝治合戦を通じて和田一族・三浦一族の多くが滅亡する中で佐原系三浦氏が残っていくことは広く知られているが、実は小規模ながらもう一つ求心的な一族の核が存在した。それが高井時茂で、謀反人とされた一族の子弟などを受け容れていたアジール的な存在であった。

和田氏は相模国を本貫としながらも、越後国奥山荘への依存度も強く、十三世紀後半に活動した時茂の孫たちは奥山荘周辺の領主と婚姻関係を結んだ。

茂連は奥山荘の南隣加地荘古河条地頭佐々木重朝女の光女（法名道信）と結婚した（表2⑤）。後に加地を称するこの一族は佐々木盛綱の子孫で、盛綱の子信実は承久の乱に際して北陸道大将軍を勤めたほどの人物である。その子どもの多くは加地荘に勢力を張った。重朝の父四郎兵衛尉扶実（資実）もその一人であった。茂連と重朝女との間には茂泰と女子瑠璃御前の二人が生まれている。

茂連は重朝女と結婚する以前に、茂貞（のちに茂明と改名）ともう一人の女子（諏訪遠江権守妻。ただし系図には「他人養子也」とある）の母に当たる女性を妻としていた（中条家本「三浦和田氏系図」別本、『町史資料』参考資料四）。この系図にも「後家」と記されている茂泰の母はその後、茂連後家として文書に登場するが、茂貞の母はまったく姿を現さない。おそらく茂連は茂貞母の死後、重朝女を妻として迎えたからであろう。

『中条町史　通史編』や田中大喜前掲論文は、『続群書類従』所収「千葉系図　別本」の頼胤女子の注記に「和田左衛門尉妻」の記載があることから、この「和田左衛門尉」を茂連に比定し、この女性を茂貞らの母と見なしている。比較的信頼性が高いといわれている「神代本千葉系図」（『房総叢書　第五輯』）にはこの周辺の婚姻関係の記載はないが、鎌倉時代に成立した「平氏諸流系図」は頼胤母を北条時房女とし、頼胤姉妹の結婚相手として「信通朝臣」という四位の人物を記載する。和田茂連とはまったく家格が異なる人々が千葉介家の婚姻対象となっている。「六条八幡宮造営注文」においても、有力御家人として「鎌倉中」に属する千葉介の負担額は百貫文である。その額は時茂の二十倍であり、まったく釣り合いがとれない。同じ『続群書類従』所収の「千葉系図」が頼胤を文永十一年（一二七四）に三十七歳で死去、「千葉大系図」（『房総叢書　第五輯』）が建治元年に三十七歳で死去と記すのに対して、「千葉系図別本」は建治元年に六十七歳で死去したとする。「千葉系図　別本」は、系図の信憑性という点ではかなり精度が低いといわざるを得ない。茂連に対しては幕府発給文書でも「和田三郎左衛門尉」の通称が用いられていて、「和田左衛門尉」と載せる史料はない。一般的に「和田左衛門尉」の通称で知られるのは義盛である。「千葉系図　別本」の「和田左衛門尉妻」の記載を信用し、この「和田左衛門尉」を茂連に比定するのはやや無理があろう。

茂連の死後、相続をめぐってこの異母兄弟姉妹を二分する相論が起こり、茂泰は謀書の咎によって父茂連の得分親から除かれてしまう（『新市史Ⅰ』一四一九号）。その後の彼の子孫を経済的に支えたのは母道信から伝領した加地荘内の所領であった。鎌倉幕府法は夫婦別財の原理をとっていたから、茂連遺領と道信から伝領した所領とは別に取り扱われた。

また、茂貞が伝領した所領も、茂貞が嘉元三年（一三〇五）の北条時村暗殺事件に関わったために収公され、「相模入道」（北条貞時）が奥山荘中条を一円拝領することになった。それに対して、茂連後家尼道信は、茂連の得分親として自分が伝領した所領まで収公されたために、「相模左近大夫将監規時」（師時の子貞規か）を相手に所領の回復運動を挑んだ。その結果、なんとか和解に持ち込み、中条内の羽黒・鷹栖の田地二十町の回復に成功した（中条家文書、正和二年九月二十三日付け関東下知状案、『新市史Ⅰ』一四四四号）。この所領も加地荘古河条内の所領とともに茂泰の子義成へと譲られて（中条家文書、元亨三年三月二十二日付け尼道信譲状案、『町史資料』八七〜九〇号）、のちに羽黒殿と称された義成子孫の本拠地となった。茂連の孫茂資の結婚相手も佐々木氏で、加地荘桜曽禰条・高浜条に所領をもつ佐々木三郎章氏の娘彦松（法名明泉）であった。章氏は信実の曽孫に当たり、先の重朝とは父秀氏が従兄弟という関係である。

時茂の孫茂長は奥山荘の北方、越後最北にある小泉荘の領主小泉新左衛門尉定長の娘を妻とした（表2⑥）。小泉氏は桓武平氏秩父流の流れをくむ一族で、のちには本庄・色部を称する。「平氏諸流系図」では、本庄系の行長の子に左衛門尉定長が見えている。また、茂長の女は奥山荘の北隣荒河保の河村氏に嫁した（表2⑩）。

このような近隣領主との婚姻は、きわめて一般的であった。多くの婚姻関係を載せる続群書類従本「秀郷流藤原氏系図　河村」（「河村系図」）の分析からわかる相模国西部の河村氏の事例でも通婚は西相模・伊豆の武士が中心であるし、[12] 妙本寺本『曽我物語』からは相模・伊豆・武蔵の在地領主が婚姻を媒介とした親族ネットワークを網の目のごとく形成していたことが知られている。[13] これらの近隣領主との婚姻は舅—聟という強固な連帯関係を機軸とした親類ネットワークを生成し、地域に平和と安定をもたらすものであった。しかし姻族を含む親類関係は同族的な集団とは異なり流動的なものであったから、世代が降下すると関係は希薄となり、かえって所領の帰属をめぐる相論などを誘発した。他家に嫁した女性が、実父や実兄の死後、甥を相手に相論を繰り広げたり、押領を企てたりするケース、また逆に甥がオバの所領を押領するケースがしばしば見られる。河村太郎次郎入道浄阿に嫁した茂長の娘は、多勢を率いて甥章連の領有する奥山荘草水条内の田畠の作毛を刈り取り、追捕狼藉を行っている（三浦和田文書、元亨二年七月七日付け関東下知状、『新市史Ⅰ』一四五九号）。なんとか生家より所領を分かち取ろうとする既婚女性の行動は夫方の「家」への帰属を前提としたものであった。

さて、確認できる茂連の二人の妻は時期的に前後していることを述べた。つまり茂連は一夫一婦の婚姻関係を保っており、同時に複数の妻妾がいた明証はない。夫方居住の一夫一婦の婚姻形態が鎌倉時代の基本的なあり方であった。それに対して茂長の場合は複数の妻妾が確認できる。まず、茂実の「祖母尼覚性小泉新左衛門尉定長女子、」（三浦和田文書、元亨元年十二月七日付け関東御教書、『新市史Ⅰ』一四五七号）と「和田左衛門四郎茂長女子平氏」の「亡母平氏葛西新左衛門入道経蓮息女、」（三浦和田文書、正中二年九月七日付け関東下知状、『新市史Ⅰ』一四六九号）が茂長の妻であったとわかるが、ほかに嘉暦三年（一三二八）九月二十四日付けの鎌倉幕府奉行奉書（三浦和田文書、『新市史Ⅰ』一四七三号）に「埴生下総三郎兵衛尉清胤女子字松弥、今者死去、大海老名又太郎忠顕幷和田左衛門四郎茂長女子平氏字土用若、申、越後国奥山庄内荒居・江波多以下村々事、（中略）早相共莅二彼所一、除二尼生蓮茂長後家、今者死去、跡輩知行分一、守二平氏所一レ給御下知状一、可レ沙二汰-付忠顕・平氏一土用若」という記述がある。この中で経蓮女子腹の土用若と尼生蓮跡輩とは区別されているから、生蓮は経蓮女子の法名ではない。したがって茂長には生蓮・覚性・経蓮女子という三人の妻がいたことになる。経蓮女子は「亡母平氏」という記述からみて、在俗のまま死去している。夫が死去した場合、妻は出家して夫の菩提を弔うのが望ましいと考えられていたし（『御成敗式目』二十四条）、そういう女性は実例としても多い。経蓮女子は茂長よりも早く死去していた可能性は高かろう。茂長が死去したのは子息兼連に譲与を行った永仁三年（一二九五）七月三十日からほどないころと思われるが、ほかの二人の妻妾は茂長の死去後も在世していた。覚性は元徳元年（一三二九）八月に死去したとあるし（三浦和田文書、元徳二年三月二十六日付け宮内大輔某奉書案、『新市史Ⅰ』一四七八号）、生蓮は「茂長後家」と称されているから、少なくとも生蓮と覚性の二人は同時期に茂長の配偶者であった。

ここで注目されるのは、生蓮が「茂長後家」と称されているのに対して、覚性は茂実の「祖母尼覚性」、経蓮女子は茂長女子平氏の「亡母平氏」としか呼ばれていない点である。生蓮が茂長との関係で社会的地位を築いているのに対し、覚性らは子や孫との関係によってのみ社会的把握を受けていたといえよう。中世の「後家」は単なる未亡人という意味ではなく、夫死後の「家」支配権を代行し、後継者幼少の場合には対外的な「家」の代表者となる地位を示すものである。(14)覚性は夫遺領の一部を一期分として譲与され、経済的な保障を与えられてはいるが、同じ茂長の配偶者であっても、後家生蓮との社会的地位には大きな格差があった。鎌倉時代には一夫一婦が基本であり、複数の女性との間に配偶関係がある場合でも妻妾の差が歴然とあるから、その場合には「一夫多妻」より「一夫多妻妾」とでも呼ぶ方がよいであろう。

さらに興味深いのは、その後家の地位への就任、その前提となる正妻としての立場が夫との配偶関係のあり方によって決定されていて、子どもが嫡子として後継者となったか否かという点に左右されていないことである。茂長には兼連・義兼という二人の男子があり、惣領の地位は兼連、その子茂実へと継承されていく。ところが兼連の母は生蓮でなく覚性であった。嫡妻の子が必ずしも嫡子に立てられたのでも、嫡子の母が後家としての地位に就いたのでもなかったのである。

鎌倉期の婚姻が「対偶婚（排他的同棲の欠如した、お互い気のむく限りの婚姻）的婚姻形態の残存」する不安定な婚姻であったとする説(15)もあったが、現在では否定されている。(16)やはり実態をみるかぎり、婚姻関係の根幹（夫と正妻との関係）は安定的であったといえよう。

三　得宗被官化と茂貞の改名

十三世紀後半において、奥山荘周辺の在地領主との婚姻とともに注目されるのは得宗被官との婚姻である。表2⑨

の諏方遠江権守は実名こそ不明であるが、得宗被官諏方氏であることは疑いない。また、⑧の葛西清経は葛西清重の曽孫で、下総国葛西郡を本拠地に陸奥に所領を得て発展した葛西氏が得宗家と近い関係にあったことはすでに指摘されているところである。[17] 嘉暦三年（一三二八）九月二十四日付けの鎌倉幕府奉行人奉書（『新市史Ⅰ』一四七三号）に登場する経蓮の聟の一人埴生清胤や、茂長女子を通じて奥山荘内荒居・江波多以下の所領を獲得した清胤の聟海老名忠顕も得宗被官か北条氏に近い人物とみられている。[18] この時期、婚姻を介した得宗被官への接近は、河村氏の場合にも尾藤氏・粟飯原氏との婚姻事例があり、東国の地頭級御家人の一般的傾向であったとみられる。ただ、和田氏の場合は婚姻を介した得宗被官への接近のみならず、一部は自らが得宗被官化する道を歩んだ。

国立歴史民俗博物館所蔵（田中本）『公武年代記』裏書の嘉元三年（一三〇五）五月二日条に次のような記事がある。

時村討手族十一人被㆑刎㆑首了、七田七郎茂明・工藤中務丞有清・豊後五郎左衛門尉光家・海老名左衛門次郎秀経・白井小二郎胤資・五大院九郎高頼、以上御内人、岩田四郎左衛門尉宗家・赤土左衛門四郎・井原四郎成明・肥留新左宗広・甘糟左衛門太郎忠貞・土岐孫太郎入道行円、以上十一（二）人、此内茂明逐電了、

同年四月二十三日、鎌倉幕府の連署の地位にあった北条時村が暗殺された。得宗北条貞時の命と偽って討手を差し向けた首謀者は得宗家の内管領で侍所頭人の北条宗方で、鎌倉を揺るがせた霜月騒動の再現ともいえる一大事件であった。[19] その討手十二名のうち十一名は処刑されたが、一人だけは逐電し、姿を消してしまった。その人物の名を、『公武年代記』やその写本である宮内庁書陵部の柳原本『武家年代記』の裏書は、「七田七郎茂明」と記すが、『鎌倉年代記』裏書は「和田七郎茂明」と記している。彼こそ奥山荘中条の地頭和田七郎茂明その人である。討手に加わった六人の御内人の一人で、『鎌倉年代記』『公武年代記』とも茂明を討手の筆頭に書いているから現場指揮官だった可能性が高い。

和田氏が御家人身分を保持しながら得宗被官化したことについて、『新潟県史　通史編2　中世』は時茂の時代、宝治合戦直後に得宗の御内人となったと推測している。宝治合戦によって鎌倉における時茂の地位が後退を余儀なくされたであろうこと、永仁元年（一二九三）十一月二十三日付けで「御恩事、便宜之時、可レ令二申沙汰一之状如レ件」という文言の北条貞時発給とみられる文書が茂連宛てに出されていること（中条家文書、某書下案、『新市史Ⅰ』一四一二号）がその根拠となっているが、宝治合戦後の時茂が零落するどころかむしろ所領を増やしているのは先に述べたとおりであるし、永仁元年の文書から直ちに得宗被官化しているともいえないだろう。筆者は和田氏が得宗被官化したのは茂明の代であると考えている。その鍵は彼の名前にある。

茂明の本《もと》の名は茂貞であった。永仁二年の茂連譲状や永仁四年十一月二十四日付けの関東下知状案には「七郎もちさた」「和田七郎茂貞」とあるが、正安三年（一三〇一）八月二十日付けの関東下知状案以降は「和田七郎茂明」と記されているから、永仁四年から正安三年までの五年の間に茂貞から茂明への改名が行われたことがわかる。

鎌倉の武家社会において、名付けや改名は重要な意味をもっていた。歴代の得宗は、足利氏などの有力御家人の嫡流子弟が元服するさいに烏帽子親となり、その烏帽子子に得宗の名の一文字を与えた。元服後であっても得宗から一字を賜り、改名する場合すらあった。[20]得宗の名前との文字の共有は得宗との一体性を顕示するものであったが、得宗が付与するという形をとったことはその文字の使用が得宗によって統制されていたことをも示す。室町時代の史料ではあるが、『薩戒記』永享元年（一四二九）三月二十二日条には「山科宰相家豊、来臨、被レ尋二問除目中夜顕官挙書様作法等一、談云、依二柳営御改名一、教字有レ憚、仍我改二家豊一、民部卿教有卿改二行有一、内蔵頭教右朝臣改二繁右一、中将持教朝臣改二持俊一、右少将教具（民部卿息）、改二行具一、右少将教尚改二行尚一云々」とあり、将軍足利義宣の義教への改名にともなって「教」の字を名前に有する人々が「教」の字を憚って改名していることが知られる。これは将軍家によって行われた名前の一字付与と表裏一体のものであり、同じく一字付与を行っていた鎌倉時代の得宗のもとでも得宗への配慮から同字をもつ人々が改名を行っていた可能性があろう。

そのように考えると、和田茂貞の茂明への改名は、時の得宗北条貞時への配慮とみることができる。貞時は父時宗の死により弘安七年（一二八四）に得宗として執権に就任していたのに、なぜ永仁四年〜正安三年になってから茂貞は改名したのか。想定されるのは、その時期に貞時への配慮が必要な立場となった、つまり茂貞が得宗被官化したということである。茂明と改名した彼は、正安三年八月、収公されていた奥山荘を取り戻すことに成功している。その間、奥山荘が得宗の所領となっていたことを考えると、一連の動きがおぼろげながら浮かんでこよう。道円遺領をめぐる相論の中で謀書を構えた咎によって茂連所領は収公され、奥山荘は得宗に付された。存立基盤を失った茂貞は同母姉妹の夫である得宗被官諏方遠江権守との婚姻ネットワークなどを利用して得宗家に接近し、御家人身分を保ちながらも得宗被官化することを条件に奥山荘の返還工作に成功したのではなかろうか。しかし、いったん返付された奥山荘も、四年後、茂明が北条時村暗殺事件の犯人となったために没収され、再び得宗の手に帰すこととなる。茂明が出仕を許され、本領を返給されたのは正慶二年（一三三三）正月二十八日、鎌倉幕府滅亡の四か月前のことであった（中条家文書、関東御教書、『新市史Ⅰ』一四九三号）。

四　同族婚の増加と惣庶関係

鎌倉末期の和田氏の婚姻関係で注目されるのは、奥山荘内の同族間の婚姻の急増である。奥山荘北条の和田兼連、中条の茂泰はともに高野条の高井義重の娘を妻としている（表2⑫⑬）。義重は伯父高井時茂から亡父遺領を譲り直されて高野条の領主となっていた。波月条絵図には高野市が描かれており、高野条は奥山荘の和田氏一族にとって重要な地域だったに違いない。この高野条は茂長所領の領域内に所在していたため、時茂は義重に対して茂長の公事賦課を受けるよう定めている（『新市史Ⅰ』一三八四〜八五号）。茂長の子兼連と義重女寿命（法名妙智）との婚姻は両者の関係を安定させる機能を果たしたことだろう。義重から寿命へと譲与されていた高野条内の田在家は義重の男子義貞の公事分配を受けた（三浦和田文書・中条家文書、永仁六年十月二十八日付け高井義重譲状・同譲状案、『新市史Ⅰ』一四二二〜二三号）から、両者の関係はきわめて緊密であった。寿命は兼連後家として「若子なくして、母にさきたゝんもの丶あとハ、はゝ一この程知行して、一このゝちハ、弥福にても、又犬若にてもこらん子にたふへき也、但ゆつり状そむき、あとをミたり、あるいハ、はゝのことそむかんもの丶所領をハ、母のはからひとして、おんひんの子にたふへきなり」（三浦和田文書、徳治三年八月十三日付け和田兼連置文、『新市史Ⅰ』一四三九号）と記されるような強い権限を付託されている。兼連在世中も正妻として「家」の中で大きな位置を占めていたであろうから、高野の「家」は北条の「家」の公事配分を受ける立場にあっても、一方で外戚として強い立場が確保されていた。この婚姻の成果が機能していた兼連の子の代までは両者の関係は安定していたが、兼連の孫時実の代になって、高野の「家」が北条の「家」の外戚（母系親族）としての立場を失った十四世紀後半、高野条は北条の「家」による北条一円支配化の中で北条の「家」の領有に帰し、高野の「家」は断絶することになる（三浦和田文書、貞治三年四月日付け三浦和田時実申状、『新市史Ⅱ』一八一九号。同、享徳二年十二月日付け黒川氏当知行所領目録、『町史資料』三五八号。「中条家分家系譜」、『町史資料』参考資料一二）。義重は中条の「家」に対しても娘千歳（法名教意）を配した。婚姻相手の茂泰は茂連後家腹の子息であった。千歳が父から相続した高野条内の田在家は、茂連後家の持参財とともに、茂泰が謀書を構えた咎によって茂連跡の得分親から除かれた後の茂泰やその子義成を経済的に支えた。

茂明は嫡子茂継への譲与に際して、男子がない場合には弟茂資を子にして譲与すべきことを言い置いていた（中条家文書、正和六年正月二十日付け和田茂明譲状、『新市史Ⅰ』一四四六号）。結局、茂継は男子に恵まれず、弟を養子として中条の「家」の継承を行った（中条家文書、建武四年六月十日付け三浦和田茂継譲状、『新市史Ⅱ』一五九〇号）。「家」の嫡系継承観念が強まった十四世紀には、弟への譲与に際しても養子関係を結び、わざわざ嫡系関係の擬制が行われるようになっていた。「平氏諸流系図」（『新市史Ⅱ』系図編一）はこの茂継の女子に「秀甲幷祖道之母儀、茂資妻」と注記している。茂資は養父でもある兄の娘（血縁的には姪）と結婚し、二人の間には秀甲こと政綱と「祖道」という人物が生まれたということになる。ただこの婚姻関係の実否については疑問もある。第一に茂継の譲状の文言「男子一人もゝたさるによて、しやてい弥三郎おやうしとして、したいてつきのせうもんをあひそゑて、ゐいたいをかきり一ゐんにゆつるあたうるところ也、但、道秀か女子一人あり、かれにゆつるところのそりやうハ、一このゝちハ弥三郎ちきやうせしむへし」からは、茂資と茂継の一人娘との間に婚姻関係があった様子が窺われない。第二点は彼女を金山政綱の母としている点で、元弘三年（一三三三）十二月日付けの尼明泉申状（東京大学史料編纂所所蔵文書、『町史資料』一一二号）に副えられた系図は明仙（明泉）と女子虎松・金山政綱を系線で結んでいて、政綱が明泉（佐々木章氏女）腹の子息であったことを示している。茂継の死後、後見をなくした女子を茂資が庶妻とした可能性も否定できないから、ここでは疑念がある点だけを述べておきたい。

⑯は中条惣領家の茂資女子と庶子家義成との間の婚姻である。茂連の二人の子、茂明と茂泰との間に亡父遺領をめぐる相論があったことは、これまでも何度か触れてきた。その後、茂明子孫の茂継らと茂泰の子孫義成は別行動をとるようになっており、南北朝期の戦乱に際しても、庶子に当たる義成は母方に連なる越後国大将軍加地景綱や守護高師泰に属して戦っていた（中条家文書、『新市史Ⅱ』一五八二・一六一一号）。ところが、文和年間（一三五二〜五六）にな

って義成と茂資女子との子景茂が活動を始めると、景茂、そして父義成までもが惣領茂資の手に属して戦い、彼らの軍忠状に茂資が裏花押を据えるようになる（三浦和田羽黒文書、文和三年十月五日付け和田義成代同景茂軍忠状、『新市史Ⅱ』一七七二号。同、文和四年四月二十九日付け三浦和田義成軍忠状、『新市史Ⅱ』一七七六号）。中条惣領が庶子家をコントロールできるようになりつつあるといってもよいだろう。景茂は茂資の外孫であり、烏帽子子でもあった（中条家文書、延文元年八月二十五日付け三浦和田茂資置文、『新市史Ⅱ』一七八五号）。惣領家は婚姻と擬制的親子関係によって庶子家と深い関係を結び、離反を避けようとしたのである。ただし、この時期の惣領家と庶子家との関係はまだ主従関係に転化していなかったから、庶子家が女子を進上するような形での婚姻関係にはなっていない。

こうした鎌倉末期以降の同族間の婚姻の急増は北条氏や河村氏の場合にもみられるから、一般的な傾向だったといってよい。この時期は「家」の分立がピークを迎え、一族としての結合が解体し始める時期である。在地領主たちは嫡系継承を強く希求し、家長権の強化を図る一方で、同族婚や烏帽子子などの擬制的親子関係によって同族結合を補完し、さらなる分立を回避しようとしたのであろう。

五　「三浦和田」氏の成立と苗字

元徳三年（一三三一）、幕府打倒の兵を挙げようとした後醍醐天皇の計画は露顕して関係者が逮捕され、笠置城に籠もった後醍醐天皇も捕らえられた。一方で光厳天皇が擁立され、翌年三月、後醍醐天皇は隠岐へと配流された。幕府による残党討伐が行われるなか、正慶元年（一三三二）十一月、後醍醐天皇の皇子、尊雲法親王が還俗して名を護良と改め、吉野で挙兵すると、河内国千早城の楠木正成がこれに応じた。幕府・護良双方が軍勢を集め、畿内周辺は戦乱状態に陥った。年が明けると、護良は全国の武士に対して令旨を発し、挙兵を呼びかけた。

そうした状況の下で、和田氏に対して発給された二通の文書がある。

今度忠功□〔殊〕以神妙之条、先於二本領一□〔者〕、悉可レ令二知行一、至二恩賞一者、追可レ有二御沙汰一之由、依二二品親王令旨一、執達如レ件、

元弘三年正月廿日　　左少将（花押）

三浦和田三郎館

（中条家文書、『新市史Ⅰ』一四九一号）

出仕事被二聞召一訖、於二本領一者所二返給一也者、依レ仰執達如レ件、

正慶二年正月廿八日　　右馬権頭（花押）

相模守（花押）

三浦和田三郎殿

（中条家文書、『新市史Ⅰ』一四九三号）

前者は護良親王の意を受けて発給された令旨で、後者はその八日後に幕府が発給した関東御教書である。同じ年の文書ながら、片方は元弘三年の年号を用い、片方は正慶二年の年号を用いている。正慶は幕府が擁立した光厳天皇が定めた年号であるのに対し、元弘は後醍醐天皇が制定した年号で、後醍醐天皇の在位の正当性を主張する護良は、元弘の年号を用い続けており、両者の立場の違いが、文書の年号表記の違いとなって表れている。

護良親王令旨の内容は、和田三郎茂継に対して、「今度の忠功」を讃えて、本領を安堵するもので、後日の恩賞も約束している。鎌倉にいたと考えられる茂継が必ずしも護良側に立つ動きをみせたわけではなく、所領を失っていた

茂継に対して、いち早く本領安堵と新恩給与の約束をして、懐柔しようとした護良方の策略だろう。それに対して幕府側も茂継に対して、出仕を許し、本領を返給する旨の関東御教書を発給して、茂継をなんとか幕府側に付かせようと画策したのである。奥山荘北条の茂実に対しては、幕府滅亡後いち早く元弘三年八月に後醍醐天皇綸旨による所領安堵が行われていて、茂実が後醍醐天皇・護良親王側に立ったのが明らかなのに対して、茂継が安堵を受けるのは建武二年（一三三五）六月になってからである。茂継は態度を明らかにしなかったか、幕府側に近い行動をとったのだろう。

ここで注目したいのは、この二点の史料が「三浦和田」という苗字の初見史料だという点である。これまで「和田」を称してきた人々に対して、「三浦」を冠した呼びかけがなされている。和田氏側が「三浦和田」を自称しているもっとも古い史料は、その八か月後、後醍醐政権に安堵を願った三浦和田章連申状案である。護良側・幕府側ともに挙兵の呼びかけに際して「三浦」を冠することで、源頼朝に「忠」を尽くした伝説的な存在、三浦義明の子孫であることを意識させたかったのであろう。

この一族が名乗った苗字には時代による変遷が見られる。三浦義明の一男である義宗が杉本を名乗り、その嫡子義盛をはじめ義茂・宗実たちは和田を称した。和田は相模国三浦郡和田に由来する。海岸に近い台地上にある和田は、弥生時代などの遺跡も多い、早くから開けた土地であった。和田を称していた義茂は後年、高井を苗字とし、宗実の子息実常は由比を名乗った。高井の地は比定できないものの、これらの苗字はそれぞれの本拠地の地名によるものであり、苗字は領主としての地位の表象であった。この段階の苗字は、「家」や「家」の継承者としての地位の表象にはなっていない。

十三世紀になると、高井の苗字は義茂から子息重茂、その子息時茂・実茂・茂村、さらに時茂・茂村の子息へと継承されるようになる。高井の地名は残っていないが、この時期の一族が鎌倉近郊の南深沢を本拠地とし、由井（由比）を名乗る者もいたことなどを考えると、おそらくは鎌倉周縁部の地名だったと思われる。

十三世紀後半の時茂の孫たち（茂連・茂長・義基）になると、再び和田を称するようになる。この時期の彼らは三浦郡和田の地の領主ではないから、その名乗りには十二世紀の苗字とは違った思考が働いているのに違いない。和田を名乗っていた義盛らが滅び、その後和田の地を治めていたであろう三浦氏も宝治合戦によってほとんど滅亡していた状況と、雄族和田氏の唯一の子孫であるという意識が大きく関わっていたのではあるまいか。

そして、十四世紀前半、南北朝の内乱に際して、伝説的な「三浦」を冠した「三浦和田」の苗字が成立する。

その後、十五世紀前半の応永ごろから和田や三浦和田と併用しつつも有力庶子家が羽黒・黒川を、惣領家が中条を名乗るようになる。十五世紀半ばに用いられた「中条羽黒」（中条家文書、宝徳三年四月日付け羽黒資義訴状案、『町史資料』三四五号）の苗字は中条家の庶子家羽黒というのを強く意識した名乗りであり、惣領権が強大化されたこの時期の惣庶関係のあり方を端的に示すものであった。十五世紀後半、和田の名字は用いられなくなり、惣領家ももっぱら中条を称するようになる。ここに三百年の「和田」氏の歴史は幕を閉じることになる。

六　越後和田氏と相模三浦氏

北条時村暗殺事件の実行犯としていったん捕らえられ、逃亡していた茂明は、正和六年（一三一七）、実効支配がともなわないまま、中条以下の所領に対する権利を嫡子茂継（童名初若）に譲り、幕府から申し給わって知行するように言い置いていた（中条家文書、正和六年正月二十日付け和田茂明譲状、『新市史Ⅰ』一四四六号）。鎌倉幕府滅亡直前の正慶二年（一三三三）正月、茂継の出仕が許されて、本領を返付され（『新市史Ⅰ』一四九三号）、幕府滅亡後の建武二年（一三三五）六月には建武政権からも本領安堵を受けていた。茂継（法名道秀）には女子が一人いるのみで、男子がなかったために、建武四年（一三三七）六月十日、弟茂資に所領を譲った（中条家文書、『新市史Ⅱ』一五九〇号）。それは父茂明の譲状にある「もし男子なくハ、舎弟弥陀法師丸を子として譲あたふへき」という遺言を実行したもので、弟を養子として譲っている。

この譲状の奥には「此状一見候了、高継」という異筆の書き入れと花押がある。高継とは三浦介を名乗っている三浦高継のことで、その書き入れの事情は、二日後に出された茂継書状とその料紙の裏に書かれた高継の返事に語られている。

懸㆓御目㆒候之時如㆓申候㆒、越□御敵重蜂起候之由、被□下之間、近日可㆓下向仕㆒候、陸地者御敵さしふさきて候よし承之間、船にて可㆑下候、殊更路次之間難義候□□、若事も候と存候て、譲状をしたゝめをき候、被㆑加㆓御判刑〔形〕㆒候者、喜入候、委細之旨者、可㆓参申㆒候、恐々謹言、

六月十二日　　　　道秀（花押）

介殿

この茂継書状を現代語訳すると、次のようになろう。

お目に懸かりましたときに申し上げましたとおり、越後国で南朝方の敵が再び蜂起したということを□下されましたので、近日中に越後へ下向しようと思っております。陸地は敵が封鎖しているとのことを承っておりますので、船で下ろうと存じます。とりわけ途上での困難もありましょうから、不慮のことがあってはと思いまして、譲状を書き置きました。その譲状に花押を据えていただければ幸いです。詳しいことは参上して申し上

げたく存じます。

高継はこの年の四月には在京していたことが明らかであるから（相良家文書、『新市史Ⅱ』一五八八号）、茂継も「お目に懸か」れる距離、おそらくは同じく京都にいたものと考えていいだろう。新田義貞が守護を勤めていた越後国では南朝方の勢力も多く、建武四年四月ごろには南朝方の池氏・風間氏が蜂起していた。こうしたなか、越後に本領をもつ茂継は足利方の命を受けて賊徒退治のために越後へ下向することになり、陸路で越後に入るのは困難とみた茂継は、京都から若狭に抜けて、海路で越後に入ろうと考えた。夏とはいえ、命の保証のない困難な旅が予想される。そこで死を覚悟して所領の相続について譲状を書き記し、その譲状に高継の署判を求めたのである。

書状は使者によって高継のもとにもたらされた。依頼を受けた高継は、現存する茂資宛ての譲状と、現存しない女子宛ての譲状と、あわせて二通に「此状一見候了」の文言と花押を記し、茂継の書状を裏返して、紙背に返事を書き、茂継の使者に渡した。その文面は以下のとおりである。

引返用二御裏一候、先日承候了、御譲状二通給候間、加二判刑〔形〕一候了、当時ニハ如レ此御計目出度候、委細之旨、御使ニ令レ申候、御□時者、入御候て可レ有二御雑談一候、

尚々御下向□□〔以前〕ニ必々可二寄合一候、恐々謹言、

乃時

和田三郎入道殿御返事

お手紙を裏返して書かせていただきます。御譲状二通をお預かりしましたので、花押を据えました。今の御時世にこのようなご配慮、大変結構なことと存じます。詳しいことは御使に言付けました。御□のときは、私の所に来ていただいて雑談でもいたしましょう。

追伸　御下向以前に必ずお立ち寄り下さい。

未処分のまま当主が死んでしまい、相続をめぐる混乱が生じることも少なくない中で、譲状を残して戦場に向かおうとする茂継の態度を高く評価している。

なぜ茂継は高継の署判を求めたのか。譲状に第三者の署判を必要とした理由、それが高継であった理由の二つを考えなくてはならないだろう。

譲状に第三者が加署することは少なくない。一門などが証人として行う署判は、譲状の内容と執行を保証する機能をもっていた。

このころの中条が置かれた状況は、必ずしも安穏としたものではなかった。建武政権による安堵は獲得したものの、実はそれ以前、いち早く足利尊氏に従った奥山荘北条の三浦和田茂実が建武政権発足早々いったん中条の地を安堵されており（三浦和田文書、『新市史Ⅱ』一五一六号）、茂継が安堵を受けた後もなお安堵を申請する動きをみせているなど、その知行は不安定なものであった。そうした中で行われた譲与であり、しかも弟への譲与であったから、譲与に際して親子関係を擬制して嫡系継承の正統性を与え、それを第三者にも承認・保証してもらう必要があった。

ではなぜ三浦高継に署判を求めたのか。高継と茂継とはともに三浦氏の系譜に位置づけられるとはいえ、七〜八代も前に分かれており、実態的な機能をもつ父系親族集団を形成していたわけではなかったから、一門の長のような立場で加判を行ったのではない。「一見し候らいおわんぬ」という文言で思い出されるのは、守護などの指揮官が麾下の武将の記した軍忠状や着到状に「承了」「一見了」などの文言を記し、署判を加えていることである。この指揮官と武将との関係は、主従関係のような強固なものではなく、緩やかな上下関係、統率関係であった。高継と茂継とは書状でも互いに丁寧な言葉遣いをしており、両者の間に強い支配・被支配の関係は読み取れない。これらを考え合わせると、互いに自立しつつも高継が茂継を庇護するような、緩やかな上下関係が築かれていたとみるべきであろう。この建武年間には佐原横須賀系の相模三浦氏である三浦貞宗と奥山庄北条の三浦和田茂実との間にも密接な関係が生じているから（称名寺文書、『新市史Ⅱ』一五九六号）、この時期の奥山荘をめぐって、高継（三浦介）―茂継（中条）と貞宗（佐原）―茂実（北条）という二つの対立軸が存在していたことになる。

そもそも高継と茂継との関係は、嘉元三年（一三〇五）の北条時村暗殺事件のさいに、高継の祖父三浦時明が茂継の父茂明の身柄を預かったことに由来する。それまで北条得宗家の御内人化して、その庇護を受けていた茂明は、この事件から幕府滅亡の過程で北条氏という庇護者を失い、かわって三浦氏に庇護を求めたのだろう。正和六年の段階では初若を名乗っていた茂継に「継」の字がついているのは、元服したさいに高継もしくはその父時継が烏帽子親となったからであると考えると、この譲状の署判と書状のやりとりにみられる両者の関係が理解しやすい。

『中条氏家譜略記』（『町史資料』参考史料一二）によれば、茂継はそれからひと月後の建武四年七月十日に死去したという。

おわりに

鎌倉時代の越後和田氏（三浦和田氏）の動向を追いつつ、その中から「家」や親族を考える上での問題点をいくつか提示してきた。また、逆に当該期の家族や社会のあり方から見つめ直すことで、和田氏の動向についての従来の解釈を改めるところもあったと思う。奥山荘とその領主の歴史を明らかにし、叙述するという地域史的な視点だけでは見えてこないことも多い。本章では鎌倉時代までしか論じ得なかったが、中条家文書や三浦和田文書をはじめとする三浦和田氏の豊富な史料には、中世後期は言うに及ばず、一族とその周辺の近世までの歴史が刻み込まれている。近世における中条家の文書整理活動から、祖先に対する認識を探った前嶋敏「米沢藩中条氏における系譜認識と文書管理」(『国立歴史民俗博物館研究報告』一八二、二〇一四年)などの成果も生まれている。今後の研究に期待したい。

註

(1) 井上鋭夫「越後国奥山庄の牓示について」(『日本歴史』一六三、一九六二年)ほか。一連の論文は『山の民・川の民』(平凡社、一九八一年)に収められている。

(2) 羽下徳彦『惣領制』(至文堂、一九六六年)、鈴木国弘「一族結合の中世的特質とその展開—『惣領制』再検討のための基礎作業—」(『史叢』一二・一三合併号、一九六九年)、佐々木銀弥「三浦和田氏の手工業・市場支配」、菊地勇次郎「中世奥山庄の真言修験」(以上、『新潟史学』一、一九六八年)ほか。以下、羽下氏の見解は同書による。

(3) 服部英雄「奥山庄波月条絵図とその周辺」(『信濃』三二—五、一九八〇年)、田村裕「奥山荘波月絵図の作成背景をめぐって」(『日本史研究』三一〇、一九八八年)、黒田日出男『中世荘園絵図の解釈学』(東京大学出版会、二〇〇〇年)ほか。

(4) 研究史については、飯沼賢司「中世イエ研究の軌跡と課題」(『歴史における家族と共同体』青木書店、一九九二年)、高橋秀樹「中世家族における女性の地位をめぐって」(『争点 日本の歴史4 中世』新人物往来社、一九九一年)、同『日本中世の家と親族』(吉川弘文館、一九九六年)、同「「家」研究の現在」(『婚姻と教育』竹林舍、二〇一四年)に詳しい。婚姻関係については、石井進『中世武士団』(小学館、一九七四年)、網野善彦「『若狭一二宮社務系図』—中世における婚姻関係の一考察—」(『日本中世史料学の課題』弘文堂、一九九六年)、並木真澄「中世武士社会に於ける婚姻関係—北条氏の場合—」(『学習院史学』一八、一九八一年)、樋川智美「鎌倉期武家社会における婚姻の意義—小山・結城氏の事例による考察—」(『鎌倉』六七・六八、一九九一年)、同「鎌倉期常陸国奥七郡をめぐる婚姻関係成立の意義」(『茨城県史研究』七四、一九九五年)、坂井孝一「婚姻政策から見る伊東祐親」(『曽我物語の史的研究』吉川弘文館、二〇一四年)などの研究がある。現在のこの分野の研究の到達点としては、高橋秀樹「中世の家と女性」(『岩波講座 日本歴史 第7巻 中世2』岩波書店、二〇一四年)があげられよう。

(5) その後、『中条町史 通史編』(中条町、二〇〇四年)も刊行された。越後和田氏に関する最近の研究には、田中大喜「武士団結合の複合的展開と公武権力」（『中世武士団構造の研究』校倉書房、二〇一一年）がある。
（6）以下、『町史資料』と略す。
（7）須藤聡「下野藤姓足利一族と清和源氏」（『実像の中世武士団』高志書院、二〇一〇年）は、藤姓足利氏の滅亡時期を論じる中で、足利俊綱追討軍の中心だった和田義茂の活動時期を検討し、建保元年（一二一三）の和田合戦で戦死したとみる拙稿を批判する。頼朝側近の有力武将にもかかわらず、『吾妻鏡』や『平家物語』にまったく活動がみられないのは不自然であること、義茂の子重茂が叔父宗実の養子となり所領を譲られていることは親の早世などにともなう措置によくみられるケースだとして、義茂が寿永元年以降も生存した可能性は低いと指摘する。しかし、義茂寿永元年死去説をとるためには、建仁元年に重茂が「父母見存」の条件を満たしていたという『吾妻鏡』の記事を乗り越える必要があろう。
（8）『中条町史　通史編』も、南北朝期に実父子関係を重視して、義茂を家門の祖とする考えが伝わったとみている。
（9）中田薫「中世の家督相続法」（『法制史論集　一』岩波書店、一九二六年）。
（10）菊池紳一「尊経閣文庫所蔵『天野系図』について」（『加賀前田家と尊経閣文庫』勉誠出版、二〇一六年）。
（11）天野文書の武蔵国船木田荘由比郷関係文書に登場することから、由比尼是心の「由比」は船木田荘由比郷に由来するとみられる（小林一岳「武蔵国船木田荘由比郷と天野氏―二つの裁許状―」『八王子市史研究』三、二〇一三年）。船木田本荘に勢力をもっていた横山氏と和田氏との間には婚姻関係はあったが、それは義盛の系統であり、義茂・宗実の系統ではないから、重茂女子や宗実男の由比太郎実常が船木田荘由比郷と関わりをもっていたとは考えがたい。和田合戦の「被討人々日記」で「由井太郎」が「山内人々」の中に出てくること（『吾妻鏡』）から考えても、「由比（由井）太郎」の「由比」は鎌倉の由比だろう。
（12）本書第九章「相模武士河村氏・三浦氏と地域社会」。
（13）石井前掲書。
（14）飯沼賢司「中世前期の女性の生涯―人生の諸段階の検討を通じて―」（『日本女性生活史　第2巻　中世』東京大学出版会、一九九〇年）。
（15）坂田聡「中世の家と女性」（『岩波講座　日本通史　第8巻　中世2』岩波書店、一九九四年）。
（16）高橋秀樹「中世の家と女性」（前掲）。

(17) 豊田武・遠藤巌・入間田宣夫「東北地方における北条氏の所領」(『東北大学日本文化研究所研究報告』別巻七、一九七〇年)。
(18) 服部英雄前掲論文。
(19) 高橋慎一朗「北条時村と嘉元の乱」(『日本歴史』五三三、一九九四年)。
(20) 紺戸淳「武家社会における加冠と一字付与の政治性について—鎌倉幕府御家人の場合—」(『中央史学』二、一九七九年)。

終章　まとめと展望

一　本書のまとめ

ここで、本書での考察を振り返っておこう。

第一章「三浦氏系図にみる「家」の創造神話」では、これまでほとんど疑われることがなかった三浦氏の桓武平氏出自説を検討した。中世に成立した三浦氏の系図は、家系図と氏系図とに分けられるが、実在の曩祖三浦為継よりも前の系譜は錯綜している。多くの系図は伝説の「つはもの」村岡五郎につなげるべく、貴種流離譚などの手法を用いて系譜操作を行っており、「家」の始まりを十一世紀初頭に想定して創造神話を創り出している。三浦氏の祖先は三浦半島の在地有力者であった可能性が高く、為継の一代前の十一世紀半ばごろに、平氏出身で、三浦郡域の支配者たる地位にあることを主張する「三浦権大夫」「平権大夫」を称するようになっていた。この「権大夫」を『水左記』に登場する「権大夫為季」と同一人と見なし、さらに藤原師尹子孫の「為季」に比定する説もあるが、当時の身分意識から考えて、公達層に属する師尹子孫の藤原氏が下級の諸大夫・侍層に属する村岡五郎に祖先を仮託したとは考えられない。源頼義の子義家を介して儇子内親王に寄進されて成立した三崎荘の権利は、為継の子義継の時代に「庄司」職の形をとるようになった。また、三浦義明に始まる系図の存在は十四世紀の三浦氏にとって義明の存在が大きかったことを物語るものである。

第二章「三浦介の成立と伝説化」では、「三浦介」という称号の成立事情と内実、および鎌倉時代に始まる三浦大介義明の伝説化について考察した。吉川本『吾妻鏡』を用いることで、三浦介は国司である相模介とはまったく異なる存在であることを明らかにした。三浦介は知行国主や国守から任命されるような職ではなく、国守の人事権はせいぜい承認程度のものであった。三浦介の職掌に検断権は含まれず、裁判や軍事を除く「雑事」と呼ばれる国衙の機能を統括するのがその役割であった。三浦義明が国衙に関わるようになった天治年間に国司だった藤原盛重は周防国の在地出身で、白河院の寵童や北面を経て、受領になった人物であった。その盛重と並び称された平為俊は延慶本『平家物語』がいうとおり、三浦氏出身であったと考えられる。義明が三浦介を称するようになるのは、『保元物語』『平治物語』の古態本の人名表記からすると、十二世紀半ばの平治合戦前だと思われる。その時期は相模国衙が大住郡から余綾郡に移る時期と重なる。「三浦大介」の称は、在地に根付いた在庁最有力者の称号として『平家物語』とともに流布したものとみられる。源頼朝は、衣笠合戦での義明の死を、石橋山合戦での佐那田義忠の死とともに、忠義のエピソードとして顕彰し、自身の手で幕府の創造神話化した。義澄に征夷大将軍宣旨を受け取る役を勤めさせたのもその伝説化の過程の一つである。鎌倉時代末期には、義明から始まる系図が作られたり、神像的な性格をもつ肖像が祀られるなど、義明は一族の祖として位置づけられるようになった。さらに三浦介は、妖狐玉藻前を討った武門の英雄として一族の枠を超えて中世社会に根付いていく。宝治合戦で三浦介の家が滅んで間もなく、佐原盛時が「三浦介」を名乗り、その子孫に「三浦介」の地位は継承される。戦国時代にこの「家」が滅んで六十年を経て、戦国大名葦名氏が天皇から「三浦介」の称号を許された。「三浦介」は中世を通じて生き続けるのである。

第三章「鎌倉殿侍別当和田義盛と和田合戦」では、『吾妻鏡』の和田義盛侍所別当補任記事と和田合戦関係記事を検討した。元暦二年（一一八五）七月十五日付けの鎌倉殿侍別当下文の出現によって、和田義盛の地位は「侍別当」であり、「侍所別当」を称していないことがわかった。『吾妻鏡』でも「侍別当」と出てくる箇所が多く、『吾妻鏡』治承四年（一一八〇）十一月十七日条の侍所別当補任記事は、佐竹合戦後に義盛が発給した文書から作文された記事である可能性が高いと結論づけた。侍別当は、平家時代に国衙がそれぞれ統括していた「国の侍」をさらにまとめて統括する役割を担っていた藤原忠清の「侍別当」の系譜を引く役職であった。源頼朝が従二位に叙された後、文治三年（一一八七）十月までの間に政所を開設したときに侍所も開設され、侍別当和田義盛が侍所別当に転じたと考えられる。『吾妻鏡』の和田合戦記事は、北条義時が和田義盛を追い詰め、それへの恨みから義盛が謀叛を起こしたというストーリーで描かれている。しかし、記事の各場面を分析していくと、義時が追い詰める場面は後から付け加えられた記事であることが判明する。そうした記事を排して考えると、和田合戦は三か月前に発覚した泉親平事件に関わった若い世代に引きずられ、義盛が旗頭に担がれた事件であったとみられる。ただし、将軍源実朝やその母（のちの政子）の身柄確保を図っておらず、将軍御所まで襲っているから、単に義時を討つための挙兵ではなく、鎌倉幕府そのものを壊す挙兵であったようである。『吾妻鏡』に横山時広の妹とも度会康高の子とも記される和田義盛の妻は、浄楽寺の運慶仏の胎内銘から横山氏の娘であることが明らかである。おそらくは横山時重の妻であった女性が娘を連れて度会高康に再嫁したのであろう。「度会康高の子」と記す記事は、高康の子為康らが関係する伊勢神宮領の訴訟関係文書が原史料に使われたと考えられる。

第四章「佐原義連とその一族」では、従来、『吾妻鏡』や『平家物語』の記述から説明されるのみだった佐原義連やその子息たちについて、文書史料や貴族の日記から考察した。遠江国笠原荘に関する佐原義連寄進状は、原本調査によれば室町時代の写であり、原文書である安達時顕裁許状の中の引用と齟齬があるのは、文書後半の破損箇所を補って写したためではないかと推定した。同裁許状から荘内には津料を徴収するような「南浦」という港湾施設が存在したことが明らかとなる。菊川河口にあったこの南浦が紀伊国と相模国を結ぶ上で重要な役割を果たしていたのではないかと考えた。承久の乱後、佐原家連が地頭となった紀伊国南部荘については、高野山文書に関連文書が残されている。この荘園は地頭請所にはなっているが、佐原氏やその被官は在荘しておらず、事実上は荘官・百姓による請負であったから、ここを紀伊国の守護所とみることはできない。数年にわたる検注状が残されており、これが地頭方による検注か、領家である高野山蓮華乗院による検注か両説あるが、検注状が領家方に残されていることを考えると、領家による検注とみた方がいいだろう。北条時氏の継父であった佐原盛連については、『明月記』がその在京活動を伝える。盛連が上洛途中で殺されたとする記事は噂を書き留めたにすぎないことなど、これまでの研究の『明月記』記事の誤読を指摘した。さらに、宝治合戦後の佐原氏は、侍層の御家人の上位から五位の諸大夫級へと昇進し、「鎌倉中」を本貫とする御家人として相当な経済力を保っており、有力御家人としての地位を失っていなかったことなどを論じた。

第五章「三浦氏と馬」では、鎌倉幕府における馬の給与、馬の調達、朝廷に進上する貢馬の実態を考察し、馬の供給は東国の国衙や東北の荘園、幕府直轄の牧によっており、いずれも三浦氏が深く関わっていたことを明らかにした。とくに三浦義村は、実朝将軍時代に、幕府直轄の小笠原牧の奉行人を勤め、実朝の御厩別当でもあった。御厩別当は、頼朝時代は梶原景時、頼家時代は比企氏であったから、鎌倉殿がもっとも信頼を寄せる御家人を充てていたものと思われる。また馬を預かった記事もあるから、三浦氏は高い馬飼能力をもっていたのであろう。承久の乱後、京都を鎌倉幕府軍が軍事占領すると、これまで京都での武力を担う人物が任じられてきた院の御厩司には北条泰時が、そのもとで実務を担う安主（案主）には三浦泰村が任じられた。院の御厩司には、京都で供給される馬を飼育しておく河内国会賀・福地両御牧が附属していたから、これによって三浦氏は東国における馬の生産から京都での馬の供給にまで関与することになった。一年弱で院の御厩別当の地位は藤原（西園寺）実氏に託されたが、このときには泰村が使者として派遣されている。このあと密接な関係をもつことになる三浦氏と西園寺家との関係、守護や国守として関係をもつ河内国との接点としても重要である。実は三浦氏は〝海のもののふ〟ならぬ〝馬のもののふ〟だったのである。

第六章「三浦一族と上総国」では、九条家本『中右記』、自筆本『民経記』の紙背文書として偶然に残った三浦一族関係文書について、文書群の性格も踏まえて検討した。九条家本『中右記』紙背文書には、上総国武射北郷に関する二通の文書が含まれている。うち一通は「土屋兵衛尉」に対して地頭請所を確認した文書、もう一通はそれを先例として後任の地頭安達景盛の地頭請所を再確認した文書である。「土屋兵衛尉」は岡崎義実の実子義清であり、前者の文書に年次はないが建久三年（一一九二）に比定される。『図書寮叢刊　九条家本紙背文書集　中右記』の解題は、この二通の文書を含めた諸荘園の文書を九条家領関係文書と位置づけるが、その中には「治天の君」後堀河天皇のもとで行われた裁判の提出文書が、奉行人であり九条家の家人でもあった人物によって再利用されたものも含まれていた。国衙領に関するこの二通の文書も直接九条家と関わるものではなく、上総国衙と関係をもっていた人物が九条家に持ち込んで再利用されたものだと思われる。国立歴史民俗博物館所蔵（広橋本）『民経記』寛喜三年（一二三一）十月巻紙背の上総介清国書状には、「三浦判官胤義」が登場する。国司は一国平均役に賦課した造内裏米を地頭胤義が納入しないので、行事所の担当弁を通じて上卿クラスの人物への働きかけを依頼している。胤義の未納は国司クラスでは対応できない問題であったことがわかる。また、この文書から胤義が承久二年段階から検非違使として在京していたことが明らかとなる。

第七章「三浦義村と中世国家」では、三浦義村について考える上で不可欠な二十二点の史料を取り上げ、それらを丁寧に読み込むことで新たな人物像を描いた。和田合戦当日の義村の行動を示す『吾妻鏡』からはコンセンサスを重視してあるべき幕府の体制を守る義村の姿、「三浦の犬は友をくらう」で知られる『古今著聞集』からは秩序を重んじる義村、源実朝暗殺事件について記す『愚管抄』『吾妻鏡』からは不測の事態に際しても北条義時との連帯を何よりも大切にし、鎌倉殿の後継者として藤原道家子息を選ぶことを提案した義村、承久の乱のときの弟胤義との関係を示す慈光寺本『承久記』からは高度な政治判断を下しいったん決断すると、弟をも切り捨てる冷淡さを持ち合わせた義村、承久の乱後の戦後処理に関する『承久三四年日次記』『賀茂旧記』からは朝幕交渉を一手に担い、後堀河天皇擁立を成功させた義村、『明月記』からは北条義時の死後に鎌倉幕府の顔として朝廷からも重きをおかれ、中国漢代の張良・陳平に比されるほどの知略家で、関白藤原道家まで更迭しかねないと思われていた義村、『明月記』『華頂要略』『門葉記』からは青蓮院門跡に子息を入室させ、子息光村と藤原（西園寺）公経との間にパイプを築かせる義村、『玉蘂』からは暦仁元年（一二三八）の上洛時に経済力と武力を京都や奈良の人々に見せつけた華やかな義村の姿、『平戸記』からは義村の死が後鳥羽院の怨霊の仕業だと考えられていたことなどを紡ぎ出した。三浦義村は、従来のように鎌倉幕府という枠組みの中で北条義時のライバル、「保身の術にたけた策謀の士」のごときイメージで捉えるべき存在ではなく、朝廷や中央寺社を含む中世国家という枠組みの中で捉え直さないといけないほどの人物であった。ただし、義村を「権門」と評することは、これまで築き上げられてきた学術語としての「権門」の定義を大きく変えてしまうので適切ではない。

第八章「宝治合戦記事の史料論」では、『吾妻鏡』宝治元年（一二四七）六月五日条を場面ごとに分割して、それぞれの視点や原史料を考え、藤原定嗣の『葉黄記』に記されている六波羅探題北条重時から報告された幕府の公式見解と異なる点でもある安達景盛らの行動に関する記事が創作されたものであることを明らかにした。『吾妻鏡』はこの合戦を安達氏による三浦氏の排斥として描くとともに、三浦光村を三浦氏側の主導者として「寛元の政変」と結びつけるもう一つのストーリーを作り上げていた。『吾妻鏡』の記事中でもっとも信頼性の高い部分である六月八日条の法華堂承仕法師の申詞記（供述記録）からは間接的に「寛元の政変」と連動していたことがわかる。藤原道家と頼経が北条時頼を排除しようとした「寛元の政変」に乗り遅れた三浦一族の一部勢力が武力行動を画策する動きを示し、時頼との協力関係を維持しようとした三浦泰村が、一族を割ってでも時頼との関係を貫く決断ができず、謀叛の動きに引きずられて一族ともども自害に追い込まれたのが宝治合戦であった。

第九章「相模武士河村氏・三浦氏と地域社会」では、東相模の豪族級領主三浦氏と西相模の中小規模領主河村氏が婚姻関係を通じて形成した親族ネットワークのあり方を比較した。河村氏の婚姻対象は、近隣の同規模領主が多く、東海道足柄ルートの交通路維持や宿駅の管理にともに携わる領主との結びつきが強かった。ただし、足柄峠を越えた隣国駿河国の領主との婚姻関係はみられない。また、同じ足柄ルートの交通路維持に関わっている御家人や同族でも家格の高い狩野介や波多野伊勢守・同出雲守の家系などとは婚姻関係をもたなかった。十三世紀後半には得宗被官との婚姻など地域の枠を超えた婚姻もみられるようになる。世代の降下とともに同族婚が増えるのは、希薄となる同族関係を婚姻関係を介した親類関係によって補完するためであると思われる。三浦氏の婚姻対象は南関東の各国衙に深く関わっているような豪族級の領主であった。また、十二世紀には三浦半島のみならず、相模国の国衙周辺に進出し、その近隣領主とも婚姻関係をもっていた。こうして築かれた親族ネットワークは平時においては有効に機能していたが、その関係は「好」に基づく対等なものであったから、畠山重忠が武蔵国の知行国主である平家の動員によって母方の三浦氏を攻めたように、戦時に別の力が加わると、その絆を維持できなくなることも少なくなかった。十三世紀になって有力御家人たちが都市鎌倉に居住するようになると、婚姻関係は地域を結ぶネットワークを築くためのものから、高い政治性をもつものへと変質した。

第十章「越後和田氏の動向と中世家族の諸問題」では、和田宗実と義茂の子孫で、のちには越後国奥山荘を中心に活動する和田氏の鎌倉時代初期から南北朝期の動向を追いながら、それを素材として中世の家族についての重要な問題を考えた。奥山荘を得たのは和田宗実であったが、直系継承が重視されるようになった南北朝期には重茂の実父義茂が木曽義仲追討の恩賞として給与されたという伝承が生まれている。重茂は義茂の養子となり、義茂の娘（津村尼）と結婚したが、これは近世以降にみられる婿養子とは異なるもので、幼少時からの養育関係を重視した「養子聟」と称すべきものであった。重茂は和田合戦で北条氏方に付き、その子時茂は宝治合戦でも沈黙を守った。時茂は相模国を本貫とする小規模な領主であったが、承久の乱の謀叛人である三浦胤義の孫や宝治合戦の謀叛人の子を受け容れているなど、一族のアジール的な性格を持っていた。時茂の孫茂長には三人の妻の存在が知られるが、「茂長後家」と称されているのは一人のみで、しかも彼女は嫡子の母ではなかった。このことから「後家」の地位は生前の配偶のあり方によるもので、子どもが後継者になったか否かによるものではなかったことがわかる。和田氏が得宗被官化したのはこれまで宝治合戦直後とされてきたが、茂連の子茂貞の茂明への改名が得宗貞時の名を憚って行われたものと考えられることから、永仁四年（一二九六）から正安三年（一三〇一）までの間であると見られる。「三浦和田」の苗字は、護良親王が倒幕を呼びかける中で、護良方、鎌倉幕府方の双方が発給した文書で初めて使われ、その八か月後には和田氏側もこれを自称するようになる。これは頼朝に忠義を尽くした伝説的な存在を意識させる苗字であった。北条時村暗殺事件の実行犯だった茂明は北条氏という庇護者を失い、相模国の三浦氏の庇護を受けるようになる。茂明が譲状の奥に三浦高継の署判を求めたのは、奥山荘中条の地が不安定な状況にあった中で、父子関係を擬制した弟への譲与に、さらなる正統性を与えるためだった。

二　三浦一族研究の展望

本書の柱の一つは、信頼のおける新しい史料への着目と、これまでも利用されてきた『吾妻鏡』や古記録・文書史料の読み直しであった。表面的な意味をとるだけでなく、厳密な史料解釈はもちろんのこと、なぜそう書かれているのか、このように表現されているのかというレベルまで考えて読み直すことが今後とも必要であろう。『吾妻鏡』を原史料レベルまで考えて読み直せば、これまでと違った歴史像が描かれることは間違いないだろう。ただし、それはけっして恣意的な読み込みであってはならない。文学作品などを含めた新しい史料への目配りも続けていく必要があろう。今後の研究にとって、史料に向かうこうした取り組みは不可欠である。

最後に、新たに三浦一族研究の課題となるであろう大きな問題を四つあげておきたい。

その第一が、三浦一族の芸能化の問題である。三浦義明が中世後期や近世を通じて芸能に取り上げられていくことは、本書第二章で述べた。和田義盛が『曽我物語』や幸若『和田酒盛』をはじめとする多くの作品に登場するし、歌舞伎や役者絵には「三浦荒次郎」「三浦之助義純（義澄）」、「三浦之助義村」を描くものも多い。なかでも大きく取り上げられることになるのが、和田義盛の子息朝夷義秀である。『三浦一族の中世』（吉川弘文館、二〇一五年）でも述べたように、室町時代・江戸時代の人々にとって、朝夷義秀は歴史上のヒーローであり、人々は、絵画・造形作品・演劇・文学を通じて、その姿に接していた。

山城国伏見荘の盆行事の「風流」や室町幕府奉行人が将軍に贈った盆燈籠には朝夷の門破りの場面が描かれていた（『新市史補遺』二八四六・二八四七号）。また、和田合戦を中心に描かれた「和田左衛門尉平義盛絵七巻」の存在も知られている（『新市史Ⅰ』五五一号、『新市史補遺』二八五二号）。江戸時代になっても、朝夷の門破りを中心とした和田合戦は主要な画題で、朝鮮国王への贈答品にも「和田合戦絵」が用いられている（『新市史補遺』二八五三〜五四号）。

このような和田合戦図がいくつも作られたことは間違いないが、現在ではその存在はほとんど知られていない。そうした中で、都城市立美術館に寄託されている『和田合戦図屏風』右隻が唯一残されている遺品である。現在では左隻は失われているが、地元出身画家山内多門の縮写（一八九六年制作）が残っており、幸いにして作品の全体像がわかる。この作品については、「都城市立美術館寄託『和田合戦図屏風』」（『三浦一族研究』一九、二〇一五年）で詳しく紹介した。さらに『三浦一族研究』一七（二〇一三年）の口絵解説では、曽我狂言の一つ「正札附根元草摺」の役者絵を取り上げて、化政期の義秀像の変容を指摘している。あわせて参照していただきたい。

文学作品においても、永享五年（一四三三）四月に京都賀茂川の糺河原で上演された記録もある狂言『朝比奈』をはじめ、奈良絵本などに主役として取り上げられた。江戸時代初期には、高麗に渡った伝承も生まれており、神として祀られるに至っている。また、滝沢馬琴も彼を主役とした読本『朝夷巡嶋記全伝』（未完）を書いている。これまでも個々の作品については研究があるが、これを三浦一族研究の立場から考えることも必要だろう。

二つ目は宗教に関わる問題である。三浦氏が造立した寺院や仏像についてはこれまでも上杉孝良氏らによって研究されてきたが、和田義盛による比叡山八部院の建立や義村子息良賢の活動など、中央の寺社勢力との関係が明らかになりつつある。政治史的な面も視野に入れた研究を進める必要があろう。また、東国の熊野信仰が『聖地への憧れ』（神奈川県立歴史博物館、二〇〇五年）などで注目されているが、三浦一族所縁の地と熊野信仰との結びつきは深い。文献史料からの研究には限界があるから、遺物や地誌・縁起類を用いた研究をなんとか模索したい。

三つ目は、考古学的な研究とのすりあわせや現地調査である。他の地域では中世考古学の成果に関心をもつ歴史研究者と文献に関心をもつ考古学者との間の対話、共同研究が盛んで、多くの成果が刊行されているが、三浦半島地域では交流がまったくない。『新横須賀市史　別編　考古』(二〇一〇年)も刊行され、共通の土台は築かれつつあるから、対話・交流は可能だろう。三浦一族の本拠地であった大矢部地区や岩戸・佐原地区は開発が進み、ゆかりの寺院を除いてまったく故地の面影はないが、昭和三十年ごろまでは古い景観が残されていた。幸いにもそのころの景観を数多くの写真に収められていた方がいる。地籍図や写真をもとに、当時のことをご存知の地元の方から聞き取りを行い、記録保存しておく必要がある。高齢化が進む中で、これは急務の作業である。

四つ目は、古い研究、とくに一九五〇年代以前の研究をもう一度振り返ることだろう。現在の研究水準から過去の研究を切り捨てることは容易いが、その意義を正当に評価し、学ぶべき点は学ぶ姿勢も必要である。最近、和歌山大学の調査によって中世民衆史研究の先駆者西岡虎之助の遺品の中から『豪族三浦氏の発展』と題された未刊著書の原稿(一九三五年)が発見された(『西岡虎之助民衆史学の出発』和歌山大学紀州経済史文化史研究所、二〇一〇年)。郷土史家北村包直の『三浦大介及三浦党』(二三堂書店、一九二五年)がほぼ唯一の出版物だった時期に、東京帝国大学史料編纂所編纂官で荘園史を研究していた西岡がどのような三浦氏像を描いたのか、興味深い。三浦一族研究会では原稿の公刊に向けた活動を行っているので、その成果を待ちたい。

この二十年、本書に示したような成果で三浦一族研究は大きく変わった。次の二十年でどう変わるのか、またどう変えるのか、私自身にも課せられている課題である。それと同時に、今後の三浦一族研究を担う次世代の新しい人材を育てていくことも必要となるだろう。その点でも微力を尽くしたい。

あとがき

その昔、学習院大学の安田ゼミでは年二回のレポートが課せられていた。初めてゼミに入った二年生の前期のレポートは、安田元久先生が各人に課題を出し、後期のレポートから自分自身でテーマを決めることになっていた。同級生には「知行について」とか「下地進止について」など法制史的な概念に関するテーマが課せられた。私に課せられたレポートは「主従制について」であった。主従関係を片務的と捉えるか双務的と捉えるかの論争整理をしたが、返却されたレポートには、主従制について書かれていないというコメントが付されていた。確かに仰るとおりであり、いい勉強になった。

後期のレポートに臨んで、自分でテーマを決めることになった私は、和田合戦について書きたいと先輩に相談した。しかし、「和田合戦についての研究なんてないよ。和田氏をやりたいなら、越後国奥山荘に三浦和田氏というのがいて、その研究ならある」というアドバイスが返ってきた。そこで、奥山荘の三浦和田氏を素材とした惣領制研究やそのころ盛んになってきた「イエ」研究の論著を読み、レポートを書いたのが私の研究の第一歩となった。

その後、関心は、在地領主層から貴族層の「家」や親族に広がり、古記録を中心とした史料の問題へと展開した。そうしたなか、山中裕先生のお声掛かりで、一九九〇年代の終わりごろから、地元横須賀の三浦一族研究会の活動や市史編纂事業に関わるようになり、十代のころに書きたいと思っていた三浦一族に関する論文を発表してきた。あのとき、「和田合戦について」というレポートを書いていたならば、研究者になっていたかどうかわからないし、もしなっていたとしても、『吾妻鏡』の語り口や鎌倉幕府の枠組みの中でしか考えられない研究者になっていただろう。貴族社会を研究してきたことや、モノとしての日記の性格、さらに記主の筆録意識まで考えて史料を見てきたことで、武家社会も包み込んでいる貴族社会の規範を前提として武士や幕府を見ること、これまでの研究とは違う『吾妻鏡』の使い方、史料の見方ができるようになったと思っている。そういう意味で、本書第三章「鎌倉殿侍別当和田義盛と和田合戦」は、三十余年の研究歴を経てようやく今の私なりに書けた「和田合戦について」のレポートである。

本書は、これまでの既発表論文や『新横須賀市史　資料編　古代・中世』の解説などをもとに、数編の新稿を加えて構成しているが、既発表論文にもその後の知見や研究成果を踏まえて大幅な手を加えている。メモリアルとして編まれる著作集でもない限り、学術書は、自身の現時点の見解を学界に向けて問うものとして刊行すべきだという私の信念に基づいている。その点では、二〇一六年段階での研究成果とそれに基づく私の見解であり、今後の研究の進展によって、書き改めるべきところも出てくるだろう。そのときには、適切な形で自説を修正したいと思っている。

三浦一族研究会の講演会や講座、同会の「吾妻鏡を読む会」や若手研究者と行っている「吾妻鏡講読会」での発見や刺激が本書に示した私の研究を支えてきた。参加者の皆さんにお礼申し上げるとともに、今後も是非おつきあいをお願いしたい。

史料図版の掲載に当たっては、所蔵者・保管者各位のご厚情を賜り、横須賀市史編さん室の真鍋淳哉氏のご助力を得た。心から謝意を表する。

本書は、「そろそろ二冊目の学術書はいかがですか」という吉川弘文館の堤崇志氏のお言葉に甘えて誕生した。堤氏ならびに前著『三浦一族の中世』に続いてお世話になった同社編集部の並木隆氏、製作にあたってくださった歴史の森の関昌弘氏にもお礼申し上げる。

こうして著書や史料集が出せるのも、好き勝手を許してくれている家族あってのことである。負担を引き受けてくれている妻には感謝しきれない。

平成二十八年三月

高橋秀樹

初出一覧

既発表論文については、いずれもその後の研究を踏まえた大幅な改訂増補を施している。

序　章　中世前期三浦一族研究の現状と本書の課題
第一節「三浦一族研究の現状と課題　中世前期」（『三浦一族研究』一五、二〇一一年三月）の一部
第二節（新稿）
第一章　三浦氏系図にみる「家」の創造神話
「三浦氏系図にみる家の創造神話」（峰岸純夫・入間田宣夫・白根靖大編『中世武家系図の史料論　上巻』高志書院、二〇〇七年十月）
第二章　三浦介の成立と伝説化
「三浦介の成立と伝説化」（『三浦一族研究』七、二〇〇三年三月）
第三章　鎌倉殿侍別当和田義盛と和田合戦（新稿）
ただし、第四節は「『吾妻鏡』と和田合戦」（『郷土 神奈川』四四、二〇〇六年二月）の一部。
第四章　佐原義連とその一族（新稿）
ただし、第一節は「紀伊と三浦を結ぶ遠江国笠原荘」（『新横須賀市史　資料編 古代・中世Ⅰ』横須賀市、二〇〇四年三月）。

第五章　三浦氏と馬

「鎌倉幕府と馬―三浦氏とのかかわりを中心に―」（『市史研究　横須賀』創刊号、二〇〇二年二月。のちに峰岸純夫編『三浦氏の研究』〈名著出版、二〇〇八年二月〉に再録）

第六章　三浦一族と上総国

第一節「請所化された国衙領とその地頭」（『新横須賀市史　資料編　古代・中世補遺』横須賀市、二〇一一年三月）

第二節「三浦胤義の検非違使就任と上総国伊北分」（『新横須賀市史　資料編　古代・中世Ⅰ』横須賀市、二〇〇四年三月）

第七章　三浦義村と中世国家

「三浦義村と中世国家」（『三浦一族研究』一六、二〇一二年三月）

ただし、「三浦一族を読み直す―資料解説拾遺―」（『市史研究　横須賀』四、二〇〇五年三月）の高橋執筆分を加えて再構成している。

第八章　宝治合戦記事の史料論（新稿）

第九章　相模武士河村氏・三浦氏と地域社会

「相模武士河村・三浦氏と地域社会」（高橋慎一朗編『列島の鎌倉時代―地域を動かす武士と寺社―』高志書院、二〇一一年二月）

第十章　越後和田氏の動向と中世家族の諸問題

「越後和田氏の動向と中世家族の諸問題」（『三浦一族研究』創刊号、一九九七年三月）

ただし、「内乱の始まりと「三浦和田」氏の誕生」（『新横須賀市史　資料編　古代・中世Ⅰ』横須賀市、二〇〇四年三月）

および「相模三浦氏の庇護を受けた越後三浦和田氏」(『新横須賀市史　資料編 古代・中世Ⅱ』横須賀市、二〇〇七年三月)を加えて再構成している。

終　章　まとめと展望(新稿)

ただし、第二節は「三浦一族研究の現状と課題　中世前期」(『三浦一族研究』一五、二〇一一年三月)の一部をもとにしている。

高橋秀樹著

三浦一族の中世

（歴史文化ライブラリー）一七〇〇円

桓武平氏とされ、相模国随一の大豪族と呼ばれた三浦氏。今、その実像が見直され始めている。武家政権の成立を支えた義明・義澄、朝廷に対する顔役の義村ら代々幕府の重鎮を輩出しながらも、宝治合戦でいったんは滅ぶ。しかし、佐原系三浦氏や三浦和田氏らは中世末まで存続し、その足跡は全国に及ぶ。三浦一族の興亡から日本中世史を見つめ直す。　四六判・二二四頁

（価格は税別）　吉川弘文館

著者略歴

一九六四年　神奈川県に生まれる

一九九六年　学習院大学大学院人文科学研究科博士後期課程修了、博士（史学）

現在　國學院大學文学部教授

〔主要著書〕

『日本中世の家と親族』（吉川弘文館刊、一九九六年）

『玉葉精読』（和泉書院刊、二〇一三年）

『対決の東国史2　北条氏と三浦氏』（吉川弘文館刊、二〇二一年）

三浦一族の研究

二〇一六年（平成二十八）六月十日　第一刷発行

二〇二二年（令和　四　）八月十日　第二刷発行

著　者　高《たか》橋《はし》秀《ひで》樹《き》

発行者　吉川道郎

発行所　株式会社　吉川弘文館

郵便番号一一三―〇〇三三

東京都文京区本郷七丁目二番八号

電話〇三―三八一三―九一五一〈代〉

振替口座〇〇一〇〇―五―二四四番

http://www.yoshikawa-k.co.jp/

印刷＝株式会社 理想社

製本＝誠製本株式会社

装幀＝岸　顯樹郎

ISBN978-4-642-02931-5

索　　引

I　三浦一族関係者名

※三浦氏の系譜を引く者，引くとされる者，女系親族・姻族に当たる者，三浦氏の祖先とされる者について，史料原文の引用箇所，系図，表を除いて採録した。

あ　行

か　行

さ　行

た　行

な　行

は　行

ま　行

や　行

ら　行

わ　行

II 史料名

あ 行

か 行

さ 行

た 行

な 行

は 行

ま　行

や　行

ら　行

わ　行

III 研究者名

あ 行

か 行

さ 行

た　行

な　行

は　行

ま　行

や　行

わ　行